E-commerce

Tout savoir avant de créer une boutique en ligne !

Bernard Eben

E-commerce

Tout savoir avant de créer une boutique en ligne !

4e édition

ÉDITIONS EYROLLES
61, bd Saint-Germain
75240 Paris Cedex 05
www.editions-eyrolles.com

Remerciements

Lors de l'écriture de mon premier ouvrage, *Informatisez votre comptabilité et votre gestion*, nous étions jeunes mariés. Les horaires importaient peu, nous n'avions aucune charge de famille. Près de vingt-cinq ans plus tard, la situation a fortement changé. Les clients me contactent à toute heure du jour ou de la soirée, la charge de travail explose, les temps libres sont réduits à peau de chagrin. Les week-ends ne servent qu'à rattraper les retards pris dans les différents projets.

Aussi permettez-moi de remercier en premier lieu ma famille, qui a vécu de longs mois avec un fantôme dans la maison, bloqué tous les soirs derrière son PC, toujours la tête dans ses chapitres, jamais présent pour la vaisselle. Sans leur aide, sans leur soutien, je n'aurais jamais commencé ce second livre, et ne serais jamais arrivé à mener ce travail à bien. À mon épouse et à mes deux enfants : merci.

Un tel projet peut s'imaginer, mais ne peut se réaliser sans un éditeur qui a confiance en vous. Lorsque j'ai transmis le projet de cet ouvrage aux éditions Eyrolles, il n'aura fallu que peu de temps pour que l'équipe se mette en place, pour qu'une réelle dynamique s'installe. J'ai été suivi et aidé tout au long de ce projet par Sophie Hincelin, Alexandre Habian et Géraldine Noiret. Sophie, Alexandre, merci pour votre présence, pour vos conseils, vos encouragements. Cet ouvrage est un peu le vôtre.

Contrairement à ce que vous pourriez penser, l'idée de ce livre est un peu le fruit du hasard, d'une multitude d'éléments disparates qui finissent par former un tout. Un peu comme une boîte de Lego sans modèle, sans image, sans croquis de construction. Vous disposez de dizaines de pièces, de tailles et couleurs différentes, et êtes persuadé que vous pouvez construire une forme cohérente à partir de ces quelques bouts de plastique. Mais vous ne savez pas laquelle.

Durant ces trois dernières années, de nombreuses personnes m'ont contacté en vue d'avoir des renseignements pour le lancement d'une boutique électronique. Toutes d'horizons différents, de secteurs différents. Un seul point commun les unissait, elles ignoraient à quoi s'attendre. Elles s'imaginaient que quelques jours, quelques semaines suffiraient pour réussir dans l'e-commerce.

À toutes ces personnes qui m'ont forcé à répéter maintes et maintes fois les mêmes conseils, merci. Merci de m'avoir poussé à vous répondre, parfois pour vous encourager à mener à terme votre projet, parfois en tentant poliment de vous en dissuader, de vous recommander de peaufiner votre copie. Toutes ces questions, toutes ces réponses m'ont donné le contenu nécessaire aux différents chapitres que vous allez parcourir. Ils sont le fruit de la réalité.

Je ne pourrais conclure ces remerciements sans vous remercier vous, lecteur. Car sans vous, ce travail n'aurait eu aucun sens. Ce n'est nullement dans un but lucratif qu'il a été imaginé. Les droits d'auteur sont faibles, les taxes sur le travail élevées. La seule motivation qui m'a animé durant ces longs mois d'écriture a été de vous transmettre les bases nécessaires pour vous permettre de mieux cerner votre projet, d'en visualiser les différentes phases, de vous aider à prendre votre décision. Avant de vous y lancer !

Bernard Eben

www.askit.pro

Table des matières

CHAPITRE 17

Le graphisme du site **145**

CHAPITRE 18

Les interfaces **169**

CHAPITRE 22

CHAPITRE 23

CHAPITRE 24

CINQUIÈME PARTIE
Stimuler la vente 245

CHAPITRE 28
Chat online, co-browsing, bots 247

CHAPITRE 29
Le magasin physique 259

Introduction

« La connaissance s'acquiert par l'expérience, tout le reste n'est que de l'information. »

Albert Einstein

Figure 1 Amazon, une moyenne de 15 000 000 visiteurs par mois en France

Pourquoi ce livre ?

Les origines

Au début des années 2000 commençait en France une véritable révolution silencieuse : l'apparition des « boutiques en ligne ». Amazon venait de s'implanter chez nous. Avec comme principal produit proposé à la vente : le livre. Nous venions d'entrer dans l'ère de l'e-commerce, et personne ne s'en était rendu compte. Pourquoi acheter nos livres sur Internet, alors que nous avions un libraire près de chez nous ? Comment être certains que nous aurions la marchandise ? N'allait-on pas nous voler les données de notre carte bancaire à d'autres fins ? Le pari n'était pas gagné d'avance.

À peu près à la même période, deux autres événements importants allaient servir de combustible à l'envol de cette nouvelle forme de négoce.

Le premier s'appelle « eBay ». Il ne s'agissait plus, ici, d'acquérir un livre que l'on pouvait trouver à la boutique du coin, mais de dénicher une multitude d'articles de seconde main, de toutes catégories (loisir, jardin, beauté, informatique, auto-moto, etc.), à des prix très intéressants. Nous n'étions plus dans la vente classique de produits neufs. Nous allions plutôt chiner dans cette caverne d'Ali Baba. La possibilité de trouver à bas prix un objet dont nous avions (peut-être) besoin et la frénésie de participer à ces miniventes aux enchères ont certainement contribué au succès grandissant d'eBay tout en nous habituant à acheter sur Internet.

Le second s'appelle « Google ». Fini le temps des recherches laborieuses au travers des moteurs tels que Yahoo! ou Altavista qui, après de longues secondes, vous débitaient une quinzaine d'URL improbables (*Uniform Resource Locator* ou adresse électronique d'un site web) et une dizaine de bannières publicitaires. Les recherches via Google surprenaient non seulement par leur rapidité (en général moins d'une demi-seconde), mais également par leur clarté (le nom du site était clairement indiqué), et la pertinence des réponses proposées. Google avait réussi à mettre au point un algorithme (très complexe et dont certains éléments sont tenus secrets) qui permet de mieux comprendre votre demande et de vous proposer les sites qui répondent précisément à vos critères, dans l'ordre de leur importance.

Amazon et eBay étant déjà bien connus du moteur « Google », de par leur succès aux États-Unis, les produits qu'ils proposaient se retrouvaient souvent dans les résultats des moteurs de recherche. De plus en plus nous avons laissé tomber Yahoo! ou Altavista pour Google.

Alors que nous recherchions une information sur un personnage, sur un événement, nous avions également des résultats en provenance des premières boutiques en ligne. Petit à petit, sans nous en rendre réellement compte, le principe même de ces boutiques s'est ancré dans nos esprits. Nous n'avions pas encore décidé d'y acheter. Nous avions encore des doutes sur les livraisons, peur des modes de paiement sur Internet, mais savions que tôt ou tard nous y adhérerions.

La consolidation

L'idée initiale d'Amazon n'était pas de vendre sur Internet, mais d'y faire des bénéfices. Nous reviendrons souvent sur cette notion essentielle.

Conquérir le marché

Pour proposer un service au moins égal à celui de notre libraire du coin, Amazon se devait de présenter chaque ouvrage de manière attrayante avec au minimum :
- une représentation de la couverture avant ;
- un résumé de l'histoire ;
- une biographie de l'auteur ;
- une description de l'ouvrage (nombre de pages, reliure, éditeur…) ;
- une catégorisation (thriller, roman…).

Ce qui représentait pour cette société un travail hors norme, un investissement colossal. Pour nous pousser à acheter sur son site ce qui existait ailleurs, il fallait que nous y trouvions notre avantage. Et cet avantage a été le prix.

Une présentation claire et complète des produits, un moteur de recherche interne très performant, un nombre de livres impressionnant, un service de livraison efficace, un prix plus bas que la concurrence… le marché était conquis.

Gagner de l'argent

On estime qu'Amazon a perdu de l'argent pendant les quatre ou cinq premières années de sa présence sur Internet, car elle n'a cessé d'investir.

Pour gagner de l'argent, il fallait passer deux nouvelles étapes :
- fidéliser sa clientèle, pour qu'elle revienne sur le site le plus souvent possible, qu'elle y achète à nouveau ;
- se diversifier et vendre d'autres produits à plus haute valeur ajoutée.

En proposant un service de haute qualité, en publiant l'avis des clients, en diminuant les délais de livraison, Amazon a réellement réussi au-delà de toutes ses espérances. Rares sont les clients déçus, rares sont ceux qui effacent ce site de leurs favoris.

En ouvrant son site à d'autres très nombreux produits, d'abord les CD/DVD, puis l'informatique, les vêtements, les jouets…, tous à valeur ajoutée plus élevée, Amazon a réussi son pari : faire des bénéfices. Le succès, cette société le doit à une préparation minutieuse, à un investissement important, à un service client performant.

Son célèbre sigle ne représente-t-il pas sa politique commerciale ? Une gamme de produits de A à Z, et un sourire (suivez la flèche).

Figure 2
Le logo Amazon représente
à la fois un sourire et une flèche
qui symbolise une gamme
de produits allant de A à Z.

Donner envie

Mais ce qu'a réalisé Amazon, à l'époque de son lancement, n'était pas possible sans une masse importante de capitaux, une forte équipe informatique.

Ce succès, ainsi que celui d'un grand nombre d'autres sociétés comme eBay, Wal-Mart, Netflix, Apple, et plus près de nous Ikea, Zalando, Pixmania…, a donné des idées à un grand nombre d'autres sociétés de taille moyenne. Elles aussi souhaitaient créer leur site de vente en ligne. Disposant déjà d'un site web, elles s'imaginaient que quelques développements complémentaires leur permettraient de le transformer en véritable « boutique en ligne ». Malheureusement, la différence entre un simple site web et une boutique e-commerce est aussi importante qu'entre une voiture de tourisme et un semi-remorque.

C'est à ce moment que les sociétés informatiques ont compris qu'un nouveau besoin était né, et elles se sont lancées tête baissée dans des développements de solutions « clés en main ».

Beaucoup se sont ramassées, ayant sous-estimé la complexité de ce nouveau monde.

- On ne parlait plus de « vente avec émission de facture », mais bien de ventes internationales, avec émission de factures complexes, dans différentes langues.

- Les outils de programmation utilisés ne devaient plus uniquement tenir compte de l'OS du client (*Operating System*, le système qui permet à votre PC de faire tourner les programmes, par exemple Windows ou Mac OS), mais aussi du navigateur du client final (Internet Explorer, Netscape, Opera…) et de sa version.

- Le calcul des frais de livraison devait être automatisé et s'effectuer au moment de la commande.

- Les applications développées devaient se scinder en deux parties distinctes : celle que le client va utiliser (le front office, en abrégé FO), et la partie administrative, en arrière-plan, permettant à la société de gérer les articles, de récupérer les commandes, etc. (le back office, en abrégé BO).

- Une sécurité accrue devait obligatoirement être intégrée dans les programmes. Car n'oublions pas que ces programmes tournent sur des serveurs accessibles par tous, via Internet. Et tous, cela inclut aussi des personnes malveillantes.

- Etc.

Mais d'autres sociétés informatiques, de taille importante, ont réussi à mettre au point des solutions « clés en main » qui n'étaient certes pas destinées aux TPE (très petites entreprises), mais plutôt aux PME de grande taille. Elles étaient complexes, coûteuses, et surtout « propriétaires » (seule la société qui a développé le programme dispose des codes sources des programmes et ne les transmet pas au client).

L'influence de la communauté Internet

Amazon et eBay avaient montré la voie, les sociétés informatiques s'étaient approprié ce nouveau créneau, mais la boutique en ligne restait l'apanage des grands, car complexe et coûteuse.

Un nouveau phénomène, initié en 1984 par Richard Stallman, allait bouleverser la donne : la GPL/GNU. Ce chercheur au MIT *(Massachusetts Institute of Technology)* qui aimait bricoler (comprenez « améliorer ») les programmes qu'il avait achetés, s'était senti frustré en constatant qu'il ne pouvait modifier le pilote d'une des imprimantes qu'il utilisait (une Xerox) car il ne disposait pas des sources du programme. Il décida alors de créer le concept de « Licence publique générale » (GPL) qui « interdit la possibilité qu'une modification ne soit plus libre ». Pour faire simple, si une société informatique crée un programme qui adhère à cette GPL, elle distribue également les codes sources de ses programmes au client (mais le client ne peut pas les revendre, ni en tirer directement profit).

En complément à cette GPL, il lança le projet GNU *(GNU's Not Unix,* GNU n'est pas Unix) dont le but était de créer un système d'exploitation et d'autres logiciels « libres ». Et cela a été un succès. Une immense communauté s'est formée sur Internet, s'est parlé, a mis au point des standards, et a développé des milliers d'applications en tout genre : traitements de texte, tableurs, navigateurs…

Probablement connaissez-vous le navigateur « Firefox », la suite bureautique « OpenOffice », « Gimp », le concurrent libre de Photoshop. Pour vous faire une petite idée de ce qui se trouve en logiciel libre, voici un lien qui peut vous intéresser : http://www.framasoft.net/rubrique2.html.

Vocabulaire

Un **pilote informatique**, souvent abrégé en pilote, est un programme informatique destiné à permettre à un autre programme (souvent un système d'exploitation) d'interagir avec un périphérique. En général, chaque périphérique a son propre pilote. De manière simpliste, un pilote d'imprimante est un logiciel qui explique à l'ordinateur comment utiliser l'imprimante. Sans pilote, l'imprimante ou la carte graphique par exemple ne pourraient pas être utilisées. (Source : Wikipédia)

Ne confondez pas logiciel gratuit (freeware) et logiciel libre

Prenons par exemple les antivirus « gratuits » que vous trouvez facilement sur Internet. Ils font partie de la catégorie des « freewares », mais vous ne disposez pas des codes sources, vous ne pouvez pas les modifier.
Bien souvent, les groupes informatiques qui développent ces logiciels « tout public » proposent une version gratuite, mais bridée. Certaines fonctions intéressantes ne sont pas accessibles. Elles vous proposent ensuite d'acquérir une version complète (souvent dite « pro ») pour une petite somme d'argent. Ces programmes ne sont pas des logiciels libres.
Pour faire partie du groupe des logiciels libres, vous devez distribuer le code source, autoriser la modification du programme et l'ajout de nouveaux modules.

Cette grande communauté de développeurs s'est aussi intéressée aux logiciels de gestion de « boutiques en ligne », ce qu'on appellera plus spécifiquement l'« e-commerce ». Le plus connu d'entre eux : osCommerce.

Par la suite, d'autres solutions e-commerce sont apparues sur le marché des logiciels libres, comme Magento, PrestaShop, VirtueMart... Certaines de ces solutions étant entièrement gratuites, des centaines de milliers de PME ont décidé de se doter d'une boutique en ligne.

Des centaines de milliers de PME ont connu un cuisant échec !

E-commerce ne veut pas dire commerce facile

De nombreuses petites sociétés, des start-ups, des indépendants, voire des étudiants, au courant de l'existence de solutions e-commerce gratuites, décident de créer leur boutique en ligne, de se lancer dans l'aventure.

Mais ils ne savent pas par où commencer ni comment s'y prendre. Ils parcourent alors Internet pour trouver des sociétés informatiques proches de chez eux, actives dans le Web, et prennent contact avec elles pour obtenir de l'aide. Dès ce moment, ils commencent à douter. Car ils reçoivent des offres qui peuvent aller de quelques centaines d'euros à plusieurs milliers.

- Pourquoi une telle différence ?
- Comment se fait-il que certaines offres tournent autour des 10 000 euros alors que les programmes sont gratuits ?
- J'ai aussi vu sur Internet que l'on pouvait créer sa boutique en ligne, avec des kits « clés en main » pour quelques euros par mois seulement. N'est-ce pas la solution ?
- N'ai-je pas intérêt à prendre la société la moins chère qui, d'après ce que j'ai pu voir, réalise de superbes sites web, très amusants ?

Si vous êtes dans cette situation, si vous envisagez de vous lancer dans cette aventure, de vendre sur Internet... ce livre est fait pour vous.

Si vous croyez qu'une fois votre boutique créée et publiée sur Internet le travail est fini et que les clients se presseront au portillon... ce livre est fait pour vous.

Si vous venez de créer un nouveau produit, que vous ne savez pas comment le commercialiser, ce livre est aussi fait pour vous.

Qu'en attendre ?

Ce que nous allons développer

Nous commencerons par nous demander si les produits que vous souhaitez vendre sur Internet ont une chance d'être achetés. Et quels sont les éléments à prendre en considération pour le savoir.

Nous passerons ensuite en revue toutes les étapes préliminaires, mais obligatoires, par lesquelles vous devrez passer si vous décidez de vous lancer. Non pas dans le but de vous décourager de créer votre boutique en ligne, mais bien de vous faire prendre conscience de la masse de travail que cela représente. Nous allons, au contraire, vous aider à le préparer, à organiser votre travail, à vous poser les bonnes questions et à trouver les bonnes solutions.

Nous nous attarderons en détail sur ces étapes importantes que sont :

- le ciblage et le référencement ;
- le catalogue des produits ;
- les images et les vidéos ;
- la partie administrative (conditions générales de vente, etc.) ;
- comment faire payer les clients ;
- les expéditions ;
- la problématique de la facturation ;
- les retours, les garanties, le suivi des clients ;
- le graphisme ;
- les interfaces (éventuelles) avec vos autres programmes (comptabilité, gestion de stock) ;
- les évolutions.

Un autre point essentiel dont nous parlerons également concerne les principales erreurs à ne pas commettre. Et croyez-moi, elles peuvent avoir de lourdes conséquences.

Nous terminerons par un récapitulatif des délais de réalisation à prévoir, ainsi que par une estimation budgétaire moyenne.

Les points que cet ouvrage ne couvre pas

Il existe de très nombreux ouvrages qui parlent de la création d'une boutique de commerce en ligne.

Vous trouverez par exemple des livres qui détaillent les applications PrestaShop, Magento, Drupal, Joomla! ou des ouvrages nettement plus techniques orientés langages de programmation (PHP, HTML..), des livres qui vous expliquent le marketing propre à l'e-commerce, qui détaillent la complexité de Google Analytics ou encore les aspects juridiques du commerce électronique.

Tous ces ouvrages existent déjà et peuvent vous aider à développer votre site. Ces aspects du commerce en ligne ne seront pas traités dans ce livre. Tout au plus allons-nous y faire allusion pour vous encourager à les parcourir.

Notre but est de vous décrire la route sur laquelle vous comptez vous engager, vous aider à préparer votre voyage en attirant votre attention sur les éléments essentiels du trajet, sur la longueur de cette route, ses beaux côtés mais aussi ses dangers.

Au terme de cette préparation, vous devriez être à même d'estimer l'étendue du travail, de prendre les bonnes décisions, d'y voir enfin plus clair afin de comprendre les différences de prix entre les offres qui vous sont parvenues.

À qui s'adresse ce livre ?

Vous l'aurez compris, si vous êtes directeur informatique d'une grosse société déjà active sur le Web, cet ouvrage ne vous apprendra (probablement) rien. En revanche, qui que vous soyez, si vous envisagez de créer votre boutique Internet, de vous lancer dans l'e-commerce et souhaitez avoir une vue générale de ce qui vous attend, de ce qu'il faudra faire ou éviter de faire, alors n'hésitez pas. Cet ouvrage est fait pour vous !

Nouveautés de cette quatrième édition

La pandémie, qui a débuté pour nous début 2020, marquera à jamais l'évolution de l'e-commerce.

Initialement, les PME disposant de boutiques en ligne ne proposaient leurs articles que sur leur boutique. La fermeture obligatoire de commerces non essentiels a changé la donne. De nombreux magasins qui ne disposaient pas d'e-commerce s'y sont lancé, question de survie. Il a fallu s'organiser, trouver des modes de livraisons adaptés, attirer de nouveaux clients, repositionner son marketing.

Plus de 70 % des commerces disposant d'une boutique en ligne ont vu leur chiffre d'affaires fortement stimulé durant les périodes de *lockdown*. Le nouveau chapitre 30 résume les principales actions mises en place dans l'e-commerce pour sortir gagnant de cette difficile période.

Une mise à jour des chiffres

Dans cette quatrième édition, nous avons mis à jour les chiffres et graphiques afin qu'ils collent au mieux à la situation actuelle de l'e-commerce.

PREMIÈRE PARTIE

Réflexions préliminaires

Le lancement d'une boutique e-commerce est comparable au superbe voyage que vous envisagez d'organiser. Pour que ce voyage soit une réussite, il est primordial de bien le préparer. De choisir la saison, le mode de transport, les sites à ne pas rater. De le découper en étapes, et pour chacune d'elles de prévoir l'hébergement adéquat. De vous munir des documents officiels, de subir les vaccins obligatoires.

Et peut-être qu'au cours de cette préparation au voyage vous vous rendrez compte que la destination n'était pas idéale, que d'autres continents, d'autres pays, d'autres régions correspondent mieux à vos habitudes, à vos attentes, à vos moyens.

Il en va de même pour l'e-commerce. Avant de vous y lancer, vous devez vous y préparer. Évaluer l'objectif, les moyens humains et financiers nécessaires. Et surtout avoir le courage de ne pas vous y aventurer si le risque est trop élevé.

Cette première partie sera la bande-annonce de votre voyage, vous décrira l'objectif, mais parlera aussi des écueils. Elle vous invitera à vous poser les bonnes questions avant d'acheter vos billets d'avion.

1

Réussir son projet

Figure 1–1 Mon idée a-t-elle des chances de réussir ?

Les statistiques de base

Le panier moyen

Selon les statistiques de la FEVAD (Fédération de l'e-commerce et de la vente à distance), on estime à près de 200 000 les sites marchands actifs en France fin 2018, soit 12,6 % de plus que l'année précédente. Ces chiffres sont néanmoins à prendre avec discernement car la notion même de « sites actifs » a évolué au cours des 5 dernières années.

En arrondissant quelque peu ces chiffres, cela signifie que chaque jour ouvrable, en France, 60 personnes décident de se lancer dans la vente sur Internet, de créer leur boutique e-commerce. L'engouement est bien réel. L'e-commerce ne s'adresse plus uniquement aux « majors », ces grandes sociétés comme Amazon, la Fnac, La Redoute, Darty et quelques autres, mais permet également à la TPE (très petite entreprise), à l'indépendant, d'aborder son activité d'une nouvelle manière.

Analysons ces chiffres de la FEVAD un peu plus en profondeur et, tout particulièrement dans son rapport « Chiffres clés 2020 », une première donnée qui nous concerne directement.

Le montant moyen d'une transaction en ligne est de 61 euros. Cette moyenne inclut les frais d'expédition de la commande.

Figure 1–2
Montant moyen d'un achat
sur Internet

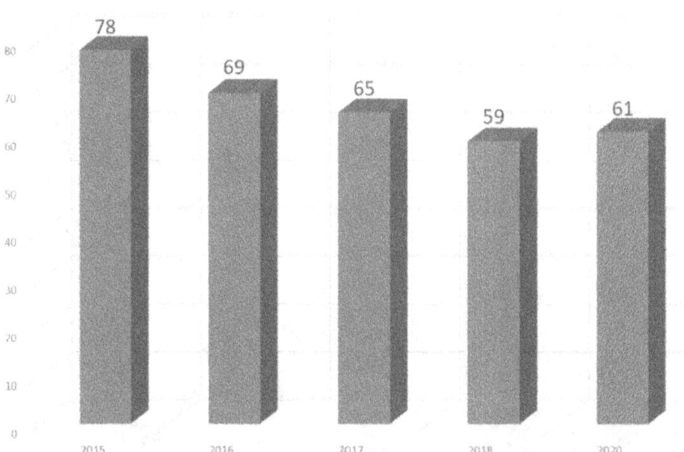

Comme vous le constatez sur la figure 1-2, le panier moyen a diminué de manière constante jusque 2018. Était-ce un signe de délaissement de l'e-commerce ? Non, bien au contraire. Cette baisse reflétait un changement de comportement de l'internaute. En 2015, les achats sur Internet se focalisaient sur des produits spécifiques, limités. Personne ne pensait par exemple à commander de la nourriture sur un site web. Aujourd'hui, c'est devenu monnaie courante. Le panier moyen a diminué durant 4 ans, mais la fréquence d'achat avait fortement augmenté. En 2018, la FEVAD avait détecté un accroissement de 20,7 % du nombre de transactions par rapport à l'année précédente, pour arriver à ce chiffre record de 1,5 milliard de commandes. Quelles étaient les principales raisons de cette évolution ?

* L'amélioration technique des sites e-commerce plus rapides, plus simples, plus agréables.
* Les nouveaux modes de paiement et leur facilité d'accès au niveau du panier.
* L'accélération des livraisons, la diminution de leurs frais, l'augmentation des points-retraits.

Si l'on décompose grossièrement ce chiffre de 59 euros, bien que cela dépende de la marge que souhaite chaque commerçant, on peut raisonnablement envisager d'avoir :

* 30 euros de prix d'achat (ou de revient) pour le produit ;
* 25 euros de marge pour le commerçant ;
* 6 euros de frais de transport sur lesquels il ne prend pas de marge.

Si vous voulez créer une boutique en ligne, ce n'est probablement pas par simple plaisir, mais plutôt dans l'idée de gagner de l'argent. Combien d'argent souhaitez-vous gagner ? Chaque e-commerçant a ses propres besoins, sa propre réponse.

Aussi, je vous invite à réaliser le petit calcul suivant, selon vos critères, en remplaçant la première donnée « Bénéfice net mensuel escompté » par votre propre besoin. Il s'agit ici du bénéfice net de la vente par Internet, sans tenir compte de frais externes comme votre salaire, votre investissement en matériel informatique, votre loyer…

Bénéfice net mensuel escompté par la vente sur Internet : 6 000 euros

Marge moyenne d'une transaction (d'une vente) pour le commerçant : 25 euros

Nombre de ventes nécessaires pour atteindre mon objectif : 240/mois

Retenons ce chiffre de 240 ventes par mois (dans cet exemple), car nous y reviendrons plus tard, lorsque nous parlerons de « trafic » sur le site.

Le panier moyen remonte à partir de 2019

À partir de 2019, le panier moyen a commencé à augmenter pour se situer à 61 euros en 2020. Une des principales raisons de cette évolution serait l'intégration de l'e-commerce dans nos habitudes d'achat. Nous ne l'utilisons plus uniquement pour certains produits spécifiques, mais ajoutons également à nos paniers des produits « impulsifs » découlant de l'attrait des produits proposés.

Le nombre de transactions par mois en France

Une seconde statistique, issue du rapport « Chiffres clés 2016 » de la FEVAD, nous confirme les données suivantes.

Comme vous le constatez sur ce graphique, 44 % des sites actuels font moins de 100 transactions par mois. Si, pour que votre objectif financier soit atteint, il vous faut comptabiliser 200 transactions par mois, cela signifie que vous devrez vous situer dans le cercle réduit des sites les plus performants. Vous avez donc, théoriquement, un peu moins d'une chance sur deux d'atteindre votre but.

Figure 1–3
Nombre de transactions par mois
sur les sites marchands en France
(source : FEVAD)

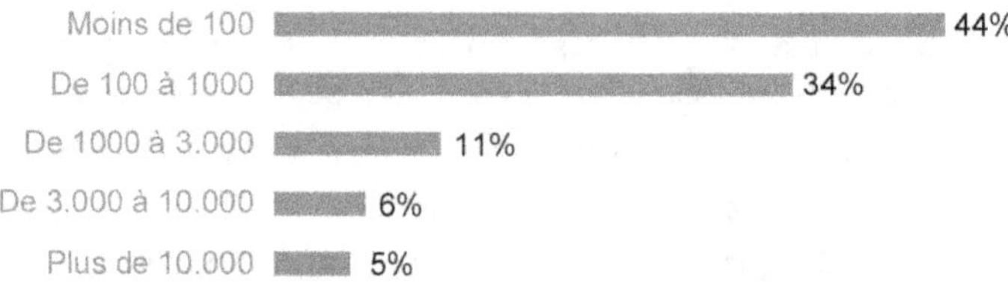

Pourquoi si peu de réussite ?

Les raisons sont malheureusement très nombreuses et fort diverses. Elles peuvent autant provenir du choix inapproprié du produit que l'on souhaite vendre que de la manière dont on s'y prend ou du manque d'investissement.

Les raisons de l'échec d'un site e-commerce

Votre produit ne se prête pas à la vente en ligne

Contrairement à ce que l'on imagine, aujourd'hui rares sont les produits que l'on ne peut pas vendre sur Internet.

Il y a quelques années de cela, personne n'aurait imaginé acheter des produits frais sur le Web. Et pourtant, c'est devenu monnaie courante. Toutes les grandes enseignes disposent d'une boutique virtuelle qui permet d'acheter de la salade ou du lait : www.auchan.fr/courses pour Auchan, « drive » et « webshop » pour Carrefour, www.delhaize.be/fr-be/shop pour Delhaize (Belgique), etc.

Il en va de même pour les vêtements, les médicaments (légaux), les vélos, les voitures… Tous ces produits sont disponibles et fortement vendus sur la Toile. Bien sûr, il existe des exceptions. Rares, en effet, sont les clients qui vont acheter un yacht ou une fusée sur Internet.

Ce n'est donc pas le produit en lui-même qui ne se prête pas à la vente en ligne, mais le contexte dans lequel l'e-commerçant le situe.

Le contexte de vente n'est pas suffisamment favorable

Il n'existe aucune formule magique pour vous confirmer que tel produit se vendra bien tandis que tel autre aura plus de difficultés. En analysant les divers éléments qui l'entourent, vous pourrez déjà vous faire une idée de la pertinence de votre projet. Posez-vous les bonnes questions.

Le produit est-il unique ? Innovant ? Intéressant ? Existe-t-il une concurrence ?

Si en recherchant ce produit sur Internet vous trouvez de nombreuses réponses, cela signifie probablement que vous devrez en permanence vous battre pour réussir. Peu importe que les réponses proviennent de votre région ou pas, de France ou de Chine. L'e-commerce se soucie peu des frontières.

Quelle est la valeur ajoutée de mon site de vente ? Pourquoi les clients achèteraient-ils chez moi plutôt que sur l'e-boutique de mon voisin, de mon concurrent ? La logistique est-elle réaliste ? Les frais d'expédition du produit correspondent-ils à sa valeur réelle ?

Si le produit, ou la gamme de produits, que vous souhaitez commercialiser est unique, innovant, intéressant, que peu de concurrence existe dans ce domaine, que le prix demandé est attractif, et si l'expédition peut se faire à moindre coût, alors votre idée a des chances de réussir.

En revanche, si votre projet consiste à vendre à prix standard un produit totalement commun, déjà disponible en masse sur Internet à des prix défiant toute concurrence, ou si le prix du transport est élevé par rapport à la valeur de vente, alors il y a de fortes chances que vous rejoigniez les statistiques des 44 % des sites qui n'atteignent pas l'objectif fixé.

Figure 1–4
L'e-commerce se soucie peu des frontières. Par exemple, ces chaussures de course en provenance de Chine à 34,77 US$ (25 euros), livraison incluse au départ de la Chine.

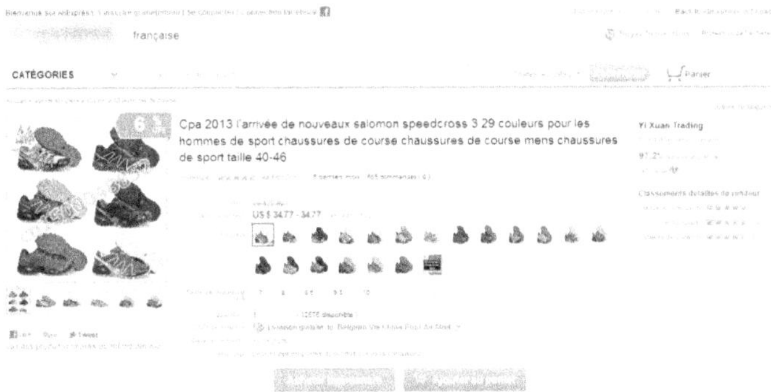

Pour que le contexte soit positif, vous devez obligatoirement vous distinguer des autres e-commerçants. Par exemple en proposant un prix hyperattractif, ou par le caractère unique de votre produit, des délais hors du commun, un service d'exception, etc.

Votre boutique en ligne n'est pas visible

Imaginons que vous habitiez dans une vieille demeure restaurée, isolée, mais pas très loin d'un superbe petit village du Limousin. Vous venez d'inventer une paire de ciseaux révolutionnaires que vous décidez de fabriquer dans votre grange, puis de mettre en vente dans l'ancienne annexe de votre propriété. Pensez-vous que placer simplement une pancarte à l'entrée de l'allée qui mène à votre annexe suffira à vous apporter le succès ? Certainement pas.

Il en va de même pour votre projet Internet. Votre produit peut avoir toutes les qualités requises, un prix attractif, une logistique facilement gérable, si votre boutique n'est pas connue, si elle n'est pas référencée, vous n'avez aucune chance de réussir.

Car sans référencement, personne ne connaîtra votre boutique, personne n'achètera votre produit.

> **Vocabulaire**
>
> Si ce terme « référencement » ne vous est pas familier, on peut le définir comme étant l'ensemble des techniques utilisées pour améliorer la visibilité de votre site sur les moteurs de recherche. Ainsi, lorsque nous cherchons « ciseaux » sur Internet, votre site apparaît dans les premiers résultats proposés.

> Le référencement est au moins aussi important que votre produit. Il se met en place dès le début de votre réflexion, de votre travail. Nous y consacrerons une place importante dans cet ouvrage.

Votre boutique e-commerce manque de professionnalisme

Lorsqu'un internaute effectue une recherche sur un moteur comme Google ou Yahoo!, s'il trouve votre site dans les trois premiers résultats, il est probable qu'il cliquera sur le lien proposé.

Une fois la page d'accueil de votre boutique affichée, cet acheteur se fera une opinion sur vous en moins d'une seconde. Vous avez une seconde pour le convaincre.

Pour qu'il reste sur votre site, qu'il s'intéresse à votre société, qu'il clique sur la fiche du produit recherché, et qu'enfin il se décide à acheter, il est impératif que votre boutique soit parfaite à tous les niveaux : ergonomie, images, textes, modes de paiement sécurisés, clarté du calcul des frais de livraison, etc. Il suffit d'un seul doute, et l'acheteur quittera votre site pour en visiter un autre.

Dans le jargon de l'e-commerce, un visiteur qui vient sur votre site, le parcourt et se décide à acheter se définit par le terme « conversion ».

Le « taux de conversion » est un repère très important pour vous situer par rapport au marché, à vos concurrents. Il représente les parts de visites ayant abouti à un achat.

Une étude menée par Capitaine Commerce, en partenariat avec 15 acteurs incontournables de l'e-commerce, a synthétisé une statistique intéressante sur ces taux moyens de conversion dans les principaux secteurs d'activité. La figure 1-5 montre un extrait de cette étude (source : Baromètre de la conversion – Édition 2017 – Wexperience.fr).

Figure 1–5
Dans le secteur de l'habillement, sur 100 visites, 2,3 % d'entre elles seulement iront jusqu'à la phase d'achat.

Secteur	Taux de conversion
High-Tech	2,2%
Habillement	2,3%
Mobilier - Déco	2,6%
Sport	3,8%
Alimentation	4,6%
Beauté - Santé	5,3%

Revenons quelques instants au chiffre de « ventes par mois » que nous avons évoqué plus haut, les 240 ventes nécessaires pour considérer que notre site est une réussite.

La moyenne du tableau des taux de conversion précédent est de 3,5 %. Cela signifie que, pour atteindre notre objectif initial, nous avons besoin d'attirer au minimum 6 850 visites chaque mois, soit un trafic moyen de 221 visites par jour, samedis, dimanches et jours fériés inclus.

Nous étudierons un peu plus loin dans cet ouvrage les différentes manières d'augmenter ce trafic, de faire venir des visiteurs sur votre site, de tenter d'atteindre ce chiffre, voire de le dépasser.

Les investissements prévus ne sont pas suffisants

Contrairement aux idées que certaines agences web transmettent à leurs clients, la mise en production d'un site e-commerce demande de nombreux investissements.

L'investissement financier initial

Bien souvent, pour les PME, la programmation du site se base sur des solutions open source. Il s'agit de programmes libres, que l'on peut trouver gratuitement sur Internet, comme PrestaShop, VirtueMart, etc.

Comme vous l'aurez constaté, nulle part dans les quatre points précédents nous n'avons parlé technique, programmation ou code informatique, car tout cela importe peu. En revanche, vous devrez consentir un investissement financier important pour paramétrer cette boutique, pour qu'elle reflète votre société, votre produit, votre passion. Pour que votre charte graphique soit cohérente, que vos couleurs soient harmonieuses et vos textes lisibles sur la plupart des navigateurs.

Vocabulaire

La **charte graphique** représente l'identité graphique de votre société, de votre site. Il s'agit d'un document à mettre en place qui énumère exactement les couleurs sélectionnées, les polices de caractères choisies, qui reprend vos logos officiels et la manière de les utiliser (positionnement, dégagement sur les côtés).

Dans un premier temps, vous devez rédiger un cahier des charges qui décrira votre projet et délimitera les frontières de votre demande : produits, catégories, langues utilisées, couleurs, logo, modes de paiement, expédition de la marchandise. Ce cahier des charges sera ensuite transmis à une équipe de développement pluridisciplinaire (graphistes, développeurs, spécialistes en référencement) qui réalisera votre projet.

Pour vous donner une idée de ce que représente financièrement cette première étape, sachez que vous devez vous attendre à une fourchette comprise entre 5 000 et 30 000 euros. Ce qui n'est pas indolore pour une PME.

L'investissement permanent pour le référencement

Un site, aussi parfait soit-il, n'a aucune utilité s'il n'est visité par personne. Vous avez probablement encore à l'esprit la notion de « trafic », les 6 850 visites par mois qui sont nécessaires à la réussite de votre projet. Faire venir des internautes sur votre site a un coût. Qu'il s'agisse de campagnes AdWords, d'e-mailing ou de bannering, rien de tout cela n'est gratuit.

> **Vocabulaire**
>
> **AdWords :** mots-clés payants qui sont gérés par la régie publicitaire de Google.
> **Bannering :** bannières publicitaires que vous placez (contre paiement) sur des sites à haut trafic.

Ici également, vous pouvez vous attendre à des budgets compris entre 5 000 et 50 000 euros par an. Il est essentiel de maintenir le référencement durant toute la vie de votre boutique.

Figure 1–6
AdWords, la régie publicitaire de Google

L'investissement humain initial

La fourchette de prix citée précédemment pour la réalisation de votre site ne comprend nullement l'encodage des données. Si vous avez un seul produit à vendre, cela ne vous prendra pas trop de temps. Mais si vous en avez 50, 100 ou 150 à placer sur votre boutique, il vous faudra compter en semaines de travail pour catégoriser, trier, trouver les descriptions, les images, encoder les données descriptives (dans une ou plusieurs langues), les prix, les poids, etc.

Vous aurez également à vous soucier d'inclure d'autres textes sur votre boutique, comme les CGV (conditions générales de vente), la présentation de la société, son historique, les avantages à acheter sur votre site, le mode de calcul des frais de transport, etc.

L'investissement humain permanent

Le client qui passe commande sur votre boutique s'attend à un service cinq étoiles, même pour des articles à prix très modérés. Le produit doit correspondre à la description publiée et être expédié rapidement. En cas de problème, le client doit pouvoir vous joindre facilement. Et comme Internet fonctionne 24 h/24, 7 j/7, il s'attendra également à recevoir une réponse dans les heures qui suivent.

> Le suivi des commandes, la gestion des livraisons, la réponse aux questions occuperont vos journées, vos soirées, vos week-ends.

En résumé

Mon idée a-t-elle des chances de réussir ?

Oui, votre projet a des chances de réussir s'il répond, au minimum, aux critères ci-dessous.

- Le produit, ou la gamme de produits, que vous souhaitez commercialiser doit répondre à une demande du marché. La concurrence doit être inexistante ou très faible, le prix très attractif.
- Votre boutique doit donner envie d'acheter. Pour cela, il est important de mettre le client en confiance avec un site Internet agréable, ergonomique, des modes de paiement multiples et de la transparence dans les frais d'expédition.
- Elle doit être visible sur la première page des moteurs de recherche, en soignant le référencement, en investissant dans des campagnes AdWords, e-mailings et bannering.
- Vous disposez d'un budget à hauteur de vos ambitions pour pouvoir faire appel à une société de services, spécialisée dans l'e-commerce.
- Vous ne comptez pas votre temps.

2

Les premières vérifications

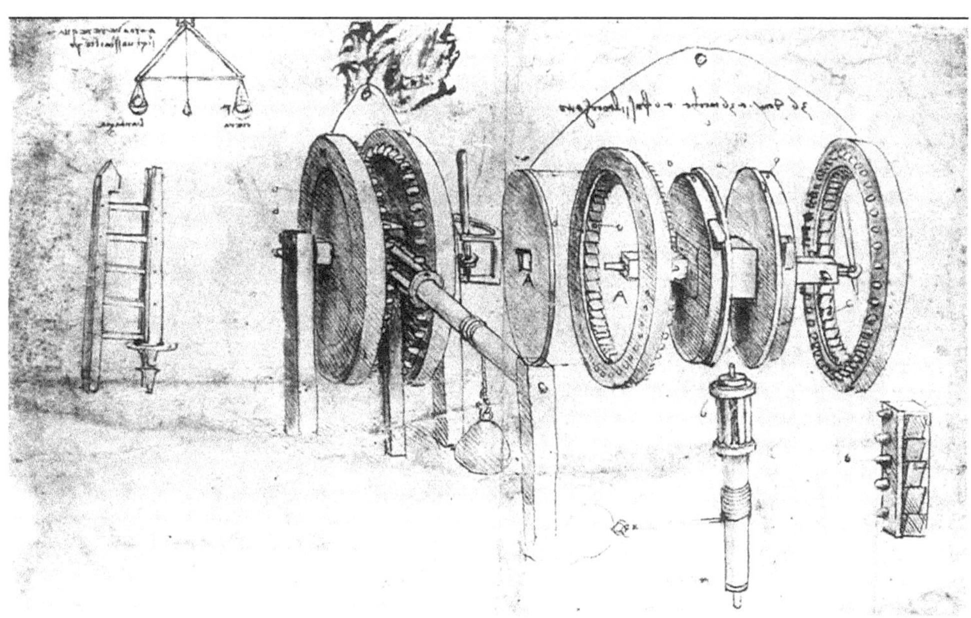

Figure 2–1 Croquis de Léonard de Vinci (1452-1519), peintre, inventeur, ingénieur, scientifique, humaniste, philosophe

Un inventeur génial

Si, comme Léonard de Vinci, vous faites partie de la catégorie des inventeurs géniaux, il y a peu de risques que vous ayez des concurrents sur Internet. En pareil cas, vous disposez d'un quasi-monopole qui vous permet presque de dicter votre loi, d'imposer vos prix, vos délais, le mode de transport.

Il en va de même pour l'ensemble des artisans et des artistes. Si les produits que vous proposez sont uniques, vous avez tout intérêt à lancer votre boutique en ligne.

Néanmoins, avant de foncer tête baissée dans l'aventure, il serait judicieux de vous assurer qu'une demande existe bien pour votre invention. Personnellement, je ne suis pas certain qu'il faille baser entièrement votre choix sur une étude de marché d'une société externe. En effet, en tant qu'inventeur, artiste ou artisan, qui mieux que vous connaît votre secteur particulier ? Qui plus que vous a déjà côtoyé, durant de nombreuses années, les clients qui viennent dans votre atelier ?

Contrairement aux autres cas de figure (que nous détaillons ci-après), si la recherche de votre produit sur Internet ne donne aucun résultat, ce sera bon signe. Cela signifie que la concurrence est faible ou inexistante. Dès que votre e-boutique aura pris son envol, vous monterez rapidement dans les moteurs de recherche grâce au caractère unique de votre produit. Pour ce faire, il vous faut appliquer les règles de base du SEO *(Search Engine Optimization)* que nous verrons plus loin.

Vocabulaire

SEO : processus naturel (non payant) d'optimisation d'une page web, d'un site ou d'une boutique e-commerce qui permet d'affecter sa visibilité dans les moteurs de recherche et de le placer en tête des résultats proposés. (Source : traduction libre de Wikipédia - http://en.wikipedia.org/wiki/Search_engine_optimization)

Un distributeur exclusif

L'exclusivité de distribution, sur Internet, n'existe qu'en théorie. Pour la grande majorité des produits, les internautes ne se soucient que rarement des régions, des pays, des continents.

Imaginons qu'un de vos fournisseurs canadiens vous donne l'exclusivité de vente, pour la France, du sirop d'érable en tube. Vous créez votre site et fixez le prix de vente à 18,30 euros. Qu'est-ce qui peut empêcher le client de Paris, de Bordeaux ou de Lyon de commander ce même produit sur la boutique italienne qui, elle, a reçu l'exclusivité pour son pays et propose ce même produit à 14,50 euros ?

À produit égal, l'internaute se tournera toujours vers le moins cher.

Il existe néanmoins une petite exception à cette règle : les « appellations territoriales ». Peut-être par respect pour l'authenticité, l'internaute achètera plus facilement un « cantal » sur un site d'Auvergne que ce même cantal vendu un peu moins cher sur un site coréen.

Figure 2–2
Le véritable cantal d'Auvergne (source image : http://www.tourisme-en-france.com). L'exclusivité de distribution n'offre, en général, aucune garantie de succès sur Internet.

Être distributeur

C'est probablement vous qui aurez la tâche la plus ardue car la concurrence sera très rude. Avant de vous lancer, il sera primordial de bien étudier ce qui se passe déjà sur Internet pour les produits que vous représentez. Sont-ils lourdement présents ? Pouvez-vous proposer ces mêmes produits à des prix nettement plus bas ? Ou vous différencier de vos concurrents par un autre moyen, par des actions marketing qui permettront de drainer tous les clients vers votre site ? Vous l'aurez compris, votre premier exercice consistera à vous installer confortablement derrière votre écran et à recueillir un maximum d'informations sur la concurrence.

Imaginons que vous gériez déjà un magasin de vente d'articles pour la table. Une vraie boutique, avec sa vitrine, sa caisse enregistreuse et son stock. Malheureusement, le nouveau contournement de la ville a pour conséquence une baisse sensible de votre chiffre d'affaires. Et vous envisagez de vous lancer dans l'e-commerce pour compenser la diminution du nombre de vos clients de passage.

La première chose à vérifier est l'état de la concurrence sur un moteur de recherche comme Google ou Yahoo!. Lancez votre recherche sur « art de la table » et constatez le résultat.

Figure 2–3
Résultats de la recherche « art de la
table » sur Google

Le nombre de réponses

La première chose qui doit vous mettre sur vos gardes est le nombre de réponses proposées.
Bien que ce ne soit pas très lisible sur l'illustration ci-dessus, je vous confirme que Google a
trouvé 191 000 000 pages qui parlent de l'art de la table. La bataille sera longue.

Les annonces payantes

Le second point qui saute aux yeux est le nombre élevé d'annonces payantes. Elles sont réparties, dans cet exemple, dans les cadres nommés A1 et A2 (figure 2-3).

Bon à savoir

Vous pouvez distinguer les annonces payantes des autres par le petit logo orange « Annonces » qui les précède.

Dans cette page, on compte neuf annonces payantes, pour dix qui proviennent du référencement naturel.

Vocabulaire

Les annonces payantes sont celles qui sont affichées si vous avez opté pour un contrat publicitaire AdWords chez Google. Les autres sont issues du référencement naturel. Ce terme désigne l'ensemble des techniques non payantes que vous devrez utiliser pour tenter de faire apparaître votre site dans les premières positions des résultats des moteurs de recherche.

S'il y a autant d'annonces payantes pour la recherche effectuée, cela sous-entend clairement que les places sont chères, et que la concurrence sera rude.

L'intérêt des images

Dans le cadre B (figure 2-3), Google a discrètement inséré des images en provenance des résultats. Cette incrustation vous incite à cliquer dessus pour voir les images proposées, et peut-être faire un choix à partir de ces dernières et non sur la base des liens « web » de la page des résultats. Nous reviendrons longuement sur l'importance des images dans les boutiques e-commerce un peu plus loin dans cet ouvrage, car la qualité et le nombre d'images sont facteurs d'intérêt.

Les résultats réels

Neuf des dix premiers liens web, issus du référencement naturel, sont vos principaux concurrents. Le premier affiché est ce que l'on appelle un « wiki », de l'encyclopédie libre Wikipédia.

Vocabulaire

Pour reprendre textuellement les termes de sa présentation, « Wikipédia est un projet d'encyclopédie collective établie sur Internet, universelle, multilingue et fonctionnant sur le principe du wiki. Wikipédia a pour objectif d'offrir un contenu librement réutilisable, objectif et vérifiable, que chacun peut modifier et améliorer ». (Source : http://fr.wikipedia.org)

Parcourez les sites de tous ces concurrents. S'ils proposent le même type d'articles que vous, analysez leurs offres, leurs prix, les frais d'expédition, les conditions de retour. Abonnez-vous à leurs newsletters. Essayez de comprendre pourquoi ils ont tant de succès et posez-vous honnêtement la question : « Puis-je offrir ces produits à des conditions nettement plus attractives qu'eux, tant au niveau des prix, que pour les frais d'envoi et les conditions de retour ? » Si votre réponse à cette question est un oui franc, le ciel se dégage progressivement devant vous.

> **Vocabulaire**
>
> La **newsletter**, ou **lettre d'information**, est un document d'information envoyé de manière périodique par courrier électronique à une liste de diffusion regroupant l'ensemble des personnes qui y sont inscrites. Une lettre d'information peut également être téléchargée depuis un site web. (Source : Wikipédia)

Mais attention, une fois votre boutique lancée, si vous devenez plus important que vos concurrents, attendez-vous à une réaction rapide de leur part. À une analyse de votre site, de vos conditions, comme vous l'avez effectuée chez eux. Prévoyez déjà la riposte à leur réaction.

Si, en revanche, vous ne pouvez pas proposer mieux, il faudra certainement revoir votre projet. Il serait en effet fort risqué de vous lancer dans un marché déjà totalement saturé.

Il ne s'agit pas d'abandonner ce projet qui vous tient à cœur, mais peut-être d'aborder les choses positivement, aller plus loin dans cette étude concurrentielle, noter exactement toutes les gammes des produits vendus par ces principaux concurrents. Mettre tout cela dans un tableau et trouver, dans l'art de la table, « le » produit ou la gamme de produits que vous avez et qu'ils n'ont pas. Votre succès ne viendra pas de ce que vous avez vu, mais bien de ce que vous n'avez pas trouvé chez eux. Ou qui est totalement différent chez vous, rendant votre produit « unique » face à eux.

> Votre succès ne viendra pas de ce que vous avez vu, mais bien de ce que vous n'avez pas trouvé chez eux.

Pour ne vous donner qu'un exemple, fictif, imaginez que tant vous que vos concurrents proposiez des saladiers en bois dans votre gamme de produits. Mais chez vos concurrents, le prix de vente est toujours 20 % inférieur au vôtre et qu'il vous est impossible de faire mieux.

Pourquoi ne pas tenter de vendre un article quelque peu différent mais introuvable sur leurs sites : un saladier en bois issu du commerce équitable ? Allons même plus loin dans cette idée. Pourquoi ne pas continuer à vendre dans votre vraie boutique (avec sa vitrine, sa caisse et son stock) vos produits habituels et concentrer la première mouture de votre site de vente en ligne sur « les articles de la table issus du commerce équitable » ? La concurrence sera certainement moins rude, et vous disposerez d'une marge de manœuvre plus grande dans le calcul de votre prix de vente et de vos frais de port.

> Avant de lancer votre projet, analysez votre concurrence. Et si elle vous semble impossible à battre, faites évoluer votre idée.

Des sites peu vendeurs

Figure 3–1 Résultat de la recherche « art de la table » dans les images de Google. Le marché est saturé.

Un marché saturé

Rassurez-vous, rares sont les sites qui ne vendent réellement rien. L'idée de ce titre devrait être ajustée par rapport à l'objectif financier que vous vous êtes donné. Il pourrait, sur la base de l'exemple initial, se décliner comme suit : les sites qui ne rapportent pas au moins 6 000 euros nets par mois, ou ne totalisent pas 5 715 visites mensuelles, ou 200 ventes.

En grande majorité, les échecs, dans le monde de l'e-commerce, proviennent d'un manque d'analyse concurrentielle (voir chapitre précédent), ou d'un manque de réaction par rapport aux résultats de cette analyse. Vous avez mis le doigt sur le danger, mais avez néanmoins décidé de vous y lancer. Prétextant par exemple que vous êtes connu dans la région, que tout le monde connaît votre magasin, que vous avez beaucoup d'amis, de connaissances qui viendront sur votre site. Bref, vous vous êtes voilé la face.

L'e-acheteur ne vous connaît pas. Il ne voit que votre site, vos prix, vos délais et conditions. Il compare, encore et toujours. S'il en a la possibilité, il lira les avis des utilisateurs. Votre notoriété locale n'y changera rien. Si le marché est saturé, le seul conseil à vous donner est de revoir votre copie.

Un design peu attractif

Le design d'un site n'est pas chose à laisser au hasard. Ce n'est pas non plus une œuvre d'avant-garde qui doit exploser aux yeux des internautes. Le design s'étudie, se construit. La position des divers éléments, comme le logo, le menu, le panier ou les produits, répond à différentes règles. Certaines sociétés importantes poussent le soin de la mise en page jusqu'à commander une oculométrie (eye tracking) pour chacune des pages importantes de leur site.

Vocabulaire

L'**oculométrie** (en anglais *eye tracking*) regroupe un ensemble de techniques permettant d'enregistrer les mouvements oculaires. Elle est utilisée comme technique de mesure pour la recherche en psychologie, en psycholinguistique, en ergonomie et pour les prétests de publicités. (Source : Wikipédia)

Ne stressez pas, il n'est nullement nécessaire d'investir dans une analyse de ce type pour le site e-commerce que vous souhaitez lancer. Je souhaitais juste attirer votre attention sur l'importance du design. Si votre site n'est pas agréable, ergonomique, attractif, les internautes le fuiront et n'y reviendront pas.

Je ne résiste pas à l'envie de vous montrer un exemple de site extrêmement raté. Il ne s'agit heureusement pas d'une boutique, mais d'un simple site. Néanmoins, il vaut le détour. Impossible d'imaginer où vos yeux vont se poser, ce qui sera lu, ce qui est important ou accessoire.

Figure 3–2
Eye tracking de la page d'accueil
d'un site e-commerce de
chaussures
(source : http://www.newquest.fr)

Figure 3–3
Extrait de la page d'accueil
d'un site très peu ergonomique

Un manque de confiance

Il peut y avoir de multiples raisons pour lesquelles un site ne donne pas envie d'acheter.

Description des produits trop confuse

Puisque le client ne peut toucher, peser, sentir le produit, il faut compenser ces manquements par une description claire et précise du produit. Elle pourra se diviser en deux parties :

- le texte affectif, émotionnel, dans lequel vous citerez les avantages que l'acheteur va tirer du produit. La manière dont cet achat va répondre à son attente : « Avec cette tondeuse thermique, une pelouse de 5 ares ne prendra que 30 minutes de votre week-end » ;
- la seconde partie sera nettement plus technique. Elle reprendra probablement les dimensions de l'article, son poids, l'origine de fabrication, etc.

Images manquantes ou de mauvaise qualité

Pensez à publier, pour chaque article, entre trois et dix images qui montrent les différentes facettes du produit. Elles doivent être nettes, correctement cadrées et permettre un zoom pour en examiner les détails.

Données administratives inexistantes ou partielles

Votre site doit contenir une série de pages spécifiques indispensables :

- la présentation de la société, ses coordonnées exactes avec e-mail de contact (ou une page spéciale de type formulaire de contact) et numéro de téléphone ;
- l'historique de la société, qui n'est pas obligatoire, mais chaudement recommandé ;
- les CGV (conditions générales de vente) ;
- les conditions de retour, de remboursement, la garantie sur les produits ;
- le mode de calcul des frais de livraison. Si vous ne livrez pas dans certains pays, par exemple en outre-mer, il est judicieux de l'indiquer également sur cette page ;
- outre ces données administratives, votre site devrait afficher, de manière très visible sur la page d'accueil, les modes de paiement que vous acceptez : paiement par carte de débit, de crédit, par chèque, en contre remboursement, par virement bancaire, etc. Des petits logos seraient préférables à la simple énumération de ces modes de paiement.

Figure 3–4
Exemples de logos détaillant
les modes de paiement de votre
site (source : http://www.football-
factory-shop.eu)

Un mauvais référencement

Déjà évoqué précédemment dans cet ouvrage, le référencement sera développé plus loin en détail. Il s'agit de l'un des facteurs clés de votre succès. Un site non ou mal référencé n'existe tout simplement pas.

Une étude de marché comme prérequis, un design soigné et ergonomique, des produits clairement décrits et abondamment illustrés, des pages administratives facilement consultables et un référencement correctement orchestré permettront à votre projet d'aboutir.

4

Se décider

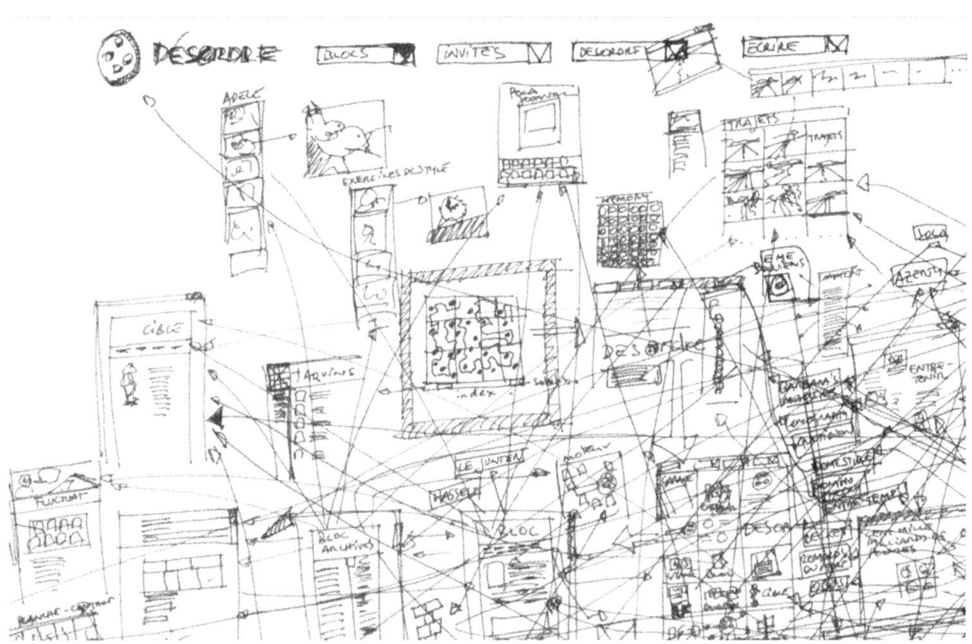

Figure 4–1 Avant de débuter, pensez à votre organisation.
(Source image : ancienne page d'accueil du site http://www.desordre.net)

L'introduction de ce livre vous a permis d'imaginer l'étendue des différentes compétences nécessaires à la mise en ligne d'une boutique e-commerce. Et encore avons-nous volontairement passé sous silence des points essentiels, comme la comptabilité, le suivi des paiements ou la gestion des stocks. Nous y reviendrons par la suite.

Notre but était que vous preniez conscience que créer une boutique en ligne ne se fait pas en deux temps trois mouvements. Que des investissements humains et financiers sont nécessaires. Qu'il vous faut faire un choix, vous décider. Vais-je m'y lancer, ou était-ce simplement une idée passagère ?

À plusieurs reprises, nous avons insisté sur des points très importants pour réussir, comme l'étude de marché, de la concurrence, les besoins d'ergonomie ou le référencement.

À ce stade de la lecture, votre conclusion sera peut-être qu'il vaut mieux ne pas aller plus loin. Que vos chances sont trop minimes pour réussir, pour atteindre votre objectif.

Ou que vous hésitez encore. Que vous pensez avoir des atouts, que vous aimeriez tenter l'expérience, mais que la montagne semble plus haute de près que de loin.

Si vous êtes dans l'un de ces cas de figure, la solution serait de passer par une ou deux étapes intermédiaires, de créer une miniboutique de test afin d'observer le comportement, les réactions des acheteurs, ensuite d'évoluer vers une boutique à quelques euros par mois, pour enfin franchir le pas et créer votre boutique finale, complète.

La boutique de test, presque gratuite

Essayez, par exemple, de vendre quelques produits sur eBay. Pour la plupart, les gens s'imaginent qu'eBay n'est qu'un site d'enchères, ce qui n'est pas vrai. eBay a également introduit la vente à prix fixes. Elle permet aux petits commerçants de créer une boutique intégrée à leur site.

Les avantages de cette solution sont nombreux :

- Ce n'est pas très complexe à mettre en œuvre. L'aide fournie est appréciable, les étapes bien délimitées.
- Les coûts sont très faibles.
- Le trafic sur eBay est gigantesque. Les chiffres de septembre 2019 de la FEVAD indique un trafic de plus de 18,7 millions de visiteurs par mois pour la France.
- La concurrence y est forte.

Figure 4–2
Logo d'eBay

Vous pensez probablement que le dernier point cité est une erreur, qu'il appartient plutôt aux inconvénients ? Ce n'est pas le cas ! Pouvoir directement se mesurer à la concurrence est une réelle chance. Vous verrez rapidement si votre produit se vend beaucoup, peu ou pas du tout. S'il se vend bien, vous avez intérêt à étoffer votre catalogue sur eBay, à le comparer à d'autres produits. Et si ces ventes décollent, alors votre projet a des chances de réussir, et probablement avez-vous intérêt à prévoir progressivement la mise en ligne d'un véritable site e-commerce.

En revanche, si vos ventes sont nulles ou insignifiantes, eBay vous permet de modifier vos prix, de changer les images, de revoir vos textes descriptifs, de faire d'autres tentatives. Si, au bout de plusieurs essais, de plusieurs mois, rien ne se passe comme souhaité, alors la preuve sera faite que le projet n'était pas réaliste. Vous aurez perdu un peu de temps, mais sans plus.

L'e-commerce intermédiaire à dix euros par mois

La seconde possibilité qui s'offre à vous est d'opter pour des sociétés qui ont mis en place des outils de création et d'hébergement de sites e-commerce soit gratuitement, soit pour quelques euros par mois.

Figure 4–3
La société 1&1 vous permet de créer facilement une e-boutique pour un budget de quelques euros par mois.
(Source : http://www.1and1.fr)

Il vous suffit de vous inscrire, de suivre le processus de création de la boutique en quelques étapes, d'y télécharger des images, d'encoder les descriptions, les prix et quelques autres informations. Un générateur se met en marche et votre boutique est automatiquement créée.

C'est la solution transitoire idéale pour passer du magasin sur eBay à la boutique finale.

Les avantages de cette option sont les suivants :

- L'investissement de base est insignifiant.
- La boutique porte le nom que vous souhaitez, par exemple www.matable.fr.
- La structure générale de ces boutiques se rapproche fortement des véritables solutions e-commerce. Elle inclut des pages spécifiques aux catégories, aux produits, aux textes administratifs, la possibilité de choisir parmi de nombreux paramètres afin de coller au mieux à votre projet. Vous disposez également d'outils d'analyse de trafic, de la possibilité de publier une newsletter, d'insérer un lien avec Facebook, etc.

En revanche, comme il s'agit de votre propre nom de boutique (nom de domaine), vous devrez attirer les clients de manière totalement autonome. Vous devrez investir dans le référencement.

Voici quelques sociétés qui proposent ce genre de services :

- 1&1 (http://www.1and1.fr) ;
- Kingeshop (http://www.kingeshop.com) ;
- e-monsite (http://www.e-monsite.com) ;
- jimdo (http://fr.jimdo.com).

La boutique définitive

S'il est possible de créer rapidement des boutiques qui me reviennent à quelques euros par mois, pourquoi devrais-je changer ? Pourquoi évoluer vers une solution plus élaborée ?

Il n'y a pas de réponse standard à cette question. Vous vous en rendrez compte par vous-même. À partir du moment où vous vous sentirez à l'étroit dans votre boutique intermédiaire, où vous envisagez de nouvelles possibilités, comme avoir des liens automatiques avec les transporteurs pour permettre aux clients de suivre leurs envois, intégrer les résultats de vos ventes dans votre comptabilité, gérer du stock, ou proposer d'autres modes de paiement, vous aurez compris que votre projet initial était fiable et qu'il est temps de vous y lancer pleinement.

En cette fin de première partie, vous devriez déjà y voir un peu plus clair sur ce qu'est une boutique e-commerce, sur l'ensemble des compétences qu'elle requiert, sur l'étendue des investissements humains et financiers.

La seconde partie de cet ouvrage détaillera point par point le travail en lui-même, vous guidera, vous conseillera au travers des méandres des domaines à manipuler.

Prenez votre temps. Dans ce domaine comme dans beaucoup d'autres, urgence et précipitation sont souvent mauvaises conseillères. En revanche, vous arrêter quelques jours pour réfléchir, prendre du recul vous permettront d'éviter les pièges, de contourner les obstacles, de prendre les bonnes décisions.

Bien s'organiser

Pour pouvoir mettre un satellite sur orbite, chacun des étages de son lanceur doit être parfaitement au point. Chaque réservoir conformément rempli, chaque étape calculée. Sans cette multitude de tâches effectuées avec exactitude, au bon moment, c'est l'échec assuré.

Pour l'e-commerce, vous devrez également mettre au point les différents éléments qui le composent, les vérifier, les améliorer, les tester. Ce n'est qu'une fois l'ensemble de ces éléments parfaitement opérationnels que vous pourrez donner le signal de départ. Pas avant.

Cette seconde partie détaillera chacune des phases de la préparation, du paramétrage, de l'encodage. Nous y développerons des points aussi évidents que l'organisation du catalogue de produits, le choix des images ou la description des articles, que d'autres plus ardus, comme les frais d'expédition ou le référencement.

Un chapitre particulier attirera votre attention sur les pièges à éviter, les erreurs à ne jamais commettre.

5

Par où commencer ?

Figure 5–1 E-commerce, par où commencer ?

Que ce soit pour un magasin classique, avec pignon sur rue, ou pour une boutique électronique, la première chose à faire est de vous organiser. Vous devez vous réserver un bureau, ou au minimum une armoire, disposer de classeurs et de temps.

Il n'est nullement conseillé de vous enfermer « au finish » dans votre bureau pour tenter de tout mettre en place en quelques jours. Vous manqueriez de recul, vous vous acharneriez sur des détails en omettant l'essentiel. Un site, comme une maison, s'imagine progressivement. Vous griffonnez d'abord quelques esquisses sur un coin de table, pour ensuite les laisser reposer dans un tiroir de votre bureau. Quelques jours plus tard, vous y revenez pour corriger certaines erreurs et amender votre premier jet. De jour en jour, d'amélioration en amélioration, le plan final se dessine, votre boutique prend forme.

Formaliser son projet

Commençons par créer un classeur qui contiendra différentes sections, séparées par des onglets. Dans la première section, nous centraliserons toutes les bases, toutes les idées que nous avons en tête, ainsi que toutes les questions qui se présenteront à nous. Parfois, nous pourrons directement y ajouter des réponses, mais ce ne sera pas toujours le cas.

Cette première partie sert de pense-bête afin de ne rien oublier par la suite. Mais aussi de se souvenir des choix initiaux que nous avons pris. Voici quelques exemples de points qui devraient se retrouver dans cette section.

* La boutique sera-t-elle unilingue ou multilingue ? Si vous envisagez le multilingue, quelle sera la langue de base, et quelles seront les autres langues utilisées ?

* Ma clientèle sera-t-elle essentiellement composée de particuliers (BtoC) ou de sociétés (BtoB) ? De manière générale, s'il s'agit de particuliers, les prix seront affichés toutes taxes comprises. Tandis que les clients sociétés préfèrent un prix mentionné hors taxe.

* Quels seront les pays de livraison ? Uniquement mon pays d'origine (France), ou également les pays voisins, dans ou en dehors de l'Union européenne ? Ces éléments sont très importants pour les choix des taux de TVA sur les factures.

* Quels seront les produits vendus sur le site ? Et comment seront-ils classés, sous quelles catégories ? Quel sera le nombre maximal de catégories et de sous-catégories ?

* Est-ce que je dispose déjà d'images de qualité, en nombre suffisant pour chacun des produits que je compte vendre ? Si non, où puis-je les trouver ? Devrai-je faire appel à un photographe pour combler ce manque ?

* Mon logo est-il suffisamment épuré pour s'afficher sur un site Internet ? Ou est-il préférable de le repenser, le refaire ?

* Quels seront les modes de livraison pour ces produits ? Un seul transporteur suffira-t-il ? N'y a-t-il pas des articles dont la taille ou le poids ne sont pas pris en charge par ce transporteur ? Le poids de chacun des articles, emballage compris, est-il référencé quelque part ?

* Quels modes de paiement autoriserai-je ? Quelles formalités devrai-je remplir, par mode de paiement, auprès de ma banque ? Quels seront les commissions et les frais demandés sur chaque transaction financière ?
* Mes CGV (conditions générales de vente) sont-elles à jour pour la vente sur Internet ? Qu'en est-il des délais de retour, des remboursements, des garanties ?
* Comment me faire connaître sur Internet ? Par e-mailing, campagnes AdWords, publicités dans les journaux ?

Vocabulaire

BtoC, abréviation de l'expression anglaise *Business to Consumer*. En français, elle désigne essentiellement la vente qui est faite aux particuliers.
BtoB, abréviation de *Business to Business*, désigne en général les ventes de société à société.

Un outil intéressant pour formaliser son projet

Si vous n'êtes pas allergique à l'informatique, pourquoi ne pas utiliser un programme pour vous aider à mettre en forme votre projet ? Il pourrait remplacer avantageusement le classeur dont nous parlions plus haut.

Le tableur Microsoft Excel, par exemple, pourrait déjà convenir si vous le manipulez avec dextérité. J'aimerais néanmoins vous conseiller un autre produit, de la catégorie des cartes heuristiques (en anglais *mind maps*) : XMind.

Vocabulaire

Une carte heuristique (ou carte cognitive, carte mentale, carte des idées, etc.) est un schéma, supposé refléter le fonctionnement de la pensée, qui permet de représenter visuellement et de suivre le cheminement associatif de la pensée. Cela permet de mettre en lumière les liens qui existent entre un concept ou une idée et les informations qui leur sont associées. La structure même d'une *mind map* est en fait un diagramme qui représente l'organisation des liens sémantiques entre différentes idées ou des liens hiérarchiques entre différents concepts. À l'inverse du schéma conceptuel (ou « carte conceptuelle », *concept map* en anglais), les *mind maps* offrent une représentation arborescente des données, imitant ainsi le cheminement et le développement de la pensée. (Source : Wikipédia)

XMind est un logiciel libre développé par la société XMind Ltd. Vous pouvez le télécharger à l'adresse suivante : http://www.xmind.net/.

Figure 5–2
XMind, logiciel open source de mind mapping, est disponible également en français.

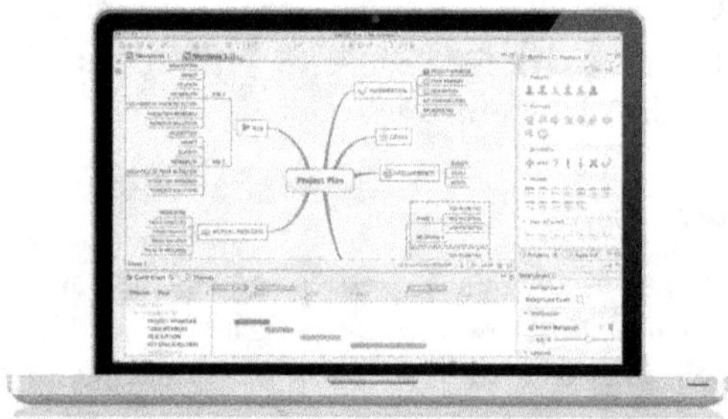

La version gratuite de XMind suffit largement pour le travail que nous préparons. Pour un prix très abordable, de l'ordre de 60 à 70 euros, vous pouvez opter pour une version plus riche, comportant par exemple l'exportation vers un document PDF, Word ou Excel.

Si nous reprenons dans XMind les différentes questions que nous avons énumérées, nous pourrions, dans un premier temps, obtenir une représentation informatique telle que celle de la figure 5-3.

Figure 5–3
Représentation XMind des principales questions que nous nous posons.

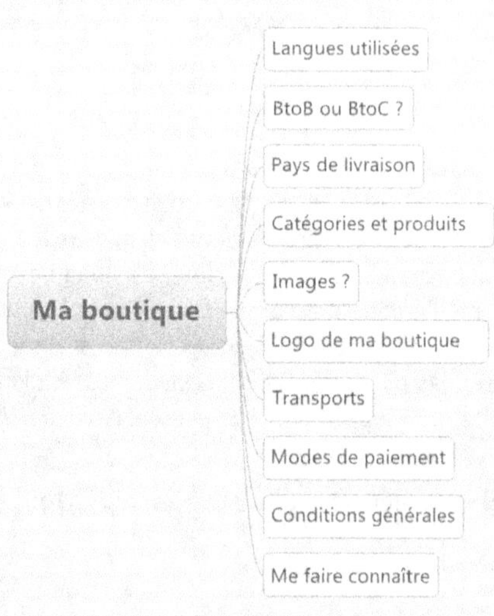

Bon à savoir

Par un simple glisser-déposer, vous pouvez changer l'ordre de chacune de ces questions sur cette représentation XMind.

Nous pouvons ensuite faire évoluer cette première carte heuristique. Nous décidons par exemple que la langue principale sera le français, mais que notre boutique sera également en anglais et que la majorité des clients visés par nos produits sont des particuliers (*Business to Consumer* ou BtoC, en anglais). La carte modifiée se présenterait comme sur la figure 5-4.

Figure 5–4
Extrait de notre carte modifiée
pour les points 1 et 2

Bon à savoir

Pour ajouter un sujet à droite d'un bloc déjà existant, effectuez un clic droit sur ce bloc et choisissez la fonction : « Insérer sujet secondaire ». Vous pouvez ajouter autant de sujets secondaires que vous le désirez.

Pour les pays de livraison, imaginons qu'actuellement nous décidions de nous limiter à la France et à quelques pays limitrophes. Nous pouvons matérialiser cette décision comme suit – voir figure 5-5.

Figure 5–5
Nous avons ajouté les pays
de livraison.

Bon à savoir

En cliquant sur la petite boule qui se situe entre le bloc « Pays de livraison » et l'accolade dans laquelle les pays sont énumérés, vous pouvez cacher le détail de ces pays. Un nouveau clic vous permettra de les réafficher.

Il y a d'autres avantages à organiser au préalable votre projet à l'aide d'un outil tel que XMind. Par exemple de passer les questions actuellement sans réponse, ou trop complexes, et d'y revenir plus tard. Ou la facilité d'ajouter, modifier, effacer des points sans devoir raturer la page de votre classeur. Tout reste propre.

Laissons de côté, pour l'instant, les questions relatives aux catégories, produits et images pour nous attarder quelque peu sur le point relatif au logo. Ce point vous laisse perplexe car vous ne savez pas très bien si votre logo actuel conviendra. Cette réflexion, vous pouvez également la mémoriser dans votre tableau. Pour ce faire, effectuez un clic droit sur le bloc « Logo de ma boutique » et choisissez l'option *Note*. Vous pouvez attacher une note à chacun des points de votre carte. C'est une aide très précieuse pour y mémoriser vos réflexions, les réponses plus élaborées, etc.

Lorsque vous aurez terminé d'enregistrer votre commentaire, il sera automatiquement lié au point « Logo de ma boutique ». Vous pourrez à tout moment en consulter le contenu par un simple survol de l'icône « bloc-notes » qui est venue s'ajouter dans le bloc « Logo de ma boutique » – voir figure 5-6.

Figure 5–6
Le survol de l'icône « bloc-notes »
permet d'en afficher le contenu.

Bon à savoir

Un double-clic sur cette icône vous ramène en mode édition de la note.

Qu'il s'agisse d'un simple classeur traditionnel ou d'un outil comme XMind, l'important pour commencer votre projet est de mettre en place ce document et de le faire évoluer point par point, chapitre par chapitre. C'est d'ailleurs ce que nous allons faire dès maintenant.

6

Le catalogue des produits

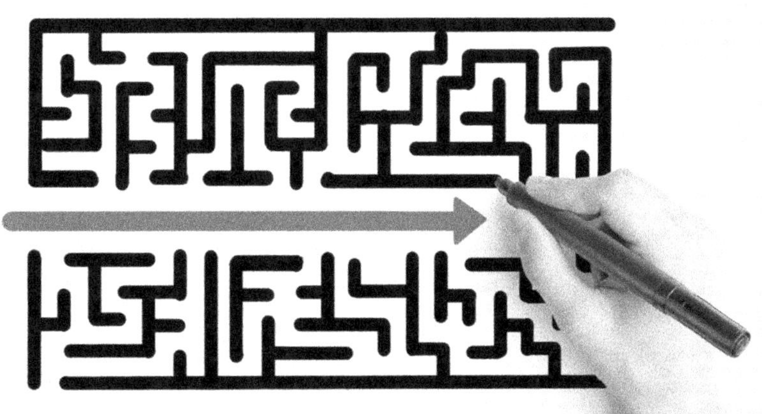

Figure 6–1 La structure du catalogue doit être limpide.

Structurer son catalogue

Pour un acheteur potentiel, il n'y a rien de pire que de se retrouver devant un catalogue dans lequel il est totalement perdu et où il ne trouve pas le produit qu'il souhaite acquérir. Très vite, il se lassera et cherchera son bonheur sur un autre site.

La structure de votre catalogue se doit d'être pensée, analysée, validée. N'hésitez pas à tester, auprès de vos amis ou connaissances, la structure que vous souhaitez mettre en place pour vous rendre compte de sa facilité d'utilisation. Demandez-leur, par exemple, de chercher le saladier en bois. Ils devront le trouver sans la moindre hésitation.

Votre premier travail consiste à sélectionner les articles qui seront vendus sur le site. Il n'est nullement nécessaire de débuter par la totalité des articles souhaités. Vous avez même intérêt à n'y présenter, au début, que les articles les plus spécifiques, ceux qui ont le plus de chances d'attirer l'acheteur, de l'intéresser et de l'amener à conclure l'acte d'achat.

Cette première sélection faite, imaginez la structure du catalogue qui contiendra ces articles. La manière la plus adaptée et la plus intéressante est de travailler avec des catégories principales, subdivisées elles-mêmes en sous-catégories. Ces dernières incluront les articles proposés.

L'idéal est de restreindre le nombre de catégories principales entre trois et neuf. Au-delà de neuf, dites-vous que votre structure devient complexe et rebutante, qu'elle fait fuir les clients.

Chacune de ces catégories peut être divisée entre trois et neuf sous-catégories, qui propose-raient elles-mêmes au minimum trois articles. Si ce n'est pas le cas, là aussi remettez-vous en question et tentez de regrouper certains articles dans une autre sous-catégorie plus fournie.

Ces nombres de catégories et sous-catégories ne sont nullement obligatoires. Technique-ment, votre site peut supporter bien plus que cela. Mais l'acheteur ne s'y sentira pas à l'aise, et le risque de le voir fuir votre page d'accueil sera nettement plus élevé.

Quelques règles à respecter

- Proposer entre trois et neuf catégories principales.
- Chacune de ces catégories comprend, idéalement, entre trois et neuf sous-catégories.
- Cette structure catégories/sous-catégories doit être arborescente et logique. Vous aurez par exemple une catégorie « Jeans » qui comptera trois sous-catégories : Homme/Femme/Unisexe.
- Les libellés de ces catégories et sous-catégories doivent être courts, compréhensibles pour le client, et être prévus dans la langue de la page affichée. N'utilisez pas, par exemple, de mots anglais dans une page affichée en français.
- Ces libellés ne devraient jamais contenir des termes qui proviennent de votre jargon professionnel ou que vous avez inventés. Le client n'est pas censé les connaître.
- Le nombre de niveaux dans votre catalogue doit se limiter à trois au maximum. Catégorie, Sous-catégorie/Produit. Le client doit pouvoir trouver l'article recherché en trois clics. Si ce n'est pas le cas, revoyez la structure de votre catalogue afin de l'améliorer, la rendre plus compréhensible.

* N'utilisez pas de marques dans la hiérarchie de votre catalogue. Chaque logiciel e-commerce digne de ce nom permet de mentionner la marque dans un champ spécifique, sur lequel des recherches sont possibles.

Bon à savoir

Bien que ces règles semblent essentiellement destinées à la lisibilité du catalogue par l'acheteur potentiel, en réalité elles sont également fort importantes pour le référencement naturel de vos pages produits. Car chaque page produit répond à une URL spécifique, en quelque sorte l'adresse complète de la page dans la nébuleuse d'Internet. Et si l'URL de votre page produit est correctement structurée, hiérarchique, son référencement n'en sera que plus appuyé. L'URL du « Jean homme slim 5 poches » pourrait ressembler à ceci :

▸ http://www.monsite.com/jeans/homme/slim-5-poches

Vous constaterez que la hiérarchie du catalogue se retrouve bien dans l'URL de la page du produit.

Vocabulaire

URL - Le sigle URL (de l'anglais *Uniform Resource Locator*, littéralement « localisateur uniforme de ressource »), auquel se substitue informellement le terme adresse web, désigne une chaîne de caractères utilisée pour adresser les ressources du Web : un site Internet, une page produit, un document HTML, une image, une vidéo, etc. (Source : Wikipédia)

Un exemple de structure

Analysons la boutique en ligne d'un grand nom du monde des arts de la table. Cette boutique, même si le nombre de produits est élevé, ne propose que cinq catégories principales (figure 6-2) :

* Vaisselle ;
* Faire de la Pâtisserie, Cuisiner & Servir ;
* Verres & Flûtes ;
* Couverts de table ;
* Décoration.

La première catégorie, « Vaisselle », est subdivisée en neuf sous-catégories :

* Assiettes ;
* Plats creux & Coupelles ;
* Vaisselle pour enfant ;
* Plats & Plats à gâteaux ;
* Tasses & Gobelets ;
* Ensembles de vaisselle ;
* Étagères ;
* Services ;
* Coquetiers.

Figure 6–2
Les catégories principales de la
boutique en ligne

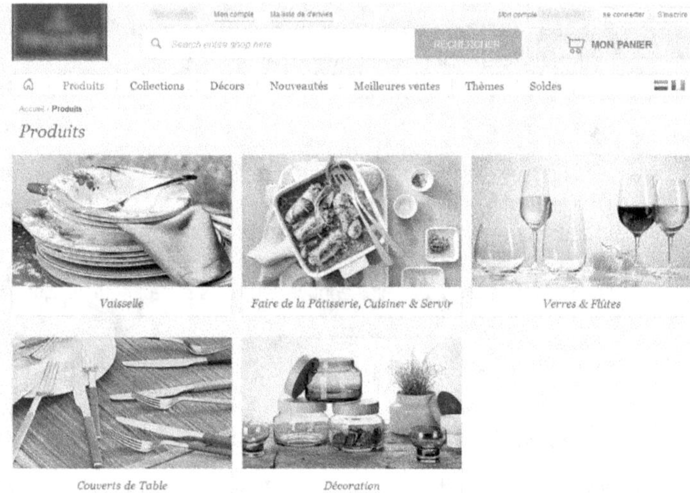

Figure 6–3
Les sous-catégories de la partie
Vaisselle

Si vous cliquez sur l'une de ces sous-catégories (figure 6-3), vous arriverez directement dans l'affichage de la liste des produits qui la compose. L'objectif est atteint : trois clics maximum pour arriver au produit recherché.

Une exception néanmoins, la catégorie principale « Verres & Flûtes » contient quinze sous-catégories. Ce n'est nullement une catastrophe. La boutique a préféré conserver un minimum de catégories principales, transiger quelque peu sur le nombre de sous-catégories, mais respecter le nombre maximum de trois clics pour atteindre le produit final. Objectif atteint.

Formaliser la structure du catalogue

Ici aussi, notre carte heuristique va nous aider à mémoriser la structure de notre catalogue. Mais ajouter directement les catégories et sous-catégories, puis quelques produits, à la droite du bloc « Catégories et produits » de notre exemple le rendrait plus complexe à la lecture. Pour remédier à ce genre de situation, XMind a prévu de vous permettre de créer automatiquement une seconde carte heuristique, intimement liée au bloc « Catégories et produits ». Pour ce faire, effectuez un clic droit sur le bloc en question et choisissez l'option « Insérer > Nouvelle feuille à partir du sujet ». Un petit code « C » est ajouté dans le bloc « Catégories et produits », vous indiquant qu'une suite existe à ce bloc et que vous pouvez y accéder par un simple clic sur ce « C » (figure 6-4). Une seconde carte, intitulée « Catégories et produits », est automatiquement créée, il vous suffit de la compléter (figure 6-5).

Figure 6–4
Le code « C » à la droite du bloc « Catégories et produits » signifie qu'une autre carte est directement liée à ce bloc.

Figure 6–5
La seconde carte heuristique reprend la structure du paramétrage de la boutique en ligne.

Il n'est pas nécessaire, dans cette seconde carte, d'encoder tous les articles que vous souhaitez proposer dans votre boutique. L'intérêt de cette présentation est d'avoir une vue claire et précise de la structure, d'en parler autour de vous, à vos amis, à vos proches, et de leur demander s'ils trouvent cette structure naturelle.

La structure de votre catalogue devrait être divisée entre trois et neuf catégories. Chacune d'elles pouvant contenir, idéalement, entre trois et neuf sous-catégories dans lesquelles seront enregistrés les produits. Cette structure hiérarchique servira tant vos clients que les robots de référencement.

7

La description de l'article

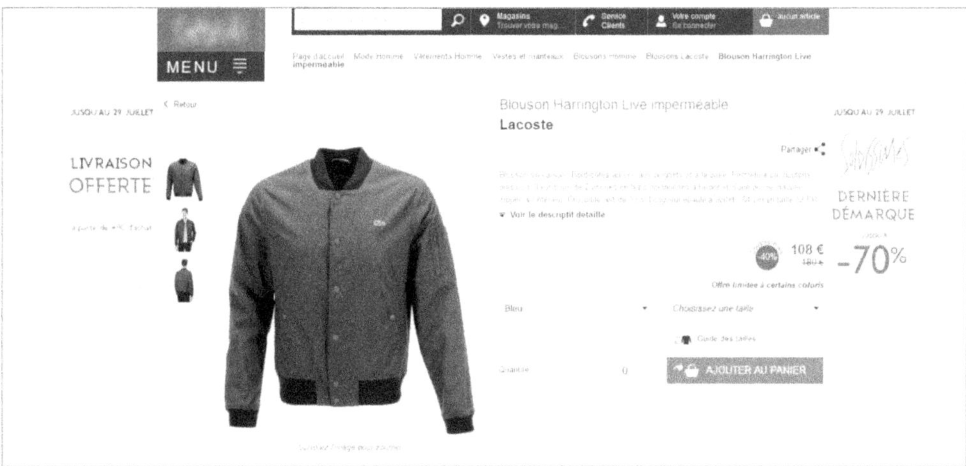

Figure 7–1 La description de l'article doit être complète et convaincante.

Trop souvent négligée...

Imaginez-vous entrant dans un grand magasin, spécialisé en vêtements de sport, car vous avez flashé sur le superbe blouson bleu présenté dans la vitrine. Vous avez pu lire le prix, mais aimeriez avoir des précisions sur son utilisation, son poids, sa matière, la façon de le nettoyer. Le vendeur s'approche de vous et vous demande : « Puis-je vous aider ? » Enchanté par sa démarche, vous répondez par l'affirmative et expliquez que vous souhaiteriez plus d'informations sur ce blouson en vitrine.

En réponse, le vendeur vous répond poliment : « Mais bien sûr, il s'agit d'un blouson de sport imperméable. » Puis il vous salue et se dirige vers un autre client. Quelle sera votre réaction ? Ces informations vous ont-elles convaincues ? Allez-vous vous laisser tenter ? Je ne pense pas. Il y a de fortes chances que non seulement vous n'achetiez pas ce blouson, mais surtout que vous sortiez rapidement de ce magasin pour continuer votre shopping ailleurs.

Il en va de même pour les boutiques Internet. La description de chaque produit doit être complète et convaincante. Elle remplace le discours que devrait tenir le vendeur pour tenter de vous convaincre. Énumérer l'ensemble des avantages du produit, le plaisir qu'il va vous procurer, sa fiabilité. Ensuite apparaît la description plus technique, qui varie bien sûr totalement d'un secteur à l'autre. Dans le domaine du textile par exemple, vous parlerez de grammage, de coupe, de couleurs, de conditions de lavage, de repassage, etc. En revanche, si vous vendez des vélos, vous préciserez des éléments différents comme la dimension des roues, le type de freins, le nombre de vitesses, les réglages au guidon, le type de selle, les accessoires inclus.

Reportez-vous quelques instants à l'image d'introduction de ce chapitre (figure 7-1). Elle provient, comme vous l'aurez remarqué, du site d'un grand magasin de Paris. Comme l'image n'est pas très précise, je vous copie ci-dessous la description principale de cet article :

« Blouson en canvas. Bord-côtes au col, aux poignets et à la base. Fermeture par boutons pression. Il est muni de 2 poches en biais boutonnées à l'avant et d'une poche plaquée zippée à l'intérieur. Crocodile vert de 3 cm. Longueur épaule à ourlet : 64 cm en taille 52 FR. »

Cette description vous satisfait-elle ? Personnellement, j'en doute.

Un peu plus bas, sur la page de cet article, se trouvent d'autres informations regroupées sous différents onglets (voir figure 7-2 ci-après).

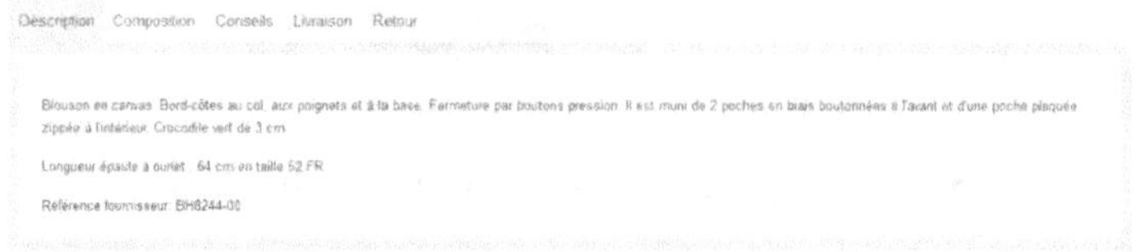

Figure 7–2

Description complémentaire du blouson de la boutique en ligne

Sous le premier onglet *Description*, j'espère y trouver d'autres informations. Voici ce qui y est indiqué :

« Blouson en canvas. Bord-côtes au col, aux poignets et à la base. Fermeture par boutons pression. Il est muni de 2 poches en biais boutonnées à l'avant et d'une poche plaquée zippée à l'intérieur. Crocodile vert de 3 cm.

Longueur épaule à ourlet : 64 cm en taille 52 FR.

Référence fournisseur : BH8244-00 »

Cette seconde description reprend mot pour mot la précédente, ce qui n'est d'aucune utilité. De plus, la seule information complémentaire est la référence de cet article chez le fournisseur de la boutique en ligne. Ce qui, vous l'avouerez, nous comble de joie.

Pour être exhaustif, il est utile de préciser que sous l'onglet *Composition*, nous pouvons y lire simplement « 55 % coton, 45 % polyester », tandis que l'onglet *Conseils* nous invite à « Laver à 30° ».

À quoi cela sert-il de créer une boutique e-commerce, de passer du temps à lui trouver le meilleur design, à cataloguer au mieux les articles, à ajouter des images, si c'est pour bâcler la description du produit et faire fuir le client ? Cet exemple n'est pas à suivre.

... mais parfois bien pensée

Rassurez-vous, il s'agissait là d'un exemple assez typique de ce qu'il faut éviter. Par opposition, analysons une autre page, d'un autre site. L'article choisi est également lié au secteur textile puisqu'il s'agit d'une veste coupe-vent.

Figure 7–3
La fiche produit d'une veste coupe-vent d'un site de vente de vêtements

Ce second exemple est un modèle du genre, parfaitement structuré. Aussi profitons-en pour l'étudier en détail.

Le titre de l'article

Plutôt que de simplement écrire « veste coupe-vent », le site nous présente immédiatement deux arguments dans le titre de cet article : « Veste coupe-vent légère et repliable pour un encombrement minimum. »

- Il s'agit d'une veste coupe-vent.
- Elle est légère.
- Et se replie facilement pour un encombrement minimal.

Ce simple titre nous donne envie de lire la suite.

L'argument de confiance

Avant même de commencer la description détaillée de l'article, un climat de confiance est instauré. En effet, il nous précise : « Testez jusqu'à l'usure les vêtements de la gamme "Classic". Si vous n'êtes pas entièrement satisfait sous 30 jours, retournez-les-nous et nous vous rembourserons intégralement. »

Je sais que j'ai 30 jours pour tester cet article. Et si je ne suis pas satisfait, je serai intégralement remboursé. Même si de nombreuses autres enseignes proposent également le remboursement total, le simple fait de l'écrire dans l'argumentaire met cet avantage en avant.

Et si vous analysez cette première phrase plus en détail, vous y découvrirez un nouvel argument commercial : « Testez jusqu'à l'usure… » Ce début de phrase nous fait comprendre que tous les produits de cette gamme sont hyper résistants.

En une seule phrase, deux arguments de confiance nous ont été transmis.

Le texte affectif

La description du produit peut enfin commencer. Mais avant d'entrer réellement dans le vif du sujet en nous détaillant les caractéristiques du produit, le site nous gratifie d'une introduction quasi littéraire : « La Classic Wind Jacket est conçue pour la pratique du vélo dans des conditions climatiques changeantes. Elle est idéale pour les matinées fraîches, les descentes et/ou pour parer à une averse passagère. Fabriquée dans un tissu ultra-extensible et ultraléger, cette veste ne pèse que 165 g (taille M). Elle se replie facilement pour être rangée dans une poche de maillot. »

Cette introduction est, elle aussi, un modèle du genre. Elle commence par reprendre le nom complet de l'article. N'allez pas croire que c'est un pur hasard. Non seulement cette répétition maintient dans notre esprit tant le modèle de veste que le nom de la marque, mais de plus elle favorise le référencement naturel de l'article par les robots.

La suite de cette première phrase nous permet de nous imaginer avec cette veste, sous différentes conditions climatiques. Elle sera la bienvenue dès le matin, mais nous protègera également s'il pleut ou si nous dévalons une pente à grande allure. Nous nous voyons en situation, nous envisageons sérieusement cette veste, nous l'avons déjà presque achetée.

La dernière partie de cette description affective reprend les différents avantages et établit un lien entre le texte affectif et la liste exhaustive des caractéristiques du produit.

Les caractéristiques

Vous l'aurez remarqué, rien n'est laissé au hasard. Il en va de même des caractéristiques détaillées :

* matériau léger et ultrarespirant avec une couche coupe-vent, traitement déperlant et extensible ;
* fermeture à glissière décalée et inversée avec un protège-menton ;
* pan allongé sur le dos pour une coupe adaptée à la position sur le vélo ;
* pan de protection anti-éclaboussures cousu de manière à éviter que la veste ne fouette au vent ;
* cordons de serrage facilement ajustables à vélo ;
* manches en Lycra robustes avec coutures coupe-vent ;
* coutures plates thermocollées aux épaules ;
* rayures réfléchissantes sur les manches pour une visibilité optimale ;
* logo réfléchissant sur le bas du dos et le col ;
* poche frontale zippée.

La majorité des caractéristiques de cet article est complétée par un argumentaire. Plutôt que de simplement reprendre « Pan allongé sur le dos », l'auteur précise « … pour une coupe adaptée au vélo ».

Nous avons été mis en confiance dès le début, mis en situation par la suite, et toutes les caractéristiques nous sont enfin décrites et expliquées. Comme si le vendeur se tenait juste à côté de nous.

L'argument massue : l'avis d'un client réputé

Pour terminer sa description, la boutique en ligne nous bombarde réellement d'un argument à faire rugir d'envie ses concurrents : l'avis d'un utilisateur réputé. « La veste coupe-vent Stowaway est le produit le plus proche de la perfection que j'ai eu la chance de tester… » Steve Casimiro, *National Geographic Adventure*.

http://adventureblog.nationalgeographic.com/2010/05/25/gear-crush-rapha-stowaway-cycling-jacket/

Pourquoi Steve Casimiro ? Il s'agit d'un auteur régulier du célèbre organisme National Geographic.

Figure 7–4
L'article complet de Steve Casimiro relatif à cette veste coupe-vent http://adventureblog.nationalgeographic.com/2010/05/25/gear-crush-rapha-stowaway-cycling-jacket/

Gear Crush: Near-Perfect Rapha Stowaway Cycling Jacket

Posted by **Mary Anne Potts** on May 25, 2010

(127)   Pin it   J'aime 0   Tweet 0   8+1 0   More »

By National Geographic Adventure Contributing Editor Steve Casimiro, editor of The Adventure Life

To understand the power of the perfect cycling jacket, you need to know that I am not a morning athlete. Once I've had a few espressos and the sun's climbed closer to its zenith than its morning horizon, I start to think about getting the blood going. But generally I'm not in serious motion until early afternoon. **Rapha's** drop-dead gorgeous **Stowaway shell** is such a pleasure to wear, however, I find myself getting out of the rack and right on the bike, just so I have an excuse to wear it. Ridiculous, but true.

  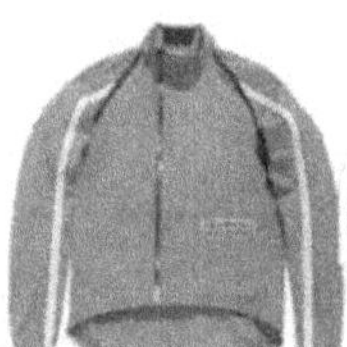

Les règles à respecter

Vous l'aurez constaté, le second exemple donne réellement envie d'acheter, non seulement cette veste coupe-vent, mais aussi d'autres articles de ce site.

Les raisons en sont une mise en confiance, une description affective, évocatrice qui nous parle, que nous comprenons, puis la liste des caractéristiques, complétée d'explications intéressantes. Et si en fin de texte il devait rester quelques indécis, l'avis de Steve Casimiro, professionnel réputé, ne pourra que les convaincre de conclure l'achat.

- Le titre de votre article ne doit pas se limiter au simple nom du produit, mais se rapprocher d'une minidescription contenant les avantages principaux de l'article. Idéalement, il devrait se composer de 60 à 70 caractères. Ce titre, tant par son contenu que par sa longueur, est extrêmement important pour le référencement naturel.

- La description complète de l'article devrait reprendre, le plus tôt possible, le nom du produit. Comme expliqué précédemment, cette manière de procéder est utile pour ancrer ce nom dans la tête du client, mais aussi pour le référencement. La description complète devrait idéalement s'étendre sur 20 à 30 lignes, et se subdiviser en deux parties distinctes : le texte affectif, qui met le client en situation, et la liste exhaustive des caractéristiques agrémentée d'explications.

- L'avis d'un utilisateur, ou une liste d'avis d'utilisateurs, instaure un climat de confiance. Ne l'omettez pas, même si ce n'est pas toujours évident à trouver.

- Une dernière recommandation : vérifier et revérifier l'orthographe de vos textes. La confiance serait vite rompue si l'acheteur devait relever cinq fautes en cinq lignes.

L'importance croissante de la recherche vocale

Selon une récente étude de Comscore, 50 % des commandes sur les sites Internet seront vocales dès 2021. Qui, ces six derniers mois, n'a pas entendu parler de « Ok Google » ou « Alexa » comme activateur de commandes vocales ? Nous l'utilisons déjà quotidiennement pour connaître la météo, pour le kit main-libre en voiture, pour piloter le chauffage ou les éclairages domestiques. L'e-commerce n'est pas en reste. Il est primordial d'y penser dès à présent et de faire en sorte que votre texte se rapproche le plus du langage courant.

Les erreurs à ne pas commettre

- Si vous disposez d'une description d'article qui provient d'un catalogue ou de l'un de vos fournisseurs, bannissez-la au plus vite. Vous pouvez vous en inspirer, mais surtout pas la recopier. Ce serait contre-productif pour le référencement naturel de votre site.

- Ne vous contentez pas d'une description de quelques lignes. Non seulement le client ne sera pas convaincu, mais les moteurs de recherche, avides de textes, seront également déçus.

- Si vous avez des produits similaires, évitez à tout prix de reproduire la description de l'un à l'autre. Soyez innovant. Obstinez-vous à trouver un autre contenu. En effet, non seulement vous jetterez le trouble dans l'esprit du client, mais le plus grave sera que Google, via ses puissants algorithmes, détectera cette duplication de contenu et vous en tiendra fortement rigueur dans son classement. Cette pratique est donc à proscrire totalement.

- Évitez les mots d'une langue étrangère. Si votre site est multilingue, ne mélangez pas des mots anglais dans la description en français. Et vice versa.

- Même si votre métier est technique, si vos habitudes sont bien ancrées, n'utilisez pas dans vos descriptions de mots en provenance de votre jargon interne. Utilisez autant que faire se peut des mots simples qui pourraient être recherchés par les internautes.

La rédaction des descriptions d'articles représente le travail le plus long, le plus complexe et le plus fastidieux de la mise en place d'une boutique Internet. Mais il est impératif de prendre ce travail très au sérieux. D'y apporter énormément de soins. De soumettre les descriptions à vos collaborateurs et à vos proches afin de les vérifier, de les corriger, de les améliorer.

8

Le référencement naturel

Figure 8–1 Google, le passage obligé pour le référencement

Comment avons-nous pu vivre sans Google ?

Avez-vous déjà tenté d'expliquer à votre fils ou petit-fils que lorsque vous aviez son âge, il n'y avait ni smartphone ni Internet ? Vous constaterez très vite l'étonnement sur son visage, il aura du mal à vous croire, à s'imaginer comment vivre sans ces outils indispensables.

Et nous, pouvons-nous imaginer un seul instant Internet sans le moteur de recherche Google ? Certains d'entre vous, s'ils ne sont pas trop jeunes, se souviendront du temps où il fallait attendre de très longues secondes pour obtenir quelques éléments de réponse et de très nombreuses publicités sur le premier annuaire des sites Internet développé par Yahoo!. C'était il y a juste vingt ans.

Puis il y a en a eu quelques autres, comme Lycos ou Excite, qui comme Yahoo! étaient issus de l'imagination de jeunes universitaires visionnaires. Altavista, plus « français » que ses prédécesseurs et concurrents, provenait, lui, des laboratoires Digital.

En 1998, deux jeunes génies de l'université de Stanford, Sergei Brin et Larry Page, mettent au point la première version de Google dont la particularité était de classer les sites par rapport à leur popularité auprès des internautes. De plus, la rapidité avec laquelle Google affichait ses résultats était tout simplement révolutionnaire. Il ne s'agissait plus de secondes, mais de centièmes de seconde. Sans aucune publicité envahissante.

Figure 8–2
Sergei Brin et Larry Page,
les fondateurs de Google

Aujourd'hui, le nombre de recherches réalisées par jour sur Google dépasse les 3,3 milliards, soit près de 40 000 chaque seconde. Ses bases de données comptent plus de 30 000 milliards de documents répertoriés. Et plus intéressant encore, chaque jour, la régie publicitaire de Google publie plus de 45 milliards de publicités (source : http://www.references.be).

Il va sans dire que nos deux étudiants n'ont plus trop de soucis à se faire pour leurs vieux jours. Selon le magazine *Forbes*, la fortune de Larry Page était estimée, en juillet 2014, à plus de 32 milliards de dollars, celle de Serge Brin à 31,9 milliards.

Se trouver en sixième position ne suffit pas

Une récente étude menée par Chitika a calculé le trafic moyen pour les 15 premières positions des résultats qu'affiche Google suite à une recherche (figure 8-3).

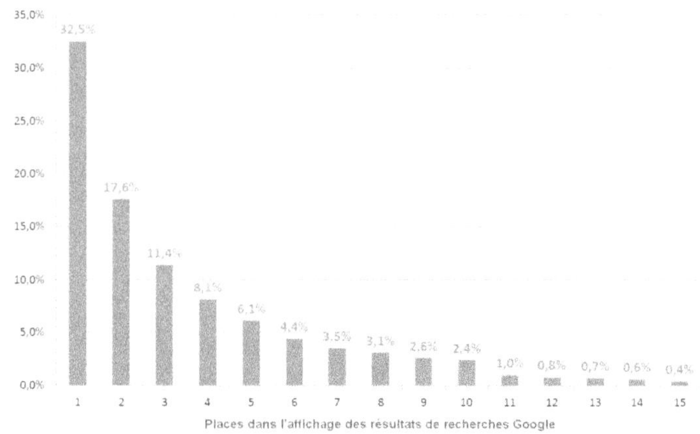

Figure 8–3
Trafic moyen : 15 premiers résultats de recherche sur Google
(Source : http://chitika.com/ google-positioning-value)

Comme on peut le constater, près de 75 % des clics sont effectués sur les 5 premiers résultats proposés par Google. La première place recueille à elle seule 32,5 % des suffrages. Se retrouver en sixième position ne vous rapportera plus que 4,4 % de chance d'être cliqué. Quant à la seconde page, rares sont les internautes qui s'y attardent.

Vous l'aurez compris, pour que votre site soit rentable, il doit non seulement proposer les bons produits aux meilleures conditions, mais se situer aussi dans les 3 premières places de la première page de Google. Pour cela, vous devez tout mettre en œuvre pour que les recherches effectuées sur les mots-clés qui décrivent votre activité, vos articles, aboutissent le plus souvent à proposer votre site dans les meilleurs résultats.

Quand faut-il se soucier du référencement ?

Le référencement d'un site, d'une boutique électronique, ne constitue nullement une action précise à mener à un moment déterminé. Il s'agit d'un ensemble de techniques indispensables à mettre en œuvre durant toute la durée de vie de votre site.

Rassurez-vous, nous n'allons nullement détailler toutes ces techniques. Une simple recherche dans la rubrique des livres en français sur amazon.fr vous proposera plus de 250 ouvrages spécifiques sur ce sujet. Vous en trouverez également plus de 1 500 en anglais à la rubrique SEO, l'acronyme de *Search Engine Optimization* utilisé en informatique pour regrouper les techniques de valorisation du contenu des pages sur Internet.

Néanmoins, comme il est quasi impossible de se trouver en première page du résultat des recherches sur Google sans référencement, nous aborderons les éléments essentiels les plus évidents à mettre en œuvre pour lentement gravir les échelons de la montagne Google. La première étape consiste à dissocier les deux grands types de référencement : le naturel et le payant.

Le référencement naturel sera mis en œuvre dès la création de votre catalogue d'articles, de la détermination des catégories, du choix des libellés et des descriptions de vos produits. Raisons pour lesquelles nous insérons ce chapitre juste après celui consacré aux descriptions.

Le référencement payant se base surtout sur des outils et techniques externes à votre catalogue, qui peuvent être mis en œuvre par la suite. Le référencement payant étant assez complexe et onéreux, il ne sera pas abordé dans cet ouvrage. Une simple recherche sur Internet avec comme mots-clés « Google AdWords » vous permettra de vous convaincre que cette matière est volumineuse. Si vous souhaitez vous lancer dans le référencement payant, mieux vaut faire appel à une société spécialisée. Elle vous aidera à choisir les bons mots-clés, à leur donner une juste valeur, vous évitant de la sorte de dépenser des fortunes pour des campagnes qui ne vous rapportent rien.

Comprendre les balises HTML

Vocabulaire

L'**Hypertext Markup Language**, en abrégé HTML, est le format de données conçu pour représenter les pages web. C'est un langage de balisage permettant d'écrire de l'hypertexte, d'où son nom. HTML permet également de structurer sémantiquement et de mettre en forme le contenu des pages, d'inclure des ressources multimédias dont des images, des formulaires de saisie, et des programmes informatiques. (Source : Wikipédia)

Si l'on excepte certains éléments particuliers d'affichage ou de traitements spécifiques, on peut raisonnablement dire que tout ce qui s'affiche via votre navigateur web provient du langage HTML.

Vocabulaire

Un **navigateur** web est un logiciel conçu pour consulter le World Wide Web. Il en existe de nombreux, pour toutes sortes de matériels (ordinateurs personnels, tablettes tactiles, smartphones, etc.) et pour différents systèmes d'exploitation (GNU-Linux, Windows, Mac OS, iOS et Android). Les plus utilisés à l'heure actuelle sont Google Chrome, Mozilla Firefox, Internet Explorer, Safari et Opera. (Source : Wikipédia)

Pour être compris et interprété par les navigateurs, le langage HTML est structuré par des balises (en anglais *markup*) qui définissent tant les couleurs que les polices de caractères, la manière d'afficher une image, les liens sur lesquels vous pouvez cliquer afin d'aller vers une autre page, etc.

Une balise texte, en mode programmation, entoure le texte qu'elle caractérise.

Voici un exemple simple de code source du langage HTML :

```
Ceci est un texte normal.<br>
<span style="font-weight: bold;">Ceci est un texte en gras.</span><br>
<h1>Ceci est un texte avec balise de niveau h1</h1>
<h2>Ceci est un texte avec balise de niveau h2</h2>
```

Le résultat de l'affichage de ce code par un navigateur est le suivant.

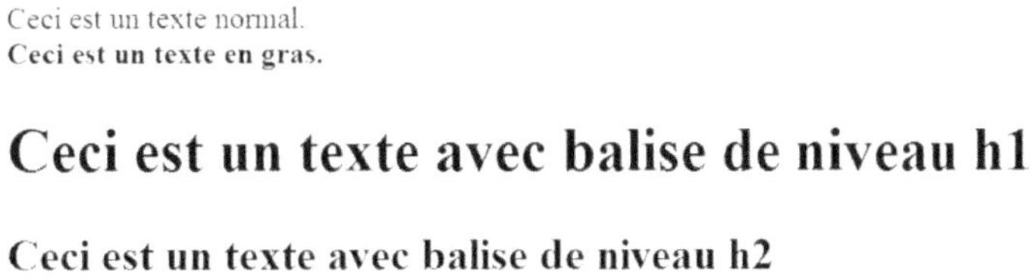

Figure 8–4

Exemple d'interprétation de balises
HTML par un navigateur web

Ceci est un texte normal.

Ceci est un texte en gras.

Ceci est un texte avec balise de niveau h1

Ceci est un texte avec balise de niveau h2

Certaines de ces balises sont indispensables au référencement. Les principales sont :

- la balise `<title>`, qui définit le titre d'une page, affiché dans l'onglet de la page de votre navigateur ;
- la balise meta `description`, qui permet d'informer tant l'internaute que les moteurs de recherche du contenu de votre page web, du produit de votre catalogue ;
- les balises `<h1>` à `<h6>`, qui hiérarchisent l'importance du contenu descriptif de votre article. En général, comme nous le voyons dans la figure 8-4, ces balises automatisent également l'aspect, la mise en page de votre texte dans un navigateur. Il n'est pas obligatoire de prévoir tous les niveaux hiérarchiques de `<h1>` à `<h6>` dans la description de votre article. En revanche, vous priver des balises `<h1>` et `<h2>` risquerait d'avoir des conséquences négatives sur votre référencement.

Les balises dans la boutique e-commerce

Rassurez-vous, c'est vraiment très simple. Mais malgré cela, un grand nombre de responsables de boutique omettent, par manque d'informations ou de temps, de définir ces balises. Et ils s'étonnent ensuite que leur site ne s'affiche pas dans les moteurs de recherche.

Pour rappel, si nous avons placé ce chapitre à cet endroit de l'ouvrage juste après celui de la description de l'article, c'est que le contenu de cette description va nous servir de base à ces différentes balises.

Mais il existe un autre avantage, lorsque vous paramétrez votre boutique, lorsque vous encodez vos articles, à vous préoccuper directement de ces balises. Il s'agit des manipulations, du temps que vous y passerez. Lorsque vous enregistrez un nouvel article dans votre boutique, cela prend du temps. Vous devez cliquer sur le bouton de création d'un nouvel article, y ajouter un titre, une référence, un prix, des images, une description, etc. Une fois les données encodées, vous cliquerez sur le bouton de validation de votre contenu, qui sera dispatché vers les nombreux fichiers qui composent votre logiciel de gestion de boutique. Tout cela prend du temps. Si vous omettez d'encoder les données relatives aux balises de référencement, non seulement aucun référencement n'interviendra, mais il vous faudra ensuite rouvrir chaque article, vous positionner à l'endroit où encoder ces données, et revalider vos modifications. Croyezmoi, c'est énormément de temps perdu.

> Afin de ne pas devoir, par la suite, reprendre et modifier chacun de vos produits, préférez l'encodage immédiat des balises de référencement lors de la création du produit. Ce sont des manipulations et du temps gagnés.

Création des balises <title> et meta description

Il existe de nombreux logiciels de gestion de boutique e-commerce. Chacun présentant des avantages et des inconvénients. Pour illustrer les différents exemples de cet ouvrage, nous avons opté pour des captures d'écran réalisées avec le logiciel libre PrestaShop, version 1.6 (http://www.prestashop.com).

Lorsque vous créez un nouvel article sous PrestaShop, vous devez compléter de nombreuses informations qui sont regroupées par onglets. Les principaux onglets de la version 1.6 sont :

* informations générales (nom du produit, numéro de référence, description…) ;
* prix (les différents prix d'achat, de vente, par type de client, par région…) ;
* référencement – SEO (ce qui nous intéresse le plus dans ce chapitre) ;
* associations (appartenance aux catégories et sous-catégories de votre catalogue) ;
* livraison (dimensions et poids du produit, modes de transport possibles, frais…) ;
* déclinaisons (mécanisme qui permet de décliner un vêtement en différentes variantes de tailles/coloris) ;
* quantités (ébauche de gestion de stock, bien que PrestaShop, comme tant d'autres logiciels du même type, pèche gravement dans ce domaine) ;
* images (les différentes images relatives au produit vendu) ;
* caractéristiques (série de codifications standards qui vous faciliteront la vie, comme la matière, la garantie…) ;
* documents joints (par exemple une page de catalogue en PDF que le client pourra télécharger) ;
* fournisseurs (le ou les fournisseurs qui vous approvisionnent pour ce produit).

Le troisième onglet de la fiche produit de PrestaShop se présente comme suit (figure 8-5).

Figure 8–5
L'onglet Référencement – SEO de la fiche produit de PrestaShop v. 1.6

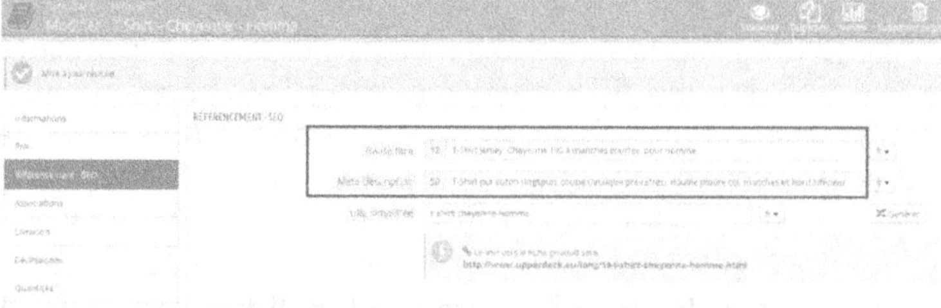

Cet onglet comporte deux champs que nous devrons impérativement compléter pour commencer notre référencement. Le premier concerne la balise de titre, le second la balise meta `description`. Pour nous aider à compléter ces champs, PrestaShop nous précise le nombre idéal de caractères à approcher pour répondre aux attentes de Google. Il s'agit du petit bloc gris au début de chacun de ces deux champs. Pour la balise de titre, PrestaShop nous conseille d'approcher les 70 caractères, pour la meta `description` 160 caractères sont conseillés.

Dans notre exemple, qui suppose la commercialisation d'un T-Shirt du modèle Cheyenne, nous indiquerons par exemple :

- champ balise titre : T-Shirt jersey Cheyenne 190 à manches courtes pour homme ;
- champ meta `description` : T-Shirt pur coton ringspun, coupe classique, prérétréci, double piqûre col, manches et bord inférieur.

La balise titre est très importante. Elle correspond, pour les moteurs de recherche, au titre de votre page produit. Ce titre sera également visible à l'œil à deux endroits précis : le titre lisible dans l'onglet de votre navigateur web, et le titre affiché par Google si vous figurez dans sa page de résultats.

Ci-dessous, une copie d'écran de l'onglet d'en-tête de notre navigateur, comme pourrait le voir un client qui afficherait votre produit (figure 8-6).

Figure 8–6
L'onglet de notre navigateur affiche le contenu de la balise <title>.

L'onglet de notre navigateur affiche le texte « T-Shirt jersey Cheyenne 190 à manches courtes pour homme » que nous avions encodé dans le champ « balise titre » de PrestaShop.

Comme nous le signalions plus haut, outre l'affichage dans l'onglet de votre navigateur, le contenu de la balise titre, mais aussi le contenu de la balise meta `description` sont récupérés par Google pour les afficher dans les pages de résultats des recherches.

L'exemple que nous venons d'encoder, relatif au T-Shirt Cheyenne, étant fictif, rabattons-nous sur l'article « Veste coupe-vent légère... » que nous avions analysé au chapitre 7, figure 7-3.

Figure 8–7
Utilisation des balises par Google pour l'affichage de ses résultats

> **Remarque**
>
> L'ordre d'affichage des résultats des recherches effectuées dans le moteur de recherche Google est déterminé par de puissants algorithmes développés par les cerveaux de cette société. Ces algorithmes sont très complexes, tenus secrets, et évoluent régulièrement. Selon ces évolutions, l'affichage des résultats peut changer. Par exemple contenir un peu moins de texte issu de la balise meta description et y ajouter du contenu provenant de balises <h1> ou <h2>. L'exemple de la figure 8-7 peut donc évoluer au fil du temps.

Vous le constatez, créer du contenu pour les balises titre et meta description est vraiment simple. Alors, pourquoi s'en priver ? Aucune compétence technique n'est requise. Il faut juste ne pas oublier de remplir ces champs, et de tenter de s'approcher de la longueur recommandée. Votre logiciel, dans ce cas PrestaShop, se sera chargé de transformer votre texte en balises HTML. Pour la petite histoire, voici le code généré par PrestaShop pour ces deux balises.

```
<head>
    <meta charset="utf-8" />
    <title>T-Shirt jersey Cheyenne 190 à manches courtes pour homme</title>
    <meta name="description" content="T-Shirt pur coton ringspun, coupe classique
pré-rétréci, double piqûre col, manches et bord inférieur" />
```

Création des balises <h1> à <h6>

Lors de la création de notre produit, un des éléments déterminants pour le visiteur est la description du produit. Nous en avons longuement parlé au chapitre précédent.

> **Remarque**
>
> Attention de ne pas confondre la description du produit, celle du chapitre précédent qui détaille en long et en large l'article que vous proposez à la vente, et la meta description qui, elle, est plus courte et destinée aux moteurs de recherche.

L'écran de PrestaShop ci-après permet d'encoder la description du produit qui sera visible par l'acheteur sur votre boutique (figure 8-8).

Figure 8–8
Onglet « Informations » de la fiche produit de PrestaShop permettant d'insérer la description détaillée du produit mis en vente.

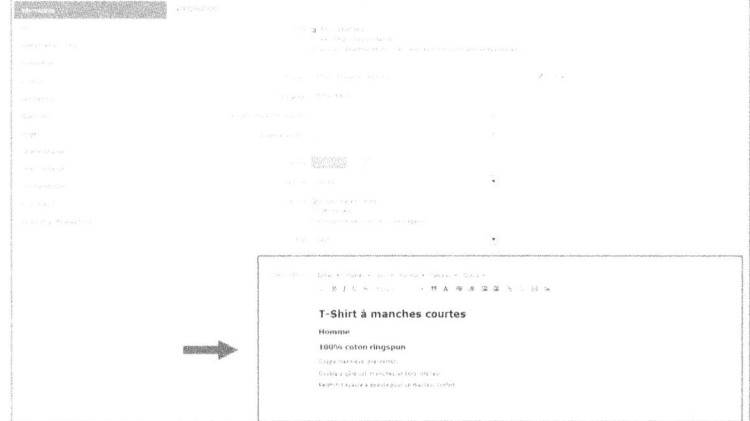

En agrandissant quelque peu cette image, attardons-nous sur l'éditeur de texte WYSIWYG.

Figure 8–9
L'éditeur de texte WYSIWYG permet d'intégrer la description de l'article, telle qu'elle sera vue par l'acheteur.

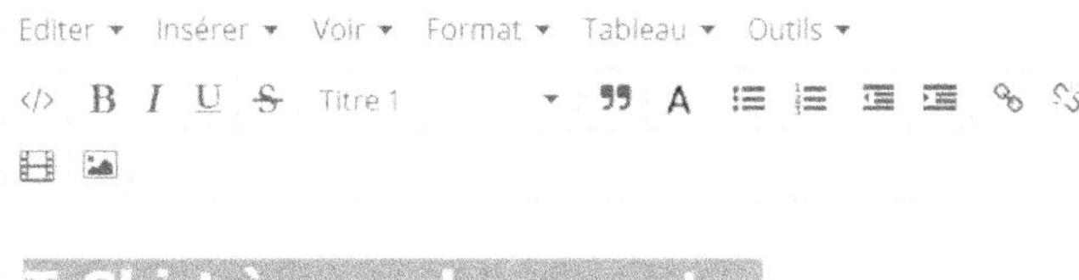

Homme

100% coton ringspun

Coupe classique, pré-rétréci

Double piqûre col, manches et bord inférieur.

Renfort d'épaule à épaule pour un meilleur confort

Vocabulaire

Un **logiciel WYSIWYG** dispose d'une interface qui donne à l'utilisateur l'impression de voir son document tel qu'il sera publié. Ces logiciels offrent de plus un accès intuitif aux fonctionnalités et permettent de cette manière de réaliser la mise en forme du document sans avoir à mémoriser et à utiliser des commandes spécifiques.

« WYSIWYG » est l'acronyme de la locution anglaise *What you see is what you get*, signifiant littéralement en français « ce que vous voyez est ce que vous obtenez », ou de façon plus concise : « tel affichage, tel résultat », ou encore plus simplement « tel quel ». (Source : Wikipédia)

Pour encoder votre article, rien de plus simple. Tapez votre texte au kilomètre (sans vous soucier de la largeur du bloc qui vous permet l'encodage). Une fois ce texte terminé et relu, assurez-vous une seconde fois qu'il n'y reste pas de fautes d'orthographe.

Afin de mettre toutes les chances de votre côté, nous vous conseillons de placer les phrases les plus importantes au début de votre texte. En effet, comme pour la création de vos catégories, il est essentiel d'avoir une hiérarchisation dans cette description. Le contenu le plus important d'abord.

Mais comment faire comprendre aux moteurs de recherche quelles sont les phrases les plus pertinentes, primordiales dans votre premier paragraphe ? Et quelles sont les phrases secondaires ? Vous l'aurez compris, c'est à cela que servent ces balises. Elles vous permettent de signaler à Google ce qui est important à vos yeux.

En jargon technique, nous dirons que la balise `<h1>` est la principale, suivie par la balise `<h2>`, puis `<h3>`, et ce jusque `<h6>`. Mais ne nous compliquons pas la vie, si nous pouvons déjà utiliser les balises `<h1>`, `<h2>` et quelquefois `<h3>`, ce sera déjà très bien.

Et tout comme PrestaShop vous aidait en vous permettant d'encoder la balise `<title>` sans compétences particulières en informatique, l'éditeur WYSIWYG jouera ce même rôle en vous facilitant la tâche.

Figure 8–10
L'éditeur WYSIWYG vous aide à transcoder votre texte en balises compréhensibles par les moteurs de recherche. Dans cet exemple, la balise <h1>.

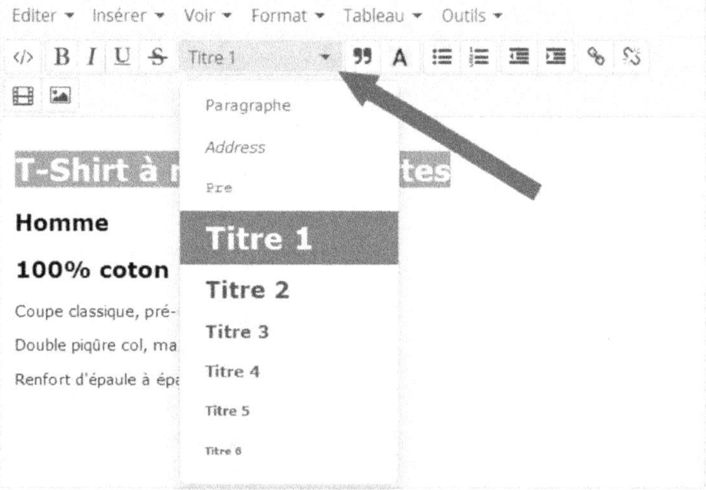

Référons-nous à la figure 8-10. Une fois votre texte encodé, il vous suffit de surligner la phrase principale (ou un extrait), de cliquer sur le bouton pour choisir un des formats de textes prédéterminés, et d'y repérer « Titre 1 ».

Non seulement le texte surligné sera mis en exergue (en général plus grand et en caractères gras), mais l'éditeur aura aussi, de cette manière, encadré cette partie de texte de balises `<h1>`.

Pour la balise `<h2>`, texte de moindre importance mais sur lequel vous souhaitez néanmoins attirer l'attention, choisissez « Titre 2 ». Et ainsi de suite.

Attention !

1. Il est préférable de n'avoir qu'une seule balise <h1> par description. Vous pouvez ensuite avoir une ou plusieurs balises <h2>.
2. Vous devez toujours garder une hiérarchie dans vos balises. Si vous avez utilisé une balise <h3> (Titre 3) à un endroit de votre description, vous ne devez plus utiliser de balise <h2> par la suite. Votre description doit être structurée.
3. Il est fortement déconseillé d'utiliser les facilités telles que le bouton pour souligner une partie de texte. Le soulignement d'un texte est réservé aux mots cliquables, qu'on appelle les liens hypertextes.

Vocabulaire

Un **lienhypertexte**, ou **hyperlien**, ou lien web, ou simplement lien, est une référence dans un système hypertexte permettant de passer automatiquement d'un document consulté à un document lié. Les hyperliens sont notamment utilisés dans le World Wide Web pour permettre le passage d'une page web à une autre à l'aide d'un clic. (Source : Wikipédia)

Figure 8–11

Le mot « Homme » de la description est référencé en balise <h2> par la simple utilisation de la mise en forme « Titre 2 ».

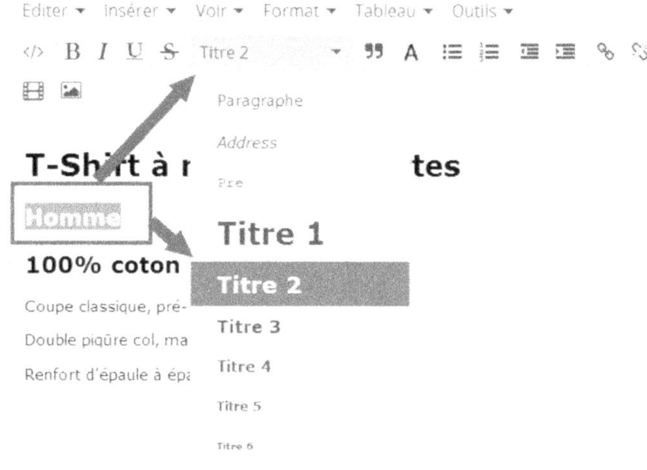

Dans notre exemple, nous avons surligné la première phrase « T-Shirt à manches courtes » et l'avons formatée en « Titre 1 ». Nous avons ensuite traité le mot « Homme » pour le faire correspondre à la balise <h2> (Titre 2), tout comme la petite phrase suivante : « 100 % coton ringspun ».

Le résultat à l'affichage de la page dans ma boutique e-commerce ressemble à ceci (figure 8-12).

Figure 8–12
Résultat visuel des formatages
« Titre 1 » (<h1>) et « Titre 2 »
(<h2>) de notre description du
produit

Mais rappelez-vous, outre la mise en page visuelle résultant de ce formatage, le code informatique a également été adapté afin de le faire comprendre par les moteurs de recherche. Ci-dessous, un extrait du code de la page affichée. Vous y retrouverez rapidement les balises <h1> et <h2>.

```
<table>
        <tr>
        <td style="width:100px;vertical-align:top;white-
space:nowrap"><strong>description:</strong></td>
        <td itemprop="description"><h1>T-Shirt à manches courtes</h1>
        <h2>Homme</h2>
        <h2>100% coton ringspun</h2>
        <p>Coupe classique, pré-rétréci</p>
        <p>Double piqûre col, manches et bord inferieur.</p>
        <p>Renfort d'épaule à épaule pour un meilleur confort</p></td>
        </tr>
</table>
```

Création des balises pour ses images

Tout ce dont nous venons de parler ne concerne que le texte de votre produit. Or à chaque produit seront associées plusieurs images, pour lesquelles vous devrez aussi vous soucier du référencement. En effet, aujourd'hui, les recherches sur images sont de plus en plus nombreuses, car elles permettent de comparer et de trouver plus rapidement ce que nous recherchons, sans devoir cliquer sur le lien dans la page des résultats de Google.

Pour afficher une ou plusieurs images liées au produit proposé, la première chose à faire est de charger ces images sur le serveur qui héberge votre boutique. En jargon informatique, le terme « upload » est alors utilisé.

Vocabulaire

Héberger, hébergement Internet ou hébergement web, décrit une prestation informatique proposant à la location un ordinateur connecté à Internet, généralement pour y héberger un site web.

Upload/download - En informatique, le téléchargement est l'opération de transmission d'informations (logiciels, données, images, sons, vidéos) d'un ordinateur à un autre via un canal de transmission, en général Internet ou un intranet.

Le **transfert des données** peut s'effectuer dans deux sens : l'utilisateur charge quelque chose soit depuis un ordinateur distant, soit vers celui-ci. La langue anglaise distingue ces deux possibilités en utilisant respectivement les mots download et upload. En revanche, en français, l'usage est plus hésitant, car le mot « téléchargement » désigne un chargement fait à distance, quel que soit le sens de l'opération.

En langue française, on utilisera donc, quand l'utilisateur charge quelque chose depuis un ordinateur distant (= reçoit un fichier) le mot anglais « download » et le verbe « downloader », tandis que quand l'utilisateur charge quelque chose vers un ordinateur distant (= envoie un fichier) on utilisera le mot « upload » et le verbe « uploader ».

La première chose à faire consiste à sélectionner vos meilleures images, puis à les améliorer et à les recadrer. Le chapitre suivant sera totalement consacré au choix des images et à leur traitement.

Partant du principe que vous disposez des images à lier à votre article, votre logiciel de gestion de boutique vous permettra de les uploader. Et c'est à ce moment précis qu'il faudra vous souvenir de l'importance du référencement de l'image. Ne vous précipitez pas car vous avez énormément de travail, mais soignez l'image et associez-y le meilleur texte de référencement possible, ainsi que nous l'avons fait pour la balise `<title>`. La figure 8-13 ci-dessous vous montre l'onglet spécifique à la gestion des images, dans la gestion d'un article de PrestaShop.

Figure 8–13
Emplacement pour encodage
de la légende de référencement
de l'image dans l'écran de gestion
des articles de PrestaShop

Les images pouvant être recherchées séparément sur Google, il n'est pas inutile de commencer ce petit texte par le nom de votre produit ou de votre site. Ensuite, ajoutez une description courte similaire à celle utilisée pour la balise `<title>`.

Lorsque vous encoderez vos articles sur votre boutique e-commerce, il est très important d'immédiatement vous soucier des éléments nécessaires au référencement naturel de vos produits. Tant au niveau du titre que de la description ou de la légende à apposer sur l'image.

9

Les images

« Une image vaut mille mots. »

Confucius

Figure 9–1 L'importance des images dans notre vie actuelle

Les images comme aide dans les recherches

Dans l'introduction de cet ouvrage, nous vous avions parlé de l'énorme influence du moteur de recherche Google sur notre manière d'utiliser Internet. Nous avions signalé que les résultats de nos requêtes incluaient les pages en provenance de sites e-commerce. Il en est de même pour les images de ces sites. De plus en plus souvent, nos recherches se basent sur l'image.

Google l'a bien compris puisqu'il vous est possible de lancer une recherche et de n'afficher, comme résultats, que des images.

Vous avez entendu parler du nouveau modèle de BMW mais n'en connaissez pas le nom ? Il vous suffit de taper ces trois lettres et de cliquer sur « Images » sur la page des résultats. En quelques millièmes de seconde, une superbe galerie de ces magnifiques bolides inondera votre écran. Avec en prime, dans le haut, la possibilité de limiter vos recherches sur le logo de la marque, ou sur une série particulière. Un simple clic sur l'une de ces photos, et vous voilà comblé.

Figure 9–2
Résultats de la recherche BMW
dans l'onglet « Images » de Google

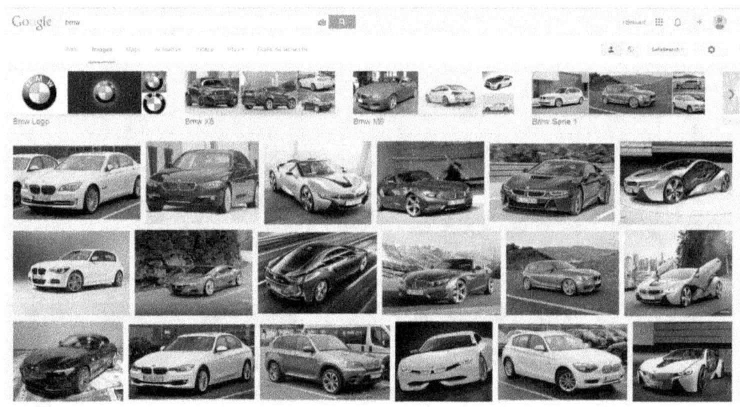

Les images comme source de décision

Nous pourrions aller un peu plus loin dans l'illustration de l'importance des images dans nos recherches. Imaginons qu'en cette fin de semaine vous comptiez recevoir des amis. Pour les épater, vous tentez de trouver une nouvelle recette sur Internet : lasagnes aux aubergines.

Selon vous, qu'est-ce qui influencera le plus votre choix : l'affichage des résultats sous forme d'une liste de sites (figure 9-3), ou les résultats en images (figure 9-4) ?

Figure 9–3
Résultats de la recherche standard
« lasagnes aux aubergines »
sur Google

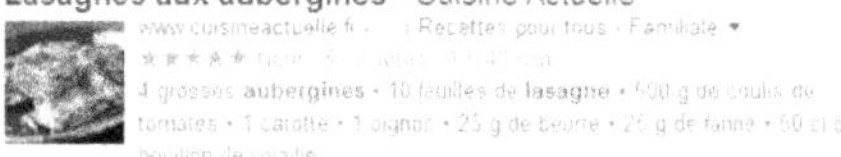

Figure 9–4
Résultats de la recherche d'images
relatives aux « lasagnes aux
aubergines » sur Google

La frustration de l'achat en ligne

Un achat récent

Essayez de vous remémorer votre dernière visite dans un magasin de vêtements. Un vrai, disposant d'une élégante vitrine, deux ou trois adorables vendeuses qui se proposent de vous aider dans vos choix, des piles et des piles de polos, de pantalons, de pulls de tailles et de couleurs différentes, impeccablement rangés. Un espace feutré, agréable, propice à l'achat.

Vous vous dirigez vers le coin des jeans, objectif de votre déplacement. Vous y repérez, parmi les nombreuses étagères, celles qui correspondent à votre marque préférée. Il ne vous reste plus qu'à trouver la bonne couleur, la bonne taille… et c'est gagné.

Croyez-vous un seul instant que vous allez sortir de ce casier le jeans qui vous correspond et vous diriger directement vers la caisse ? Certainement pas ! Vos premiers gestes seront de prendre ce jeans, de le déplier, de regarder attentivement la face avant, le détail des coutures, les poches. Puis vous le retournerez pour voir l'arrière, si l'écusson de la marque est suffisamment visible, si les passants ne sont pas trop petits pour votre ceinture. Enfin, vous vous attarderez sur la forme des jambes, sur la finition de l'ourlet. Ce n'est qu'une fois ces manipulations effectuées que vous vous dirigerez vers la cabine d'essayage afin de finaliser votre choix et passerez ensuite à la caisse.

Sur Internet, aucune de ces manipulations qui poussent votre décision à l'achat ne subsiste. Vous ne pouvez ni toucher l'article, ni le déplier, ni le sentir… Afin de pallier cette frustration liée à l'e-commerce, nous devons compenser ces manques par une description intelligente de l'article (voir chapitre sur la description), et par une attention toute particulière aux images que nous allons proposer.

> En e-commerce, l'image est cruciale pour pousser le client à l'achat.

Les preuves par l'image

Grand nombre d'entre vous me diront qu'ils n'achètent jamais de vêtements sur Internet car ils ne peuvent pas les essayer. Ce n'est plus totalement vrai.

Les acteurs importants de la vente de vêtements sur Internet proposent de plus en plus souvent un excellent service gratuit de retour de marchandises, vous permettant ainsi de commander deux ou trois articles d'un même modèle, mais de taille différente, de les essayer, au calme, chez vous, et de les leur retourner s'ils ne conviennent pas. Pour démontrer l'importance des images dans notre processus de commande, prenons quelques exemples de sites réels.

L'achat d'un jeans

Pour un jeans « femme », le site d'un grand magasin de Paris nous propose un article contenant seulement deux images peu détaillées (figure 9-5).

Figure 9–5
Les deux images qui présentent le jeans femme que nous avons sélectionné.

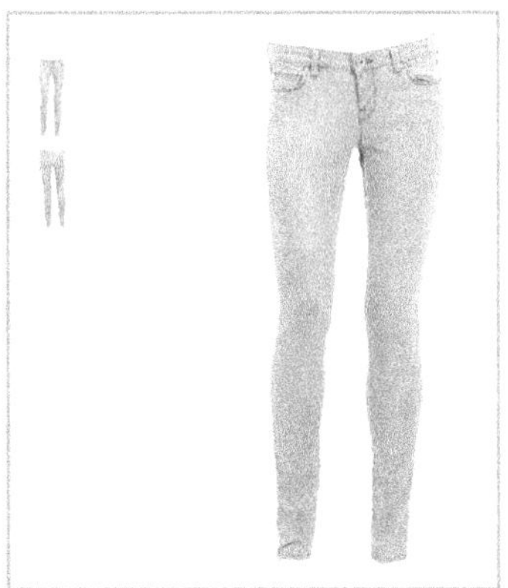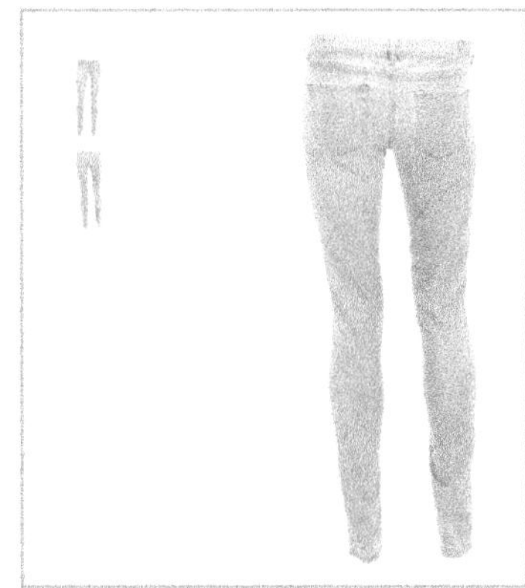

Ces deux images seront-elles suffisantes pour provoquer chez vous l'achat ? N'avez-vous pas un goût de trop peu, un petit sentiment vous disant que quelque chose ne va pas dans ces photos ? Vous ne savez pas quoi, mais ce sentiment vous freine à l'achat.

Prenons un second exemple. Le site d'une grande enseigne de vente par correspondance, une des références en e-commerce orienté « vêtements », nous propose six photos différentes pour un même jeans. De face, de côté, une vue arrière, un détail de la particularité de la poche avant, une vue rapprochée de la poche arrière et de la forme générale des fesses dans ce jeans.

Cette boutique va encore plus loin. Elle se met à la place de la cliente qui se demande si ce jeans irait également avec une autre paire de chaussures plus « fermées » que celles présentées sur les cinq premières photos, et présente son article assorti d'une autre paire de chaussures et d'un chemisier d'une couleur légèrement différente (figure 9-6).

Figure 9–6
Les six images qui présentent un jeans sur le site d'un leader de la vente par correspondance.

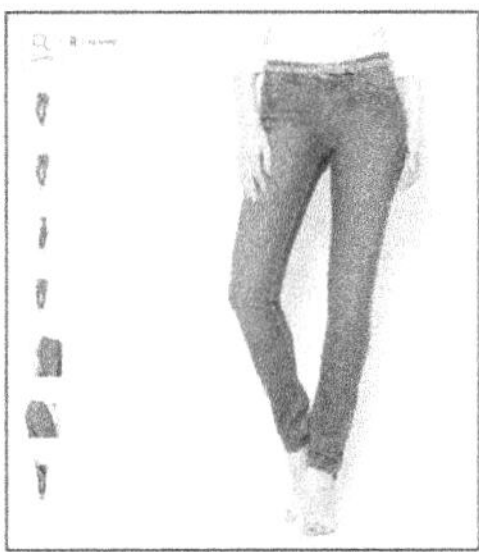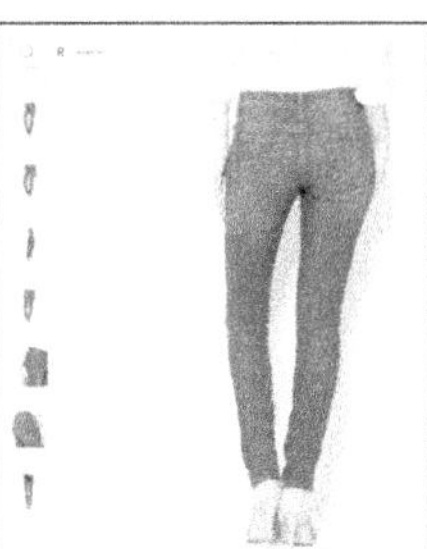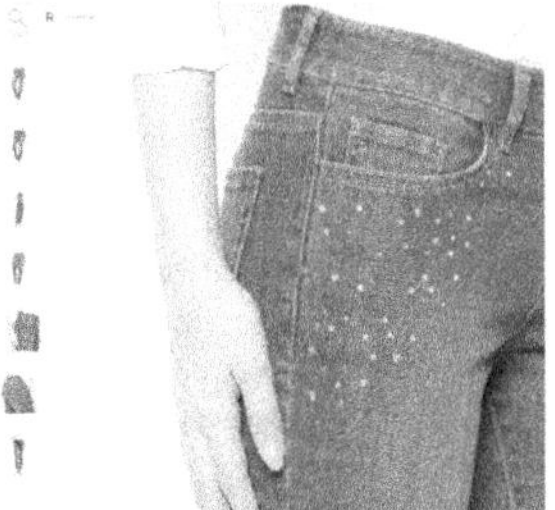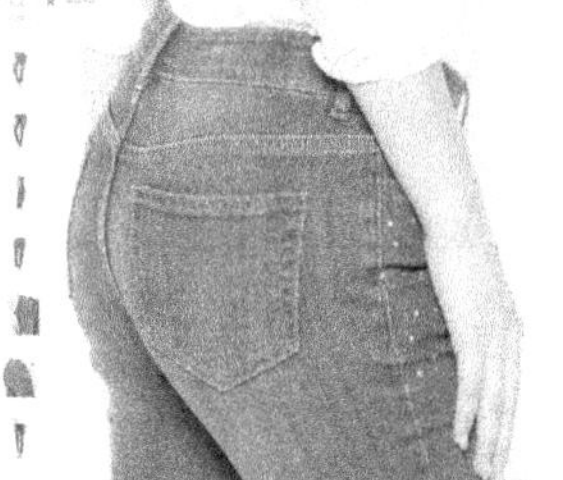

Outre le nombre et la qualité des images, vous constaterez aussi que, dans ce second exemple, les mains ont été particulièrement soignées et que les chaussures sont visibles. L'acheteuse peut clairement s'identifier, elle est conquise.

Dans l'exemple précédent, celui du grand magasin parisien, ce petit sentiment négatif était provoqué par l'absence de mains et de pieds alors que l'image présentait clairement un jeans porté par une personne. Un détourage excessif qui porte préjudice à la vente.

Le choix d'un portefeuille

Pour ce second exemple, imaginons l'achat d'un produit qu'il n'est pas nécessaire d'essayer. Quels sont les critères importants (outre la marque et le prix) qui vont vous orienter vers tel ou tel portefeuille ? Est-ce la couleur ? La matière ? Peut-être ! Mais l'article que vous recherchez devra d'abord correspondre à vos besoins pratiques, comme la taille du portefeuille, le nombre de cartes bancaires (ou autres) que vous envisagez d'y ranger, la présence ou non d'un emplacement pour la monnaie, etc.

Imaginons cette recherche, et comparons deux sites.

Le premier site nous propose quatre photos du produit. La première présente le portefeuille légèrement ouvert. La deuxième montre, de manière fort peu précise, l'intérieur. Viennent ensuite une image détaillant la finition et le logo de la marque, et une autre de l'emballage.

Figure 9–7
Le premier site nous propose quatre images qui ne sont pas très convaincantes.

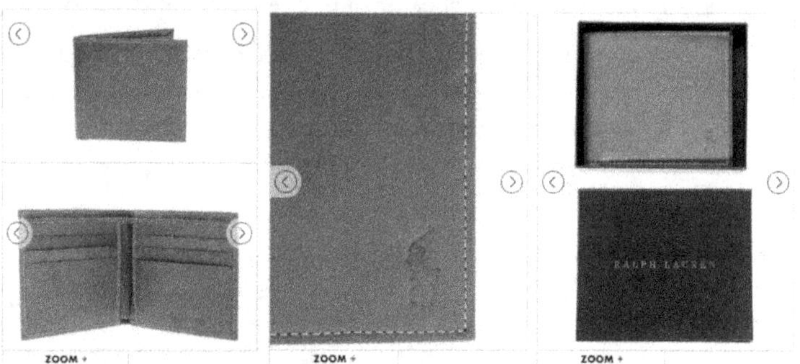

Le second site se montre nettement plus complet.

Chaque article est photographié de telle manière que toutes ses caractéristiques (nombre de volets, d'emplacements porte-cartes, etc.) soient clairement détaillées.

Le premier proposait quatre images, dont seulement deux nous permettaient de nous faire une idée des aspects pratiques du produit.

Le second exemple répond directement aux questions que nous nous sommes posées, comme le nombre de volets, d'emplacements de cartes. Il nous montre que la carte d'identité dispose d'une place spécifique dans un espace transparent. On remarque également, sur la seconde image, qu'une pochette plastifiée est cachée dans le volet de gauche, probablement pour un autre document officiel.

Figure 9–8
Le second site opte pour
des images qui présentent
les fonctionnalités du produit.

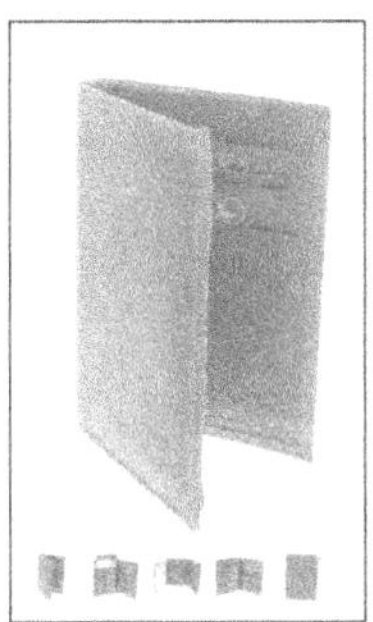

Tout comme pour le jeans, le choix et la qualité des images font la différence et orientent notre décision. Mais, me direz-vous, tout le monde ne vend pas spécialement des vêtements ou de la maroquinerie. Dans certains domaines de l'e-commerce, l'image peut sembler superflue.

L'est-elle réellement ?

Produit antilimace

L'image va-t-elle influencer ma décision d'achat pour un produit dont le plus important, sa composition, est totalement cachée, invisible.

Pour un produit identique, vendu sur de nombreux sites différents ?

Le premier exemple, en provenance d'une jardinerie, nous montre une boîte de produit anti-limace de la marque Myriad, simplement déposée sur un siège en bois.

Le second exemple de ce même produit, de la même marque (figure 9-10), nous est proposé dans son nouvel emballage. Trois images claires et précises nous détaillent la face avant, la face arrière, et la notice sur le côté (que le zoom du site permet de lire).

Si vous deviez acheter ce produit sur Internet, à prix égal, vers quelle boutique vous dirige-riez-vous ?

Une fois de plus, c'est l'image qui influence votre choix, qui fait la différence. Pour votre bou-tique en ligne, la sélection et la qualité des images seront très importantes. Il s'agit d'un travail de longue haleine que de rechercher, rassembler, classer, nommer ces images.

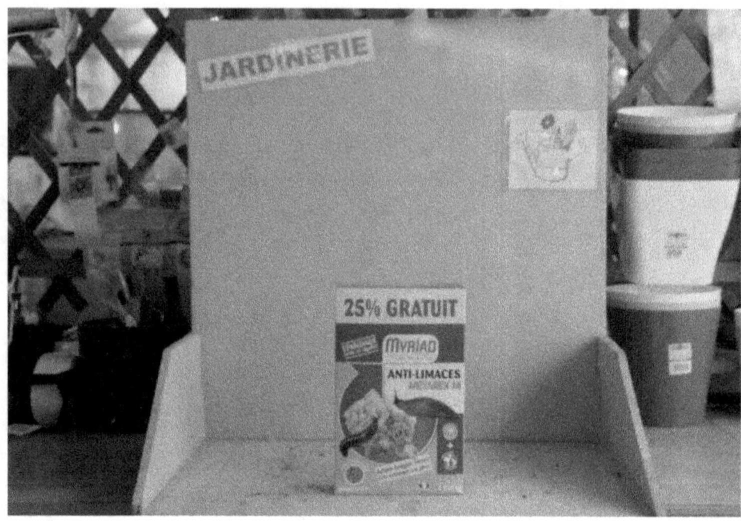

Figure 9–9
Produit antilimace de la marque
Myriad proposé par une jardinerie
en ligne

Figure 9–10
Le même produit, dans son nouvel
emballage, vendu sur un autre site

Voyons cela en détail.

Les produits et leurs images

Plusieurs cas de figure peuvent se présenter.

Vous êtes distributeur régional de produits

En tant que distributeur régional, il vous est probablement possible de prendre contact avec l'ensemble de vos fournisseurs pour obtenir de leur part les originaux des images reprises dans les catalogues papier. Cette situation est fort complexe car vous n'êtes probablement pas le seul distributeur à utiliser ces images. Votre fournisseur les utilise lui aussi pour son site web, pour sa boutique e-commerce (s'il en a une). Vos collègues (et concurrents), partout dans le monde, ne s'en privent pas non plus.

Or, les résultats « Images » fournis par les moteurs de recherche ne font pas la différence entre les pays. Pour exemple, une recherche « Images » sur le dernier album du groupe belge Puggy *To win the world* nous donne le résultat ci-dessous.

Figure 9–11
Résultats d'une recherche
« Images » sur le dernier album
de Puggy

Chaque site e-commerce qui distribue les CD du groupe Puggy utilise ces mêmes images en provenance du producteur. Et rien ne différencie plus une image d'une certaine taille sur un écran qu'une même image de la même taille sur le même écran. Vous voilà noyé dans la masse, vous ne faites pas la différence.

Alors que nous avons pu démontrer l'importance de l'image dans l'e-commerce, alors qu'il vous est facile de demander à votre fournisseur de disposer des photos originales, que vous pensiez que cette partie du travail serait rapidement réalisée... il sera nécessaire de revoir votre point de vue car vous devrez compenser cette surabondance d'images identiques, qui vous pénalise, par un travail de fond encore plus poussé sur le référencement de vos articles.

Bon à savoir

Puggy est un groupe de musique composé du chanteur-guitariste anglais Matthew Irons, du bassiste français Romain Descampe et du batteur suédois Egil "Ziggy" Franzén. Fondé en 2005 à Bruxelles, le groupe propose une musique entre la pop et le rock acoustique. En 2012, le Belge John Janssens accompagne le groupe. Malgré leurs origines différentes, ils se considèrent comme un groupe belge car c'est dans ce pays qu'ils se sont rencontrés. (Source : Wikipédia)

Vous commercialisez depuis longtemps vos propres produits

Vous avez déjà investi dans un catalogue papier et possédez vos propres photos ? Si vos images sont de qualité et si vous en avez en suffisance, vous serez le chanceux de la catégorie. Si ce n'est pas le cas, si vous n'avez pas suffisamment d'images de qualité, vous vous retrouverez logé à la même enseigne que s'il vous fallait partir de zéro, comme dans le cas ci-dessous.

Vous venez de créer une gamme de nouveaux produits révolutionnaires

Vous n'avez ni magasin réel, ni catalogue, ni image.

Si vos produits sont nombreux, le travail sera long, ardu, et représentera un budget non négligeable. Il peut s'estimer en dizaine de milliers d'euros.

Rassembler, créer et organiser ses images

Le nombre d'images par article

Aucune règle ne détermine le nombre d'images à mettre en ligne pour chaque produit. Seul le bon sens vous guidera en fonction du type de produit, de sa simplicité ou de sa complexité, de votre exclusivité ou de la concurrence dans votre domaine de prédilection. Pour un article de la vie courante, comme un produit antilimace, de la vaisselle, un CD, un article de bureau, prévoir quatre ou cinq images par article semble correspondre aux attentes des internautes :

- une image vue de face ;
- une de l'arrière du produit ;
- si nécessaire, une de côté (comme pour la boîte de produit antilimace) ;
- une ou deux photos d'un détail, comme le logo gravé en dessous de la tasse, le bouton de la souris, le compartiment à piles du réveil ;
- dans certains cas, une mise en situation sera la bienvenue, les granulés du produit antilimace répartis sur le sol du potager, la tasse sur sa sous-tasse, le réveil sur une table de nuit.

L'exemple du portefeuille, en début de chapitre, permet de se rendre compte que dans certains cas, un plus grand nombre d'images aidera le consommateur à faire son choix. Cette remarque, augmenter le nombre de visuels, s'applique certainement aux articles complexes.

Pour la minicaméra sport GoPro Hero 3, un grand site e-commerce nous propose sept images de haute qualité. En effet, l'internaute souhaite non seulement voir les faces avant et arrière, mais également les supports, les boutons, etc.

Figure 9–12
La caméra GoPro Hero 3 présentée
par un grand nom de l'e-commerce
en sept images de haute qualité

Pour un produit peu onéreux mais technique comme le hub Plugable, un géant de l'e-commerce n'hésite pas à proposer également sept images du produit : trois pour les différentes vues du produit seul, une du hub avec ses connecteurs, une du contenu du pack, une de l'emballage vu de face et une de l'emballage vu de l'arrière. Ces sept images, plus la description technique, vous permettent de vous imaginer exactement ce que vous achetez.

Figure 9–13
Détail d'une des images du hub Plugable proposé sur le site d'un des premiers sites français de l'e-commerce

Vocabulaire

Un **hub informatique**, appelé aussi concentrateur, sert à interconnecter électriquement plusieurs appareils, typiquement des ordinateurs (connexions réseau Ethernet via hub Ethernet) ou encore des périphériques (hub USB, FireWire…), mais aussi parfois un commutateur ou un routeur. (Source : Wikipédia)

S'il est vrai qu'un maximum d'images de qualité pour illustrer chacun des produits s'avère être le conseil le plus répandu, il existe évidemment des exceptions dans l'autre sens. Là où une ou deux images sont suffisantes.

Prenons l'exemple d'une quincaillerie sur Internet qui commercialise des vis cruciformes. Prévoir cinq images d'une même vis relèverait d'une minutie excessive. Une image qui détaille le profil de la vis et une autre qui montre la tête suffisent amplement pour nous rendre compte de la totalité du produit.

Figure 9–14
Proposer cinq images d'une même vis relèverait d'une minutie excessive.

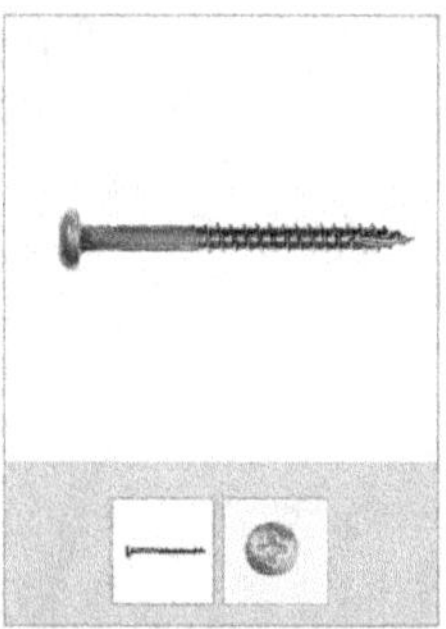

Mais ne croyez pas pour autant que vous aurez moins de travail de préparation.

Dans ce cas précis, vous devrez passer plus de temps à décrire techniquement chaque produit. Pour la vis ci-dessus, un site de bricolage affiche tout ce qu'il est utile de savoir dans un tableau très précis.

Figure 9–15
Là où l'image n'est pas le facteur de décision, la description doit pouvoir compenser.

Vis à tête ronde (enclenchement carré) munie d'un gros filet

Grosseur de vis	n° 8
Longueur	1 7/8 po
Type de tête	Cylindrique bombée (pan)
Matériau, placage ou fini	Plaqué zinc
Grosseur de tête	n° 7
Taille de pointe	n° 2 (rouge)
Type de pointe	Bois régulier
Application	Porte et fenêtre, Structure, Porte de garage, Rampe et escalier en bois , Panneau de particules, Bois franc, Installation
Nos marques	Attaches Reliable

Pour un site de produits standards, nous pouvons nous baser sur cinq images par article. Pour une petite e-boutique d'une centaine de produits, cela représente néanmoins cinq cents images à trouver. Un travail colossal. Il faudra ensuite les rassembler et les organiser.

Créer, recadrer, retoucher les images

Si vous ne disposez pas de ces photos de produits, ou qu'il vous en manque, vous devrez soit faire appel à un photographe professionnel, soit investir dans du matériel photo et vous charger des prises de vue.

Faire appel à un photographe professionnel

Afin de vous donner une idée de ce que cela représente comme budget, voici ce que vous aurez à dépenser pour des prises de vue d'articles dans différents domaines.

- Pour des prises de vue d'objets, sans mannequins ni coiffeuses, et pour autant que ces objets soient de petite taille, rentrent dans un studio, que vous les apportiez chez le photographe, vous pouvez prévoir, pour une centaine d'articles, avec cinq images par article, un budget de l'ordre de 5 000 à 10 000 euros.
- S'il s'agit d'articles textiles (avec mannequins), vous devrez débourser au minimum 10 000 euros pour quarante articles (sur la base de cinq images en moyenne par article).

Ces estimations peuvent fortement varier d'un photographe à l'autre, d'un pays à l'autre. Elles peuvent être multipliées par dix, cent voire mille dans des secteurs comme le luxe ou l'automobile.

Le but de ces quelques chiffres était simplement de vous transmettre une idée de budget pour des prises de vue réalisées par des studios professionnels.

Investir dans du matériel photo

Certaines personnes ont choisi la photographie comme passe-temps. Si vous, ou quelqu'un de votre famille, en faites partie, l'idée de mettre vos talents au service du site peut sembler intéressante. Partant du principe que vous disposez déjà d'un appareil photo de type reflex numérique, l'investissement financier se limitera à l'achat de fonds blancs et de flashs professionnels avec parapluies.

- Pour un kit de fond de studio (rouleau de fond, plus support), il vous en coûtera 150 ou 200 euros.
- Vous pouvez trouver un ensemble (kit) de trois flashs, des parapluies, des trépieds pour 300 euros.

L'investissement matériel total (outre l'appareil photo) se situe en général entre 500 et 1 000 euros. Cette option n'est donc pas inintéressante. En outre, ni votre temps, ni celui de vos amis ou de votre famille ne sont valorisés dans ce calcul.

Néanmoins, vous ne devrez pas sous-estimer le temps qui sera nécessaire aux retouches de chacune des photos choisies. En effet, il est essentiel de s'attacher à la qualité de chacune des images, pas seulement à leur quantité. Et qui dit qualité, dit recadrage, retouches, détourage.

De ces deux jouets pour chiens (identiques) provenant de sites différents, lequel choisiriez-vous ?

Figure 9–16
Un même jouet pour chiens,
proposé par deux sites différents.

Et de ces deux polos, lequel vous attire le plus ?

Figure 9–17
Quel est le polo qui vous tente
le plus ?

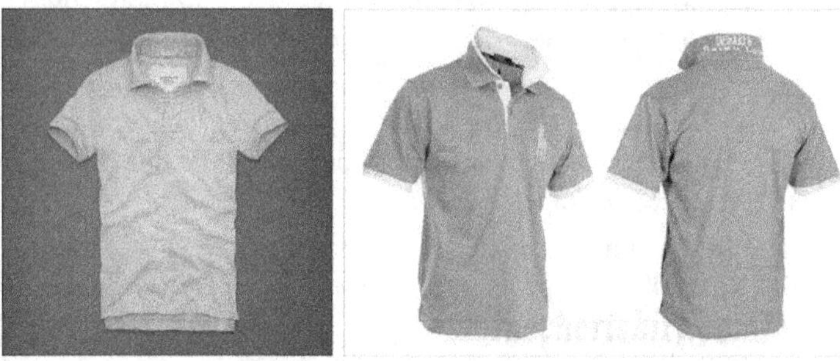

Vous l'aurez constaté, un détourage adéquat met le produit en valeur. Il faut prévoir entre 10 et 45 minutes de détourage par image (selon votre expérience, selon le logiciel de retouche utilisé, selon la complexité du produit photographié). Pour 500 images, votre travail vous prendra entre 10 et 45 journées entières (de 8 heures).

Le bon format pour ses images

Pour un site Internet, la résolution utilisée pour une image est de 72 points par pouce (dpi). Quant au type de fichier, le format JPG (ou JPEG) semble devenu la norme.

> **Vocabulaire**
>
> **DPI** *(Dot Per Inch)* : Représente le nombre de points affichés (écran) ou imprimés (imprimante) tous les 2,54 cm.
> **JPG** ou JPEG : JPEG (acronyme de *Joint Photographic Experts Group*) est une norme qui définit le format d'enregistrement et l'algorithme de décodage pour une représentation numérique compressée d'une image fixe.
> **Pixel** : le pixel (souvent abrégé px ou p) est l'unité de base permettant de mesurer la définition d'une image numérique matricielle. Son nom provient de la locution anglaise *picture element*, qui signifie élément d'image, l'équivalent d'une pointille. (Sources : Wikipédia)

Votre logiciel de retouche d'images vous permet de choisir, lors de la sauvegarde de l'image retouchée, différents paramètres :

- la résolution ;
- la taille de l'image (largeur/hauteur) ;
- le type de fichier ;
- le facteur de compression.

Bien souvent, ce logiciel indique directement le poids final de l'image retouchée. Plus vos images sont « lourdes », plus lent sera l'affichage sur votre site. Ayez toujours cela en tête. Mais diminuer excessivement le poids d'une image en réduit inexorablement sa qualité. Ci-dessous, l'écran d'enregistrement d'une image dans Photoshop. Nous avons forcé une hauteur d'image de 800 pixels.

Figure 9–18
Modification des paramètres
de sauvegarde d'une image,
dans le logiciel Photoshop,
afin d'en déterminer le poids.

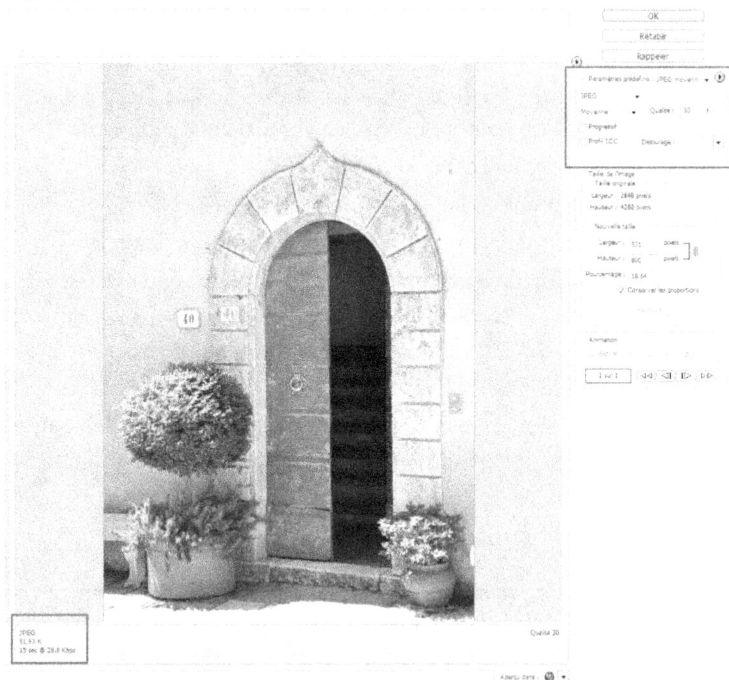

En modifiant les paramètres de compression de sauvegarde de cette image, nous obtenons :

- 384 Ko sans compression à la sauvegarde ;
- 188 Ko avec une faible compression (qualité = 80 %) ;
- 107 Ko avec une compression plus importante (qualité = 60 %) ;
- 51 Ko avec une forte compression (qualité = 30 %).

Vocabulaire

Photoshop est un logiciel de retouche, de traitement et de dessin assisté par ordinateur édité par Adobe. Il est principalement utilisé pour le traitement de photographies numériques, mais sert également à la création d'images ex nihilo. Reconnu aussi par les infographistes professionnels à travers sa puissante galerie de filtres et d'outils graphiques performants, son utilisation est maintenant enseignée dans les plus grandes écoles, instituts des beaux-arts et il est utilisé par une grande majorité des studios et agences de création.

Ko (kilo-octet) : en informatique, un octet est un regroupement de 8 bits codant une information. On utilise des multiples de l'octet, comme le kilo-octet (Ko) ou le mégaoctet (Mo). Cette unité permet aussi de quantifier la rapidité de transfert d'informations en octets par seconde.

Vous remarquez que le poids de cette image, à taille finale égale, varie fortement en fonction du facteur de compression indiqué.

Si vous sauvegardez ces images avec ces quatre coefficients de compression différents et que vous les visualisez ensuite sur un écran, vous constaterez que les trois premières sont de très bonne qualité. Seule l'image de 51 Ko (qualité = 30) donnera un résultat nettement moins bon.

De manière générale, pour les sites e-commerce, on peut prendre les paramètres suivants comme base pour les images de vos articles :

- type de fichier : JPG (ou JPEG) ;
- résolution : 72 dpi ;
- facteur de compression : entre 60 et 80 (= qualité) ;
- taille de l'image : prendre 1 200 pixels comme valeur maximale ;
- s'il s'agit d'une image au format « portrait » (verticale), 1 200 pixels comme hauteur maximale. La largeur sera calculée automatiquement par le logiciel de retouche. Si l'image est de type « paysage », 1 200 pixels en largeur.

Nous aurons, avec ces paramètres, des images dont le poids variera entre 70 et 150 Ko, ce qui est raisonnable pour les capacités des serveurs et des lignes actuelles.

Organiser ses images

Que vous fassiez appel à une agence web, à un prestataire e-commerce, ou que vous releviez vos manches, tôt ou tard quelqu'un devra encoder la description de chaque article et y associer les images. Vous gagnerez énormément de temps en vous organisant correctement dès le départ.

Dans votre ordinateur, sur votre disque dur, chaque image porte un nom (ou un numéro). Vous y trouverez par exemple « Vélo rouge Homme – vue côté.jpg ». Le premier point dont il faut vous souvenir est que le programme qui gère votre boutique n'aime pas les noms d'images qui contiennent des majuscules, des caractères accentués ou des espaces. C'est à proscrire totalement dans les noms de vos images. Nous vous conseillons fortement de toujours remplacer les espaces par le caractère « - » (tiret), de bannir les majuscules et de toujours écrire sans accents. Ce qui donnerait : « velo-rouge-homme–vue-cote.jpg ».

Mais peut-être avez-vous plusieurs vélos rouges homme, de marques différentes. Dans ce cas, la dénomination donnée à cette image semble quelque peu « généraliste ». Il serait préférable d'introduire une structure dans la manière dont vous nommez vos images.

Quelques idées :

- Si vous commercialisez différentes marques, mettez le nom (court) de la marque dans la dénomination de l'image.
- Si vos produits se subdivisent clairement en catégories (hommes/femmes, intérieur/extérieur, etc.), précisez cette particularité (éventuellement en abrégé) dans l'intitulé.
- Si l'article présenté possède une référence interne simple, intégrez-la dans le nom de l'image.
- Dans l'exemple précédent, « vue-côté » est-il nécessaire ? Ce qui est superflu ne doit pas être apparaître dans la dénomination.

* Pour ce vélo rouge homme, vous aurez probablement cinq ou six images à poster sur votre site. Il vous faudra également préciser quelle est l'image principale, celle qui sera affichée en premier lieu. Personnellement, j'ai pris pour habitude de toujours terminer la dénomination de l'image par le suffixe « -01 » pour l'image principale, par « -02 » pour la seconde, etc.

De cette manière, si vous travaillez avec un sous-traitant, il saura directement à quoi correspond chaque image et reconnaîtra toujours l'image principale.

Une fois ces règles appliquées, votre dossier images pourrait ressembler à ceci :

polo-smart-homme-mc-01.jpg

polo-smart-homme-mc-02.jpg

polo-smart-homme-mc-03.jpg

polo-smart-homme-mc-04.jpg

polo-smart-homme-mc-05.jpg

polo-greenfee-homme-mc-01.jpg

polo-greenfee-homme-mc-02.jpg

polo-greenfee-homme-mc-03.jpg

polo-greenfee-homme-mc-04.jpg

polo-greenfee-homme-mc-05.jpg

polo-greenfee-femme-ml-01.jpg

polo-greenfee-femme-ml-02.jpg

polo-greenfee-femme-ml-03.jpg

polo-greenfee-femme-ml-04.jpg

polo-greenfee-femme-ml-05.jpg

NB : « mc » pour manches courtes, « ml » pour manches longues.

En résumé

Nos recherches sont de plus en plus influencées par l'image.

Le nombre et la qualité des images de votre site peuvent provoquer l'acte d'achat.

Faire appel à un photographe représente un budget très important (5 000 à 10 000 euros dans les meilleurs des cas, pour 500 images).

Investir dans du matériel « studio photo » peut s'avérer une bonne idée, mais demandera de très nombreuses heures de retouche (80 à 375 heures pour 500 images).

Organiser, dès le début, la dénomination des images vous rendra la vie plus facile.

10

Les images à 360° et vidéos

Figure 10–1 Extraits d'une présentation à 360° d'un appareil Nikon
(photomontage effectué au départ d'images du site http://www.nikon.be/)

Les images à 360°

Selon la FEVAD, proposer des photos à 360° des articles les plus populaires de son site e-commerce entraîne une amélioration des ventes de 33 % (source : FEVAD 01/2014).

En quoi consiste une représentation à 360° ?

Imaginons que votre site soit spécialisé en chaussures pour femme. Vous souhaitez ajouter à votre catalogue la toute nouvelle paire à talons hauts qui vient de sortir et faites appel à votre photographe pour les prises de vue. Mais sous quel angle ? Faut-il une photo de face, une du profil gauche, une du profil droit, une de l'arrière ? Ne vous posez plus cette question. Optez pour le 360°.

De manière pratique, il s'agit de placer cet escarpin sur un plateau tournant, de positionner un appareil photo (connecté à un logiciel de gestion de prises de vue) sur un pied, de paramétrer le nombre d'images souhaitées (par exemple 24) et de lancer la machine. Le plateau va se mettre à tourner et s'arrêter à chaque fois que $1/24^e$ de tour sera effectué. Une première image sera prise, et on passera à la seconde, $1/24^e$ de tour plus loin.

Figure 10–2
Représentation d'une prise de vue
à 360°
(Source image :
http://www.packshot-creator.com)

Ces images sont ensuite traitées et transformées de manière à pouvoir être manipulées par l'acheteur. L'internaute peut en effet, au fil de sa visite, faire pivoter manuellement l'objet dans tous les sens prévus par la prise de vue. Pour vous donner une idée du résultat, voici quelques liens qui vous permettent d'imaginer les avantages d'une telle technique.

Figure 10–3
Premier exemple : une animation
proposée par la société e-
commerce 360
(Source et lien pour tester :
http://www.e-commerce360.com/
page/446)

Figure 10–4
Second exemple : une animation
proposée par la société e-com 360
(Source et lien pour tester :
http://www.e-com360.com/
portfolio-photos-360/)

Figure 10–5
Dernier exemple : une animation
proposée par la société Spin36
(Source et lien pour tester :
http://www.spin36.com/galerie/)

Comment l'intégrer à son site e-commerce ?

Vous l'aurez compris, pour disposer d'images à 360° à proposer sur votre site e-commerce,
vous avez tout intérêt à passer par une société spécialisée. Non seulement le matériel pour ces
prises de vue est complexe et onéreux (appareil photo évolué, PC, plateau tournant, batterie
de flashs synchronisés), mais il faut également se soucier de la retouche (en général du détourage ou de l'ajout d'un effet miroir), puis de la génération du fichier final.

On peut aisément comparer cela à une vidéo que vous souhaiteriez diffuser auprès de vos
amis. Le plus simple, pour la diffuser, est de passer par une plate-forme de vidéos comme
YouTube, Vimeo, etc. Pour ce faire, vous chargez votre vidéo sur votre compte YouTube, puis
vous pouvez envoyer le lien à vos connaissances.

Pour les images à 360°, c'est similaire. Le résultat est compilé en un fichier très spécifique qui contient les images et les boutons de manipulation permettant de faire tourner l'objet, puis chargé sur un des serveurs de la société qui a effectué le travail.

Au niveau de votre logiciel e-commerce, vous aurez juste à intégrer, dans la page de votre article, un petit code qui se chargera d'afficher le résultat final à chaque internaute qui ouvrira la page de votre produit.

Quel est le budget à prévoir pour ce genre de prestations ?

Il est difficile de donner un budget pour ce genre de service. Cela dépend de plusieurs facteurs comme le tarif du prestataire de services, le nombre d'objets, la taille et le poids de chacun, la distance entre votre lieu de stockage et l'endroit où se prennent les prises de vue.

Néanmoins, l'ordre de grandeur est de 75 à 150 euros par objet. Souvent s'ajoutent à cela des frais d'hébergement (les images sont stockées sur les serveurs du prestataire, et il vous fait payer une location d'espace pour cela).

Si vous envisagez de proposer 100 produits en visualisation à 360°, la fourchette de budget sera probablement comprise entre 7 500 et 15 000 euros. Qu'il faut mettre en balance par rapport aux 33 % théoriques d'augmentation moyenne de chiffre d'affaires pour les produits qui bénéficient de cet affichage à 360°.

L'idée est séduisante, le calcul financier reste à faire.

La vidéo

L'utilisation de la vidéo sur Internet a explosé au cours des cinq dernières années. Les raisons en sont nombreuses. On peut citer comme principale l'accroissement du débit des lignes informatiques (la vitesse de chargement). Mais il y a aussi le succès des smartphones qui permettent de filmer un événement et de le publier en quelques secondes sur YouTube, Facebook ou tout autre réseau social. Enfin, tout comme pour les images, Google intègre fortement les vidéos dans le résultat de ses recherches.

L'impact de la vidéo intégrée à sa boutique

Les études, les statistiques relatives à l'augmentation des ventes sur les boutiques e-commerce restent actuellement limitées et aboutissent à des conclusions parfois divergentes.

Néanmoins, outre cette divergence des chiffres, toutes vont dans le même sens : la vidéo augmente de manière significative le taux de conversion de votre boutique. Tout comme pour les images à 360°, les chiffres les plus souvent cités tournent aux alentours de 30 % d'augmentation du taux de conversion.

Comment expliquer cette augmentation ?

Une des raisons est toute simple : la vidéo suscite de l'intérêt. Si, dans votre descriptif de l'article, vous prétendez que la tente que vous commercialisez se monte en moins de 5 minutes, les internautes gardent cela à l'esprit mais il n'y a aucun déclic significatif car le doute reste permis. Si votre descriptif indique que cette autre tente se monte en moins de 2 secondes, on ne vous croira pas.

En revanche, si une vidéo associée à l'article prouve que la tente Quechua se déploie en 2 secondes, l'internaute sera curieux et visionnera la vidéo. Il vous croira et passera fort probablement à l'achat.

Figure 10–6
Décathlon a lancé une campagne « 2 secondes » pour une série de ses tentes. Chaque vidéo prouve que la tente proposée se déploie en moins de 2 secondes. (Source image : extrait de vidéo proposée sur http://www.quechua.com)

La seconde raison est la confiance qu'ont les internautes envers les boutiques qui présentent des vidéos intéressantes sur leurs produits. Par « vidéo intéressante », il faut comprendre une vidéo qui démontre un aspect particulier de votre produit, peu commun pour ce genre d'articles chez vos concurrents :

- une tente qui se déploie ou qui se remballe très rapidement ;
- un système antivol pour vélo insensible aux pinces coupantes type « coupe-boulon » ;
- un couvercle qui garde la pression dans une cannette de soda ouverte ;
- un smartphone qui résiste réellement à l'immersion dans l'eau ;
- etc.

Créer une vidéo qui ne fait que montrer une chaussure n'a aucun intérêt. Cela vous coûtera de l'argent et ne vous rapportera rien. Au contraire. Si l'internaute constate qu'il a perdu son temps en visionnant cette vidéo, il risque de quitter votre boutique prématurément.

La troisième raison… nous en parlerons d'ici peu.

Comment intégrer une vidéo dans sa boutique e-commerce ?

C'est réellement très simple.

Charger et décrire sa vidéo sur YouTube

La première étape consiste à uploader (charger sur les serveurs de YouTube) cette vidéo sur le site de YouTube. Pour ce faire, il suffit de suivre les instructions qui sont détaillées sur ce site.

La seconde étape, la plus importante pour votre boutique, est de remplir correctement une série de champs qui vont servir au référencement de votre vidéo, afin que d'autres internautes la découvrent dans leurs recherches de vidéos sur YouTube ou Google. Ces champs sont assez simples et limités :

* le titre de la vidéo ;
* une brève description ;
* une série de mots-clés liés à votre produit.

Figure 10–7
Exemple de paramétrage du titre, de la description et des mots-clés d'une vidéo déposée sur YouTube.

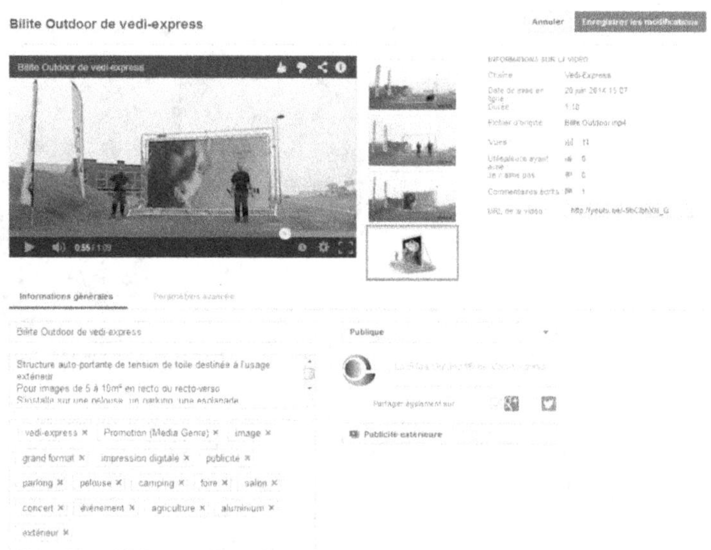

Bon à savoir

La description de la vidéo doit répondre aux mêmes règles que la meta description dont nous avons parlé au chapitre du référencement. À savoir être limitée dans sa longueur, et être hiérarchique (le plus important devant). Personnellement, je conseille d'ajouter, en dernière ligne de la description, l'URL de votre site (son adresse). De cette manière, si un internaute trouve votre vidéo via Google ou YouTube (et non pas en parcourant votre boutique), il pourra cliquer sur cette URL pour arriver sur votre site.

Récupérer le code d'intégration

Cette vidéo ne se trouve donc pas sur le serveur qui héberge votre boutique, mais bien perdue quelque part parmi les très nombreux serveurs de YouTube. Nous allons effectuer une petite manipulation pour qu'elle soit intégrée dans votre e-boutique.

La première étape est de la visionner sur YouTube et, pendant son déroulement, de cliquer sur le bouton « Partager » (voir figure 10-8).

Figure 10–8
Cliquez sur le bouton « Partager » lors du défilement de votre vidéo.

La seconde étape consiste à cliquer sur le bouton « Intégrer » qui est apparu juste au-dessus des icônes des réseaux sociaux. Un nouveau champ s'affiche, débutant par « <iframe... ».

Le coller dans la description de votre article

Par le copier-coller traditionnel, vous copiez le contenu de ce champ et le collez dans le champ « Description de l'article de votre boutique e-commerce ». Votre vidéo sera automatiquement intégrée à la description de votre article.

Exemple de code à intégrer :

```
<iframe width="560" height="315" src="//www.youtube.com/embed/-
9bClbhXN_Q?list=PLIBUxyzjBAR5QO-IfbxQ93DNo-3aDNGPm" frameborder="0"
allowfullscreen></iframe>
```

La troisième raison

Au paragraphe « Comment expliquer cette augmentation ? » un peu plus haut dans ce chapitre, je vous avais cité deux raisons qui expliquaient l'augmentation du taux de conversion pour les articles disposant d'une vidéo de présentation, et promis une troisième. Pour rappel :

- la vidéo suscite de l'intérêt ;
- la confiance des internautes envers les boutiques qui proposent des vidéos.

La troisième raison est le référencement naturel. Plus votre vidéo sera vue sur YouTube, mieux elle y sera référencée. Et si vous avez pris la précaution d'inclure dans la description de votre vidéo le nom et l'URL (adresse) de votre site, ce sera tout bénéfice pour le référencement de votre boutique.

> Les images à 360° et les vidéos représentent deux moyens efficaces d'augmenter le taux de conversion pour certains articles phares de votre e-boutique. Il est vivement conseillé d'y penser dès que le temps et le budget vous le permettront.

11

Les avis des utilisateurs

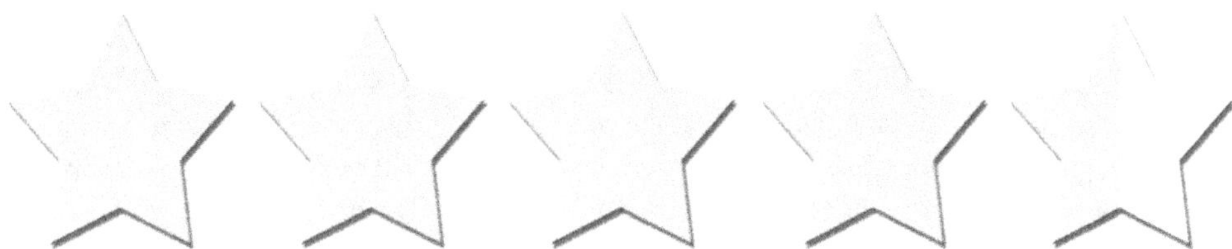

Figure 11–1 Représentation traditionnelle de la satisfaction des utilisateurs

Histoire vécue

J'aimerais vous relater ici une expérience réelle que j'ai publiée sur mon blog récemment, tellement elle me tenait à cœur. La voici.

Il y a un peu plus de deux ans, nous avions réservé dans un restaurant que nous n'avions jamais essayé, même s'il était proche de chez nous. Je l'avais simplement trouvé sur un site belge spécialisé en recherche de restaurants, que je nommerai « avis-resto.xx » pour ne pas le citer explicitement. Je vous passe les détails, mais le résultat de la soirée fut catastrophique.

Dès mon retour, je pris ma plus belle plume pour poster un avis, très négatif mais totalement véridique, sur la page « Avis des utilisateurs » de ce restaurant (sur le site avis-resto.xx). Un ou deux jours plus tard, mon avis était publié et visible. Mais il ne resta affiché que trois jours, puis disparut. Furieux, je contactai avis-resto.xx par e-mail pour leur signaler ce manque de transparence en précisant mon écœurement : « [...] comme le texte avait été publié, puis dépublié, il s'agissait donc, à mon sens, de désinformation volontaire. »

La réponse ne tarda pas. Ayant gardé trace de tous ces échanges, je vous la recopie ci-dessous telle quelle :

« Cher monsieur X, Conformément aux conditions générales du site, Avis-resto.xx se réserve le droit de la publication/non-publication de votre texte et le droit de vérifier l'identité de l'auteur par l'adresse e-mail donnée afin d'éviter tout mauvais usage de cette fonction. »

Cette réponse me fit l'effet d'un coup de poing en pleine figure. Je pensais que ces avis étaient fiables, que tout était transparent, que je pouvais me baser dessus. Rien n'est moins vrai. Le texte n'est jamais réapparu.

Deux semaines après la fin de nos échanges, je fus contacté par le « chef » du restaurant en question (preuve supplémentaire que mon avis avait bien été lu) pour m'expliquer que le jour où nous y avions dîné, il n'était pas présent et que c'était son commis qui cuisinait. Il m'a proposé de revenir manger en précisant qu'il m'offrirait l'apéro. Je n'y suis jamais retourné. Entre temps, le chef a été viré.

> Les avis des utilisateurs ne sont aujourd'hui soumis à aucune législation, ni à aucun contrôle.

Ils peuvent être sincères (et, heureusement, c'est la grande majorité des cas), mais parfois totalement « gérés » afin de ne publier que ce qui est favorable. Il s'agit bien de désinformation, de tromperie.

En pareil cas, pourquoi ne pas simplement programmer la possibilité au propriétaire du restaurant de répondre à l'avis laissé par le client ? Il aurait simplement pu écrire, sur ce même site, qu'il y avait eu un problème de chef, que cela ne se produirait plus, qu'il présentait ses excuses, etc. L'effet aurait été totalement différent.

Vous me direz : « Oui, mais cela date d'il y a deux ans déjà, aujourd'hui ce n'est plus pareil. » Détrompez-vous ! Voici ci-dessous quelques exemples de juin 2014 qui me font penser que tout n'est pas très clair. Mais peut-être suis-je dans l'erreur. À vous de juger. Il s'agit de copies d'écran de ce même site, sur lesquelles j'ai simplement « flouté » le nom du restaurant et des intervenants « litigieux ».

Premier exemple : un restaurant avec un seul avis, très positif

Figure 11–2

Un restaurant avec un seul avis, très positif (note de 4,5 sur 5)

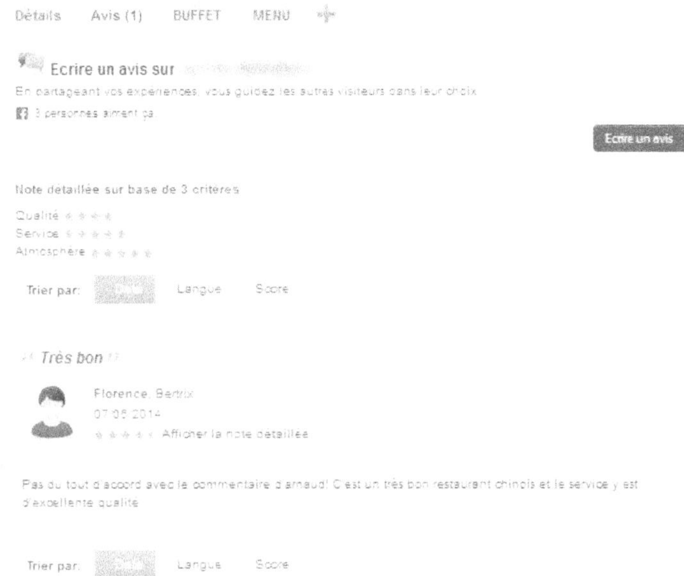

Dans la partie supérieure de cette image, vous constatez qu'il n'existe qu'un seul avis pour ce restaurant (figure 11-2, onglet « Avis (1) »). Or, le texte en dessous du titre de cet avis « Très Bon » indique clairement : « pas du tout d'accord avec le commentaire d'Arnaud... »

Quel commentaire d'Arnaud ? Où est-il ? Quelle note donnait-il ? Personnellement, je trouve pour le moins étrange qu'il n'y ait qu'un seul avis, et que celui-ci semble contredire quelqu'un qui n'est pas, ou qui n'est plus publié.

Deuxième exemple : « très bonne adresse »

Même si ce n'est probablement pas très visible à l'impression dans cet ouvrage, il y a bien trois avis pour ce restaurant (figure 11-3).

Les deux premiers datent de 2014 et sont très bons. Le troisième date de 2012 et commence par ces mots : « Je suis un peu surpris de lire les deux avis ci-dessous. Comme quoi l'appréciation de la nourriture et des saveurs est très subjective. »

Même remarque que pour le premier exemple : de quels avis (antérieurs) parle-t-il ? Quelles étaient les remarques ? Les notes ? Là aussi, permettez-moi de douter de la véracité du système.

Figure 11–3
Second exemple douteux de ce
même site

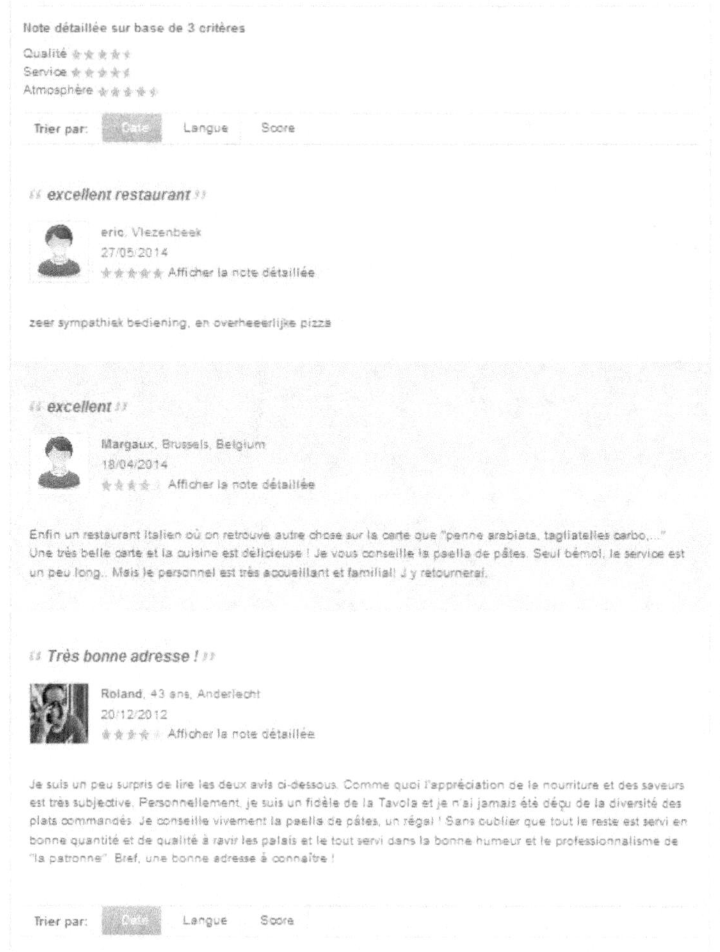

Troisième exemple : l'avis qui sonne totalement faux

Le titre de l'avis est le suivant (figure 11-4) : « Restauration rapide et de qualité ». Le 22/11 un certain « Bernard » émet un avis négatif. Et bizarrement, cinq jours plus tard, une autre personne trouve ce restaurant super. Je vous le transcris tel quel, y compris l'orthographe originale : « acceuille impeccable. personnel et patron tres sympathiques. Prix tres honnetes et democratiques. La deuxieme fois que vous y allez vous etes comme un client de toujours. Naturellement vous etes aussi bien recu la premiere fois. A recommander a tous. »

Figure 11–4
Troisième exemple, un avis qui
sonne faux.

Ne serait-ce pas le patron, ou un ami du patron, ou une connaissance... qui a voulu contre-carrer cette publicité négative ? Laissons à ce site, une fois de plus, le bénéfice du doute.

L'avis des utilisateurs : à lire avec discernement

N'étant soumis à aucune législation, ils sont manipulables à souhait, en toute légalité. Si, comme moi, vous vous basez sur ces avis, il est important de prendre quelques précautions :

- ne tenir compte des avis que s'il y en a beaucoup ;
- lire ces avis et vous faire votre propre opinion sur la véracité de ce qui est dit ;
- éliminer directement de vos choix les fournisseurs (restaurants, sites e-commerce...) qui trafiquent les avis.

Comment pourrions-nous améliorer ce système ?

Loin de moi l'idée d'abandonner ce système d'avis. Il est utile, intéressant. Pour autant qu'il soit fiable. Personnellement, j'aimerais que le secteur de l'e-commerce mette en place une « charte de bonne conduite ».

Pour y adhérer, il faudrait répondre à divers critères :

- tous les avis sont obligatoirement publiés, sauf s'ils comportent du texte à caractère injurieux ou raciste ;
- pour chaque avis, le « fournisseur » (restaurant, boutique...) dispose d'un « droit de réponse » (voir exemple ci-dessous) ;
- seuls les clients ayant acheté le produit, mangé dans le restaurant, passé la nuit dans l'hôtel... ont la possibilité de laisser un avis (cette idée est facilement réalisable).

Nous avons tous à y gagner. Tant les e-commerçants que les acheteurs.

Dans le dernier exemple ci-dessous (figure 11-5) issu d'un site de tourisme italien, on voit régulièrement des locataires qui laissent des avis négatifs, qui se plaignent du fait que le chauffage ne fonctionnait pas, qu'il y avait trop de bruit la nuit. Ces avis restent publiés, mais le propriétaire a la possibilité de répondre, de s'expliquer, de jouer le jeu honnêtement.

Figure 11–5
Sur un site de tourisme italien,
extrait de l'avis des utilisateurs

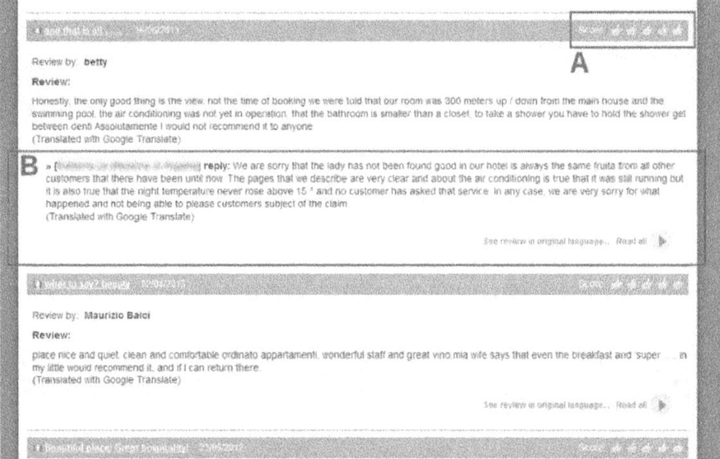

À côté du « A », nous constatons que ce client donne un avis très négatif (1/5). En « B », juste en dessous, le propriétaire s'explique. Peu importe le contenu de la réponse, il faut retenir le principe. Le client donne un avis négatif, ce qui peut arriver, et le vendeur dispose d'un droit de réponse. Il peut remercier le client de l'avoir informé du dysfonctionnement et détailler ce qui a été réalisé ou ce qui le sera pour que ce problème ne se reproduise plus. L'avis négatif se transformera en marque de confiance pour les internautes qui liront cet échange.

Les internautes prennent la parole

Une récente étude menée par le laboratoire SENSE des Orange Labs en novembre 2013 en collaboration avec Médiamétrie précisait que plus de 95 % des internautes prêtent attention aux notes et avis des utilisateurs, et que 90 % jugent ces avis utiles dans le processus d'achat.

Les avis des utilisateurs dirigent et favorisent les ventes

Rendez-vous sur le site d'Amazon et tentez une recherche dans la catégorie que vous aimez de la rubrique des livres en français. Vous constaterez que même inconsciemment les petites étoiles des avis des utilisateurs dirigent vos choix. L'ouvrage *Cyanure* de Camilla Lackberg ne récoltant que 2,5 étoiles a moins de chances d'être choisi que les autres livres qui affichent tous 4 étoiles.

Figure 11–6
L'avis moyen des utilisateurs s'affiche partout sur le site d'Amazon.

Les avis des utilisateurs améliorent le référencement

À chaque fois qu'un internaute publie un avis sur votre site, la page de l'article en question est, aux yeux de Google et autres moteurs, modifiée. Une page souvent modifiée améliore son référencement.

Ne pas hésiter à s'en servir

Dans tous les logiciels e-commerce dignes de ce nom, un module « Avis des utilisateurs » n'attend que son activation. Cela ne demande que quelques minutes pour le paramétrer. Il serait inadmissible de s'en priver.

Néanmoins, la gestion de ces avis vous prendra, chaque jour, un peu de temps :

- lisez chaque avis qui est publié sur votre site. Si l'orthographe est déficiente, tentez de l'améliorer ;
- pour chaque avis négatif, ne tardez pas à publier une réponse qui remercie l'internaute d'avoir pris le temps de vous écrire. Ne niez pas le dysfonctionnement. Expliquez quand et comment vous comptez améliorer la situation. Et surtout, améliorez-la. Ne laissez pas un second internaute critiquer le même problème ;
- ne dépubliez jamais un avis négatif. Rien ne sert de cacher les défaillances de votre site. Car si ce devait être le cas, l'internaute aura vite fait de signaler votre entourloupe sur les réseaux sociaux. En quelques jours, toute votre crédibilité pourrait en pâtir. L'e-commerce est complexe, rude, et ne permet aucune tromperie.

> Activer le module d'« Avis des utilisateurs » sur votre boutique vous permettra d'accroître les ventes pour les articles qui récoltent un excellent score, de donner confiance aux internautes et de favoriser votre référencement. Cela vous prendra chaque jour un peu de temps, mais le jeu en vaut la chandelle.

N'hésitez pas à encourager vos clients à laisser un avis. Par exemple en leur proposant une remise sur leur prochain achat.

En attendant, espérons que les autorités européennes se soucieront de cette jungle et édicteront les règles strictes de mise en place et de contrôle de ces avis, afin d'éviter les abus que nous avons dénoncés et qui sont légion.

Les services de confiance pour les avis

Comme vous le constatez, tant qu'une législation ne vient pas chapeauter la gestion des avis utilisateurs, le doute sur leur fiabilité restera sous-jacent.

Il existe néanmoins une série de sites pour lesquels la fiabilité des avis s'avère quasi irréprochable. Il s'agit des e-commerçants qui font appel à un « service certifié » de gestion des avis.

Le principe est simple :

- L'e-commerçant signe un contrat avec une des sociétés qui promulguent ce genre de services. Cette société vient greffer un petit module au logiciel utilisé pour la boutique.
- Après chaque vente (en général, quelques jours après la livraison), le module transfère des informations au service d'avis : essentiellement l'adresse e-mail de l'acheteur, ses nom et prénom, le total de l'achat et les produits achetés.

- Le service d'avis envoie un courriel au client pour obtenir son retour.
- Si le client répond par un avis positif, il est automatiquement publié et compte dans les statistiques de satisfaction affichées sur le site de l'e-commerçant.
- Si l'avis est négatif, l'e-commerçant dispose de 7 jours pour prendre contact avec le client et lui répondre, lui proposer une indemnisation, une réparation, etc. Il s'agit de la phase dite de « modération ».
- Passé ce délai, l'avis initial du client est publié, ainsi que la réponse de l'e-commerçant.
- Néanmoins, si le client ayant émis un avis négatif l'a fait par erreur, ou se rend compte qu'il était en tort, ou si l'e-commerçant a répondu à sa demande (par exemple en envoyant une pièce manquante), le client peut demander au « service d'avis » à ce que sa réponse « négative » ne soit pas publiée car le problème est résolu.

Figure 11–7
L'e-commerçant peut également faire appel à une société certifiée pour ses avis-utilisateurs.

Plusieurs sociétés proposent ce genre de services aux e-commerçants :

- www.avis-verifies.com
- www.fia-net.com
- www.trustedshops.eu
- etc.

> Si vous optez pour ce genre de service de gestion des avis utilisateurs, ce que je conseille fortement, choisissez une société qui soit certifiée AFNOR. Cette certification vous garantit la fiabilité des différentes phases mises en œuvre, comme la récolte des avis, le processus de médiation, la publication des avis.

12

Augmenter le chiffre d'affaires

Figure 12–1 Technique de « vente croisée » qui propose aux clients des produits supplémentaires (Source : amazon.fr)

Nous avons vu, au chapitre 1 « Réussir son projet » qu'une récente étude de la FEVAD estimait le montant moyen des transactions à 87,50 euros, incluant les taxes et les frais d'expédition. C'est dire si la marge moyenne d'une vente ne représente pas une grosse somme d'argent.

Au fil des chapitres, le référencement a pris une place importante dans nos esprits car il permet d'améliorer le positionnement de nos produits dans les moteurs de recherche et de favoriser de la sorte les chances d'avoir plus de trafic, de visiteurs et d'acheteurs. Plus nous avons de ventes, plus important sera le bénéfice. Les petits ruisseaux font les grandes rivières.

Il existe un moyen classique pour accroître ce bénéfice : il suffit d'augmenter la valeur du panier moyen. Non pas en augmentant vos prix, ce qui ferait fuir l'acheteur, mais en essayant de l'inciter à acheter d'autres articles dans le même processus d'achat. Les avantages sont nombreux :

- augmentation de la valeur de la commande, donc augmentation du bénéfice ;
- le travail administratif est le même si la commande concerne un ou dix articles ;
- les frais de manutention également sont, proportionnellement, moins élevés. Car préparer une commande de cinq articles ne prend pas beaucoup plus de temps que pour un article.

Mais comment tenter d'augmenter la valeur moyenne du panier ?

Mettre en place un processus de cross selling

Vocabulaire

La vente additionnelle (dite aussi vente croisée, ou cross selling) est une technique de vente par laquelle un vendeur (en magasin, en démarchage, par téléphone) profite de la vente ou de l'intérêt manifesté par un acheteur pour un produit donné pour proposer et vendre un produit complémentaire ou un produit supérieur au produit initialement acquis ou visé par l'acheteur.

À nouveau, je vous dirai que c'est facile. Pour autant que vous vous basiez sur un logiciel e-commerce ayant pignon sur rue, vous y trouverez certainement le module qui se chargera de ces ventes croisées.

En revanche, s'il vous venait à l'idée de ne pas opter pour un logiciel standard, connu et fiable, vous devriez demander à votre prestataire informatique de développer ce module. Et cela peut faire mal. Nous reviendrons, en fin d'ouvrage, sur les aspects budgétaires d'un projet e-commerce.

Reprenons l'exemple de PrestaShop. Mais, je le rappelle, de nombreux autres logiciels disposent également de cette fonction, il y a l'embarras du choix. Il vous suffit d'effectuer une recherche sur les modules qui se chargent du cross selling ou des « produits complémentaires à la commande », et vous trouvez directement une dizaine de résultats. Ci-dessous les deux premiers résultats de la recherche dans les modules actuels PrestaShop (figure 12-2).

Figure 12–2
Les deux premiers résultats sur
une recherche de module « cross
selling » pour PrestaShop
(Source :
http://addons.prestashop.com/)

Une fois le module choisi et installé, vous devrez passer un peu de temps pour le paramétrer. Vous devrez, pour chaque article primaire (celui que le client est venu chercher sur votre boutique), proposer un ou plusieurs articles « annexes ». Ci-dessous un exemple (en anglais) de l'écran de paramétrage où nous indiquons au programme que si le client achète un « iPod nano », vous souhaitez lui proposer en complément la housse en cuir pour cet appareil.

Figure 12–3
Paramétrage permettant de
proposer automatiquement une
housse en cuir si le client achète un
« iPod nano » (Apple)
(Source démo PrestaShop :
http://addons.prestashop.com/
demo/BO3709.html)

Quelques règles à respecter dans ce paramétrage :

- ne pas proposer plus de deux ou trois produits « annexes » par produit primaire commandé ;
- le prix de ces produits annexes doit être nettement inférieur à celui du produit principal acheté. N'allez pas proposer un Notebook à 899 euros en complément d'un achat iPod nano de 189 euros ;
- le produit annexe ne doit pas avoir d'impact sur les frais de livraison. Il doit être petit et léger.

Voici le résultat lorsque le client finalise la commande de son iPod nano.

Figure 12–4
La housse est automatiquement proposée au client. (Source démo PrestaShop : http://addons.prestashop.com/demo/FO3709.html)

Ce cross selling est facile à mettre en place, permet d'augmenter substantiellement la valeur moyenne du panier, mais demande du temps de paramétrage et de la préparation. En moyenne, comptez 5 minutes de paramétrage par article primaire de votre catalogue.

Les articles connexes

Le second module intéressant est celui qui analyse le comportement des acheteurs, établit des statistiques, et se sert de ces statistiques pour tenter le client. Amazon est champion en ce domaine. Mais la plupart des boutiques e-commerce le pratiquent également. Prenons cette fois un autre exemple, celui de Darty (ou de Vanden Borre en Belgique).

Choisissez au hasard un article de prix moyen, entre 200 et 500 euros. Ajoutez-le à votre panier puis terminez votre commande. Rassurez-vous, pas besoin d'aller jusqu'au paiement de votre test pour vérifier l'existence de ce module.

Vous constaterez que juste avant de finaliser la commande, Darty vous annonce que « Nos clients ayant acheté ces produits ont également acheté : », comme à la figure 12-5 ci-contre.

Ce second module existe également pour la plupart des logiciels e-commerce actuels. Son prix est un peu plus élevé, de l'ordre de 100 à 150 euros, car il est un peu plus complexe. Les produits proposés le sont sur la base de statistiques automatiques que le module est censé calculer. En revanche, il n'y a quasi aucun paramétrage à effectuer. Vite installé, vite opérationnel. Un module de rêve qui ne vous prendra pas beaucoup de temps.

Figure 12–5
À l'achat d'un robot pâtissier de 204 euros, Darty me conseille d'autres produits. (Source : http://www.darty.com/webapp/wcs/stores/servlet/DartyCaddieView?storeId=10001)

Les packs ou bundles

Pour ce nouvel exemple, changeons de boutique. Nous souhaitons acheter un appareil photo reflex numérique de marque Nikon. Nous trouvons ce modèle D5100 avec objectif AF-S DX 18-105 mm pour 549,90 euros sur un site français de e-commerce.

Vocabulaire

Une offre groupée, un bundle, ou un paquetage promotionnel (pack), est un ensemble de produits vendus ensemble. Ce terme marketing est parfois utilisé en informatique pour désigner une offre commerciale composée, en plus du produit principal, d'accessoires, de logiciels supplémentaires ou d'une extension de garantie. (Source : Wikipédia)

Figure 12–6
Le modèle proposé par ce site avec objectif est à 549,90 euros.

Un peu plus bas sur cette même page, le site nous propose deux « bundles ». Le premier est composé de l'appareil ci-dessus, plus une housse Caselogic, pour un total de 569,89 euros. Le second se base toujours sur ce même appareil, plus la housse Caselogic, plus une carte mémoire de 32 Go (figure 12-7).

Figure 12–7
Les deux bundles proposés
par le site

Sincèrement, ne trouvez-vous pas cela tentant ? Examinons néanmoins le second bundle plus en détail. Il nous propose l'appareil de base avec son objectif (549,90 euros), plus une housse Caselogic vendue séparément par le site à 19,99 euros, plus une carte « SanDisk Carte mémoire Ultra SDHC 32 Go Class 10 » dont le prix normal de vente est de 30,03 euros. Si vous achetez ces trois articles séparément, il vous en coûtera au total 599,92 euros. Exactement le même prix que le bundle.

De manière générale, lorsque vous proposez un bundle à vos acheteurs, vous mettez tout en œuvre pour qu'ils suivent votre idée. Car votre but est d'augmenter la valeur moyenne des transactions. Mais il faut aussi que cette politique soit du win-win, c'est-à-dire que vous y gagniez, et que le client y gagne également. Par exemple en proposant un prix légèrement réduit pour l'achat groupé. Et cela donne de bons résultats.

L'exemple de ce site est quelque peu déroutant car ils sont les seuls gagnants dans cette offre groupée.

> Si vous mettez en œuvre une politique de bundle, faites en sorte que le client aussi soit gagnant. Sans cela, vous perdez votre temps.

Figure 12–8
Dans cet exemple,
seul ce site est gagnant.

Les frais de port offerts à partir d'un certain montant

Une autre technique, toujours gérée par des modules complémentaires, permet d'inciter le client à atteindre un certain montant pour bénéficier des frais de port gratuits.

Vous paramétrez le module en précisant, par exemple, que les achats de plus de 250 euros bénéficient d'une livraison gratuite (franco de port).

Imaginons un client qui commande deux ou trois produits pour un total de 210 euros hors frais de livraison et que ces frais s'élèvent à 25 euros. Sa commande totale lui coûtera 235 euros.

Au moment où il finalise sa commande, un message apparaît pour lui dire que s'il commande pour 40 euros de plus, la livraison est gratuite. Il gagne donc 25 euros (les frais de port offerts).

Comme l'e-commerçant a une marge plus intéressante sur les produits que sur les frais de transport (qui sont toujours calculés au plus juste), il sera gagnant. Le panier moyen de cet acheteur sera plus élevé.

Il existe de très nombreuses méthodes pour encourager le client à acheter plus que prévu. Le cross selling, le célèbre « ont aussi acheté », les bundles, les frais de port offerts à partir d'un certain montant total, les prix dégressifs, etc. Choisissez parmi celles qu'il vous est possible de mettre en œuvre, le montant du panier moyen ne pourra que s'améliorer.

13

Les modes de paiement

Figure 13–1 Divers modes de paiement pour e-commerce

Un quart des clients ne finalisent pas leurs achats

Selon une récente étude de Digital Window Shopping dans son rapport « The Long Journey to Buy », 25 % des acheteurs abandonnent leur panier car les options de paiement ne leur conviennent pas. Une autre statistique, dont je n'ai malheureusement pas trouvé la source, et donc à prendre avec méfiance, fait monter ce pourcentage à près de 50 %.

Peu importe le chiffre exact. Perdre un seul client par jour pour des raisons de mode de paiement est déjà un échec en soi. Vous vous êtes donné tant de mal à monter votre boutique, à proposer un catalogue attrayant, des produits innovants à des prix adaptés, à diffuser de superbes images et vidéos, vous vous êtes totalement investi dans le référencement pour permettre à votre client de vous découvrir sur Google, le client est ensuite venu sur votre site, il l'a parcouru, apprécié, il a même commandé et se trouve devant l'écran des moyens de paiement. Et puis s'en va. Il ne finalise pas sa commande car ce qui est proposé comme modes de paiement ne lui convient pas, ou parce qu'il a des doutes sur la sécurité des moyens affichés. Quel drame ! Quelle désillusion ! Tant de travail pour rien !

Quels modes de paiement proposer ?

Les modes traditionnels

Le chèque

En France, ce mode de paiement est encore fort ancré dans les habitudes. C'est l'un des seuls pays d'Europe de l'Ouest à continuer de défendre ce mode de paiement. Personnellement, je ne me souviens même plus de l'année à laquelle j'ai renoncé aux chèques en faveur de la banque en ligne. Cela doit faire plus de quinze ans déjà.

Qu'est-ce qui incite les Français à conserver ce mode de paiement ? Rares sont les études faites sur ce sujet, mais la raison le plus souvent invoquée est la quasi-gratuité des chèques. Dans l'e-commerce, l'utilisation du chèque n'est pas très appréciée par les vendeurs, et ce pour diverses raisons.

Accepter les chèques impose pas mal de travail administratif, ce qui augmente les coûts du vendeur. Il faut attendre le chèque, le transmettre à la banque, attendre d'être crédité afin de vérifier qu'il ne s'agit pas d'un « chèque en bois », traiter manuellement l'écriture comptable du paiement car le chèque ne dispose pas de communication structurée (VCS).

Entre le moment où le client vous expédie le chèque et celui du crédit de votre compte, il peut se passer une semaine, voire deux si vous êtes à l'international. De plus, il y a de grandes chances pour que vous n'expédiiez pas la commande avant d'avoir cet argent sur votre compte. Or, pour le client, la date qu'il garde à l'esprit est celle de sa commande. Il s'attend donc à recevoir son colis dans les deux ou trois jours suivants. Il s'impatiente car il ne voit rien venir, puis vous téléphone mécontent. Vous avez beau lui expliquer que sa commande n'est valide qu'à la réception de l'argent, dans sa tête, votre site est lent et il n'y reviendra pas.

En France, l'e-commerçant se trouve dans une position peu enviable à ce sujet. Soit il n'accepte plus les chèques, et certains clients abandonneront leur panier, soit il autorise ce mode de paiement et prend le risque que le client lui reproche la durée de traitement de sa commande.

La solution passe très certainement par l'information. Pour la France, il est fortement recommandé d'accepter ce mode de paiement, mais je vous conseille d'ajouter un encart de texte, sur la page des modes de paiement, qui explique clairement que dès réception du chèque il sera transmis à votre banque et que ce n'est qu'une fois votre compte crédité que la commande sera préparée et expédiée. Que tout cela prend du temps et que vous proposez d'autres moyens de paiement plus adaptés à l'e-commerce, qui permettent une prise en compte immédiate de la commande.

> En France, le mode de paiement par chèque est fortement conseillé sous réserve d'une communication adéquate. Si vous êtes un e-commerçant basé en dehors de la France, vous pouvez oublier ce mode assez ancien et peu adapté à l'e-commerce.

Vocabulaire

VCS – Virement à communication structurée. La communication est une référence numérique composée de douze chiffres qui sont fixés par le créancier lui-même. Cette référence lui permet d'identifier facilement les paiements entrants. Ce système assure en outre une comptabilité sans faille et une réduction sensible du nombre de litiges. Le donneur d'ordre doit simplement compléter son numéro de compte (parfois aussi son nom et son adresse) et remettre l'ordre signé à sa banque. (Source : http://www.proz.com)

Le virement bancaire

Ce mode de paiement est également assez lourd pour une transaction e-commerce. Le client effectue son virement, puis le commerçant doit vérifier, jour après jour, si ce paiement est arrivé. Lorsque vous traitez deux ou trois paiements par jour (ce que je ne vous souhaite pas), cela reste gérable, mais si vous avez une centaine de paiements à contrôler quotidiennement, souvent avec des montants identiques, la charge de travail s'avère évidente et complexe.

Ce mode de transaction est souvent utilisé dans le BtoB (commerce de société à société). Et très certainement en Allemagne.

Si une partie non négligeable de votre clientèle sont des sociétés, ou si vous traitez de nombreuses commandes vers l'Allemagne, le virement bancaire doit exister dans les modes de paiement que vous proposez. N'oubliez pas de mentionner clairement vos coordonnées bancaires internationales (IBAN et BIC), tant sur votre site que sur les documents qui sont transmis par e-mail à vos clients (confirmation de commande). La note explicative que je vous conseille d'afficher pour les chèques sur la page des paiements, qui précise que la commande ne sera prise en compte qu'après le crédit de votre compte, s'avère aussi indispensable pour les virements. La communication vis-à-vis du client est nécessaire.

> **Vocabulaire**
>
> **IBAN :** le code IBAN *(International Bank Account Number)* sert à l'identification du compte. Il a une longueur fixe par pays (maximum 34 caractères).
> **BIC :** le code BIC *(Bank Identifier Code)* sert à l'identification de la banque du bénéficiaire. Chacune des quelques 6 000 banques européennes a son propre code. Le code BIC est composé de 8 ou 11 caractères (par ex. BANKBEBB).
> Remarque : à partir du 1er février 2016, vous ne devrez plus mentionner le code BIC pour tous les virements européens.
> (Source : http://www.kluwereasyweb.be)

PayPal

Alors qu'il y a quelques années, PayPal souffrait de sa lourdeur d'utilisation, de son look froid et complexe, peu sécurisant, ces dernières années de nombreux efforts ont été réalisés par cette société qui, depuis 2002, appartient à eBay. Le résultat est surprenant en termes de facilité d'utilisation, d'intégration et de paramétrage du look.

Le gros défaut de PayPal est son prix. Il vous en coûtera par transaction client, 3,4 % de commission sur le montant total payé + 0,25 euro. Une dégressivité de ces frais est appliquée à partir de 2 500 euros de chiffre PayPal par mois.

Figure 13–2
Les frais par transaction
prélevés par PayPal
(Source :
https://www.paypal.com/fr/tarif)

Paiements reçus pour des achats (par mois)	Frais par transaction
€0,00 EUR - €2 500,00 EUR	3,4% + €0,25 EUR
€2 500,01 EUR - €10 000,00 EUR	2,0% + €0,25 EUR
€10 000,01 EUR - €50 000,00 EUR	1,8% + €0,25 EUR
€50 000,01 EUR - €100 000,00 EUR	1,6% + €0,25 EUR
> €100 000,00 EUR	1,4% + €0,25 EUR

Néanmoins, ce mode de paiement est très intéressant car il est non seulement de plus en plus utilisé pour les paiements de montant limité, mais surtout parce que PayPal ne facture ni frais de dossier, ni frais d'ouverture de compte.

> PayPal est fortement conseillé comme mode de paiement de démarrage, ou complémentaire, sur votre nouvelle boutique e-commerce. Son intégration est facile, rapide, et l'administration assez simple.

La carte bancaire

L'étude FEVAD 2013 nous confirme également que la carte bancaire reste, de loin, le moyen privilégié pour les paiements sur Internet. Voici un extrait du résultat de cette étude :

- 80 % des clients e-commerce utilisent le mode de paiement via carte bancaire ;
- 26 % utilisent PayPal ;
- 8 % le transfert bancaire ;
- 6 % le chèque (France).

Remarque : le total dépasse les 100 % car certains clients utilisent plus d'un mode de paiement, selon les sites visités.

Figure 13–3
Principaux modes de paiement
utilisés par les Français pour leurs
achats en ligne
(Source : étude FEVAD 2013)

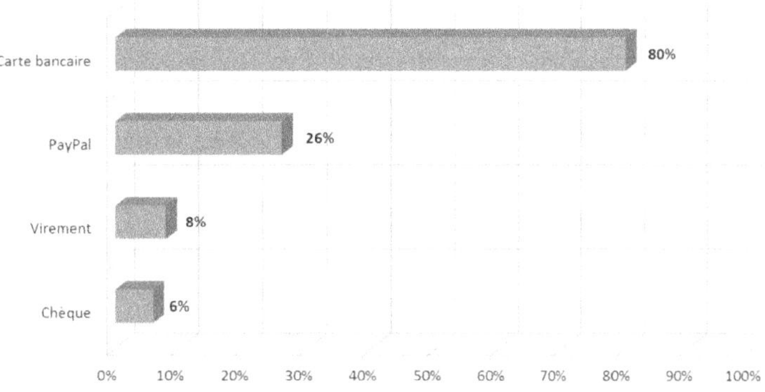

Quels sont les avantages à proposer le paiement par carte bancaire ?

* L'avantage principal qui saute aux yeux est que 80 % des Français utilisent ce mode de paiement. Il est incontournable.

* L'intégration technique dans les logiciels e-commerce est relativement simple à réaliser par un prestataire informatique. En revanche, tenter d'intégrer soi-même ce type de module sans disposer de très bonnes connaissances dans les domaines du paramétrage de votre boutique, des clés de sécurisation, serait plus hasardeux.

* Toute la phase de paiement se fait en mode « sécurisé », ce qui rassure le client. La confiance est importante vis-à-vis du vendeur.

Quels en sont les désavantages ?

* Le plus important : le prix de ce service. Pour un chiffre d'affaires mensuel limité, le coût à la transaction sera important. En revanche, la dégressivité permet rapidement de diminuer ces frais de manière drastique. Nous en parlons en détail un peu plus loin dans ce chapitre.

* L'administration nécessaire à la mise en place de ce système. Banque par banque, vous serez amené à remplir un tas de formulaires aussi imbuvables les uns que les autres. Vous aurez souvent des interlocuteurs qui parleront un jargon si compliqué que même le « na'vi » vous semblera plus facile à comprendre. Vous entamerez un long parcours, complexe et rébarbatif. Mais au bout du compte, ce mode de paiement est avantageux.

Vocabulaire

na'vi : la langue na'vi est une langue construite inventée pour le film *Avatar* de James Cameron sorti en 2009. Il s'agit de la langue des Na'vis, créatures humanoïdes indigènes de la lune Pandora. (Source : Wikipédia)

Cartes bancaires : les deux solutions

L'intégration du mode de paiement par carte bancaire peut se faire de deux manières différentes.

1 Vous prenez contact avec chacune de vos banques et entamez les démarches administratives et techniques pour intégrer leur module de paiement dans votre solution e-business. Chacune de ces démarches implique une ouverture de dossier, des frais, un abonnement mensuel.

2 Vous optez pour un PSP (prestataire de service de paiement) qui, de manière résumée, est un intermédiaire entre votre société et les organismes financiers du monde entier. Worldline, Paybox, Ogone ou Monext en sont quelques exemples.

Nous avons déjà parlé des nombreuses démarches et frais liés aux applications séparées de chacune des banques. Essayons de distinguer le pour et le contre des solutions PSP.

Désavantages de passer par un PSP

- Vous devrez d'abord passer à chacune de vos banques pour remplir des documents. Mais ils sont plus simples et n'impliquent pas de frais à payer à votre banque.

- Vous devez signer un contrat avec le PSP, ce qui représente quelques complexités administratives. Il vous demandera les informations reçues de vos banques.

- Le PSP étant intermédiaire, facilitateur, ses services sont payants. Ils varient fortement d'un PSP à l'autre. Vous avez intérêt à comparer. Pour donner un exemple, Ogone vous demandera des frais d'ouverture de dossier qui avoisinent les 300 euros, puis des frais mensuels de gestion de 85 euros, et enfin une commission (négociable) sur chaque transaction de l'ordre de 0,14 euro (source : http://www.creer-entreprise.com/ECO/comparatif-solutions.php).

Avantages d'une telle solution

- Chacun de ces PSP mettra à votre disposition le module adéquat à intégrer dans votre boutique e-commerce. Il est gratuit et, contrairement aux modules en provenance des banques, il est en général très facile à installer.

- Il mettra également à votre disposition un espace privé de son site où vous pourrez paramétrer tout ce que vous souhaitez autoriser. Par exemple autoriser toute une série de cartes de crédit, cartes de débit, les virements bancaires, ou les moyens de paiement propres à certains pays (comme IDeal pour les Pays-Bas).

- L'interface mise à votre disposition sur son site vous autorisera également à visualiser en ligne toutes les transactions, à effectuer facilement des remboursements partiels ou totaux. Il s'agit d'un véritable tableau de bord, fort utile une fois votre site bien lancé.

- Tous ces services contiennent une détection de fraude, vous évitant ainsi toute mauvaise surprise.

Figure 13–4
Comparatif des solutions
de paiement en ligne – calcul
des frais et commissions
(Source :
http://www.creer-entreprise.com/
ECO/comparatif-solutions.php)

Banque / Service	Frais de mise en service (HT)	Abonnement mensuel (HT)	Commission par transaction	Coût mois N (€ HT)	Coût mois N+1
Solutions bancaires avec VAD					
Banque Populaire	200€	23€	1% + 0.17€		
BNP PARIBAS	410€	29.90€	0.4% + 0.15€		
Caisse d'Épargne	300€	15€	0.8% + 20€ /mois (100 transactions) + 0.5% /1 supp		
CRÉDIT AGRICOLE	242€	16€	NC		
Crédit du Nord	NC	NC	NC		
Crédit Mutuel	150€	15€	0.8% + 0.15€		
HSBC	125€	15€	0.8% + 0.15€		
Banque Postale	300€	15€	1.5% + 0.15€		
LCL	600€	16€	NC		
SOCIÉTÉ GÉNÉRALE	153€	NC	NC		
CIC	150€	15€	0.8% + 0.20€		
Solutions de tiers avec VAD					
bluepaid	235 à 255€	9.50€	0.21€		
CashTronics	149€	29.99€	2.5 à 8% + 0.40€ *		
Epay	390€		0.89€		
Fia-Net	700€	42€	0.25 à 0.70% *		
Klik And Pay	200€	20€	0.25 à 0.70% *		
PayBox	390€	21.71€ /100 transactions	0.061€ / transaction supplémentaire		
Payline	Gratuit	15€			
paysite-cash	200€	25€	0.08 à 0.15€		
ZEN	149€	14.90€ /100 transactions	0.09€ dégressif		
Ogone	300€	85€	0.14€		

Ne pas autoriser comme mode de paiement la carte bancaire revient à rejeter 80 % de vos clients. La question ne se pose même plus. Ce mode de paiement doit être proposé. La solution du PSP semble la plus adéquate, mais les coûts sont significatifs.

Les modes annexes

Il existe d'autres modes de paiement, comme la carte bleue virtuelle, le Bitcoin (accepté par certaines boutiques e-commerce), ou le chèque cadeau.

Pour les deux premiers, ce sont des modes de paiement relativement peu utilisés. Le chèque cadeau, en revanche, peut intéresser 10 % de votre clientèle. Chaque logiciel e-commerce valable propose ce genre de module en standard, qui ne demande qu'à être paramétré.

N'hésitez pas à activer les chèques cadeaux de votre logiciel e-commerce. Les clients apprécient.

14

Les expéditions

Figure 14–1 Bien organiser ses expéditions permet de réduire les frais facturés aux clients.

Attention aux frais de port trop élevés

Le chapitre précédent débutait par cette phrase : « Selon une récente étude de Digital Window Shopping dans son rapport "The Long Journey to Buy", 25 % des acheteurs abandonnent leur panier car les options de paiement ne leur conviennent pas. »

Vous me reprocherez peut-être de la jouer facile, de faire du copier-coller. Et pourtant cet autre chiffre, extrait du même rapport, interpelle davantage : 45 % des clients qui sont sur le point de payer abandonnent le processus d'achat car les frais de port font obstacle.

Or, en e-commerce traditionnel, 100 % des ventes passent par l'expédition. C'est dire si vous allez devoir tout mettre en œuvre pour que les frais de port calculés soient le plus bas possible. Ici, pas de module miracle, aucune formule magique. Ce sera à vous de prendre cet épineux point en charge.

Pour rappel, le but de cet ouvrage est de vous permettre de mieux cerner l'ensemble des étapes, des frais, du temps à prévoir pour lancer une boutique e-commerce. La gestion des frais d'expédition est probablement celle qui aura l'impact le plus direct sur vos ventes.

Trouver les transporteurs

Il est clair que ce chapitre ne vous sera utile que si vous escomptez bénéficier de plusieurs ventes par jour. Il n'est pas obligatoire que toute cette partie soit totalement au point pour les premiers jours du lancement de votre site.

Comme vous le constatez, nous parlons de transporteurs, au pluriel. Pourquoi envisager plusieurs transporteurs, et non pas un seul ? Tout simplement pour vous permettre de proposer le meilleur prix de livraison selon la demande de chacun des clients.

Des délais différents

Lorsque le client commande, il s'attend à un délai de livraison qui peut varier d'un achat à l'autre, d'une circonstance à l'autre. Si, par exemple, il vous commande un article qu'il compte offrir comme cadeau de mariage à son meilleur ami, et que ce mariage a lieu dans une semaine, le délai escompté doit être inférieur à 7 jours calendaires.

En revanche, s'il commande un livre en prévision de ses vacances qui débutent dans un mois, la rapidité du transporteur a moins d'importance. Or les prix que vous demanderont les transporteurs varient fortement en fonction des délais d'acheminement souhaités, de la possibilité ou non de livrer le colis en dehors des heures de bureau, du nombre de fois que ce colis sera représenté si le client est absent au moment de la livraison.

Vous pourriez par exemple prévoir trois transporteurs différents :

- le premier pour les expéditions urgentes, livrées dans les 24 heures ouvrables ;
- le deuxième qui annonce un délai de 2 à 4 jours selon la distance ;
- le troisième qui se chargera des livraisons nettement moins urgentes.

Comme le prix calculé par votre transporteur est fortement lié au délai, le client qui finalise sa commande aura la possibilité de choisir, non pas un transporteur, mais bien un délai. Ce ne sera plus, dans sa tête, un prix affiché pour une expédition, mais pour un délai de livraison. Il pourrait se retrouver devant un choix comme celui-ci (fictif).

Veuillez choisir votre mode de livraison :

1 Livraison expresse en 24 h : 40 euros TTC

2 Livraison standard (2 à 4 jours ouvrés) : 20 euros TTC

3 Livraison ECO (7 jours ouvrés) : 10 euros TTC

Si vous aviez opté pour ne travailler qu'avec un seul transporteur, livrant en 24 heures, tous vos clients auraient à payer le prix fort, 40 euros, alors qu'ils n'en ont peut-être pas besoin.

Proposer plusieurs transporteurs, avec des spécificités différentes, permet non seulement au client d'opter pour le service qui lui convient le mieux, mais également de transformer la notion de « prix imposé par le vendeur » en un « choix de délais proposés » que le client devra faire lui-même. La décision lui incombe.

Encore faut-il que les prix proposés restent au niveau le plus bas.

Les transports hors normes

Mais tous les transporteurs ne livrent pas tous les types de colis. Si par exemple vous vendez des articles pour le jardin, il n'est pas certain que le service standard de La Poste puisse se charger de l'expédition d'un râteau, d'une faux ou d'une brouette.

Dans ce cas, il serait utile de prévoir un transporteur complémentaire qui ne se chargera que des produits hors normes. Si le client passe une commande qui contient un produit hors norme, votre logiciel e-commerce le détectera automatiquement et ne proposera plus les trois premiers transporteurs. Le client n'aura plus qu'un seul choix, le plus adapté pour sa commande.

Calculer les prix

Chaque transporteur vous fournira un tableau qui détermine vos prix pour une livraison de tel poids, à telle distance. Vous avez tout intérêt à tenter de négocier les prix les plus bas possible, en argumentant sur le fait que plus faibles seront vos frais de livraison, plus vous aurez de commandes. Ce qui sera tout bénéfice pour le transporteur.

Figure 14–2

Exemple de tableau croisé qui vous est fourni par votre transporteur pour un délai déterminé. Dans ce cas particulier en provenance du site d'UPS, les zones déterminent des pays (au départ de la France).

Tarif des envois mono-colis

EUR

Poids									
1 kg	14,00	14,10	22,20	25,70	39,35	61,90	71,60	78,85	94,10
2 kg	14,15	14,55	22,55	26,20	39,90	62,45	73,10	82,70	106,95
3 kg	14,30	14,90	22,95	26,75	40,55	62,90	74,60	86,65	116,30
4 kg	14,60	15,30	23,40	27,15	41,05	63,40	76,10	90,60	125,65
5 kg	14,75	15,65	23,75	27,75	41,70	63,95	77,60	94,55	135,00
6 kg	15,00	16,05	24,05	28,25	42,15	64,40	79,15	97,15	139,20
7 kg	15,15	16,35	24,50	28,70	42,70	64,90	80,60	99,85	143,45
8 kg	15,35	16,70	24,90	29,20	43,35	65,40	82,05	102,45	147,70
9 kg	15,50	17,10	25,20	29,70	43,80	65,95	83,55	105,05	151,95
10 kg	15,65	17,55	25,60	30,25	44,45	66,40	85,10	107,60	156,15
12 kg	16,25	18,25	26,55	31,85	45,80	67,80	86,55	111,15	164,75

Ce genre de tableau (figure 14-2) vous servira pour l'encodage des frais de livraison dans les paramètres de votre logiciel e-commerce. La seule remarque est que ces prix sont vos prix d'achat, ceux qui vous sont facturés par le transporteur. À vous d'établir un tableau similaire, par transporteur, avec les prix que vous comptez facturer.

> Puisque 45 % des clients ne finalisent pas leurs achats car ils estiment les frais de livraison trop élevés, je ne puis que vous conseiller de limiter au maximum la marge que vous prenez sur les frais de transport, et même de ne pas en prendre. Considérez cela plutôt comme un service à prix coûtant.

Intégrer des données dans son logiciel

Nous allons repartir de l'exemple de PrestaShop, et vous montrer les principales étapes d'encodage des données de frais de livraison. Les autres logiciels e-commerce se basent à peu près sur ce principe.

Définir les paramètres d'un transporteur

Les données générales

Pour chaque transporteur, vous commencerez par introduire les données générales :

* le nom du transporteur, dans notre cas UPS ;
* les délais de livraison. Ce texte sera présenté au client en regard du calcul des frais de livraison ;
* un ordre d'affichage (« vitesse » dans la figure 14-3) ;
* une URL de suivi.

L'URL de suivi n'est pas disponible pour tous les transporteurs. Elle est néanmoins fort intéressante si vous pouvez l'avoir. Elle sert à communiquer automatiquement au client un numéro de « suivi » qui lui permet de suivre les étapes d'acheminement de son colis auprès du transporteur choisi.

Figure 14–3
Enregistrement des données générales d'un transporteur dans PrestaShop 1.6

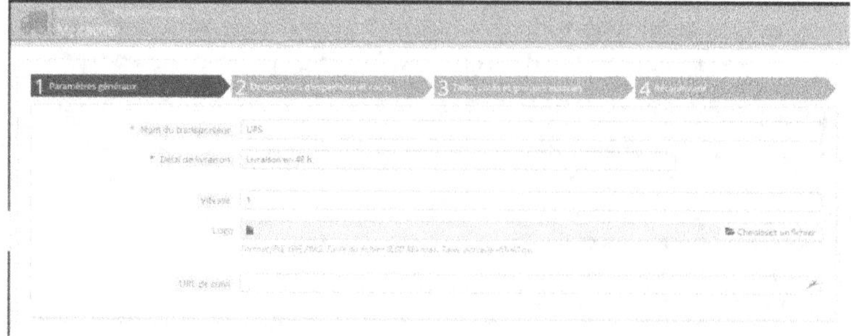

Les plages de poids ou de prix

Ensuite, vous ajouterez tous les prix, par tranches de poids et par zone. Une zone pouvant être une localité, une région, un département, un pays, un groupement de pays, un continent, etc.

Si vous le souhaitez, vous pouvez également adopter la technique qui lie le prix du transport au prix du produit. Vous travaillez alors par tranches de prix. Par exemple, pour une commande de 1 à 50 euros, vous calculez 15 euros de frais de transport, entre 51 et 100 euros vous demandez 20 euros, etc. Mais cette méthode est peu utilisée.

Comme vous le voyez à la figure 14-4, nous avons enregistré les six prix, pour les six tranches de poids de la zone 1 d'UPS.

Figure 14–4
Enregistrement des prix,
par tranches de poids
de la zone 1 d'UPS

Les dimensions et poids maximaux autorisés par ce transporteur

Le dernier écran nous demande de préciser, pour ce transporteur, les limites autorisées :
* la hauteur maximale du paquet ;
* la largeur maximale du paquet ;
* la profondeur maximale du paquet ;
* le poids maximal du paquet.

C'est grâce à ces données que votre logiciel pourra déterminer les transporteurs qu'il peut proposer au client. Si par exemple un transporteur n'autorise pas de colis dont la longueur dépasse 100 cm, le logiciel l'éliminera automatiquement si votre client commande un râteau ou une brouette.

Figure 14–5
Enregistrement des limites
autorisées par le transporteur

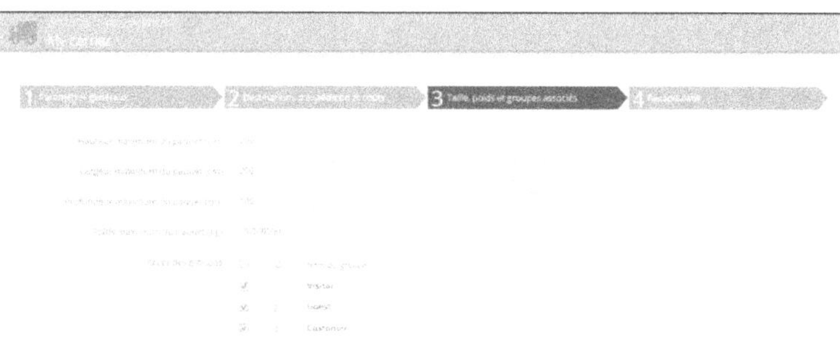

Dans PrestaShop, vous pouvez également créer des prix de livraison différents en fonction de la catégorie dans laquelle se trouve votre client. Imaginons que vous ayez deux catégories de clients : les clients normaux et vos revendeurs. Vous avez la possibilité de créer deux tableaux différents pour le transporteur UPS, avec des tranches de poids et des prix différents. Le programme choisira automatiquement le bon tableau en fonction de la catégorie dans laquelle le client est enregistré.

> **Remarque**
>
> Le calcul des frais de livraison se fait automatiquement en fonction de l'ensemble des produits contenus dans le panier du client. Le programme calcule en permanence le poids total pour connaître le prix à afficher.

Définir les paramètres de livraison dans les articles

Comment le logiciel peut-il savoir quel est le poids de l'article et ses dimensions ? Très simplement. Vous aurez pour tâche de les encoder dans chacune des fiches de vos articles.

Vous devrez lui communiquer :

- la largeur du colis ;
- la hauteur du colis ;
- la profondeur du colis ;
- le poids du colis.

Comme vous le constatez, on parle ici de « colis ». Il s'agit de l'unité de vente emballée, prête à être expédiée. Si vous commercialisez des CD, ce n'est donc pas la dimension de la boîte du CD qu'il faut mesurer, mais bien de l'emballage d'expédition qui va le contenir. Et c'est également le poids cumulé du CD et de son emballage qu'il faut référencer.

Cela peut poser problème si vous avez différents emballages en fonction des quantités commandées. Il est probable que pour expédier cinq CD vous utiliserez une boîte un peu plus grande que celle de l'expédition unitaire, et pas cinq boîtes unitaires.

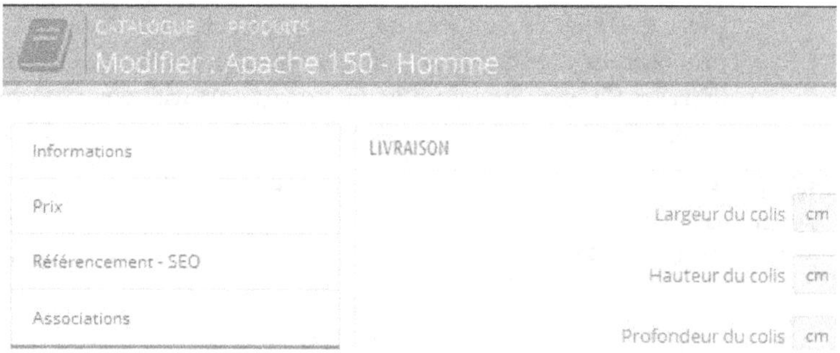

Figure 14–6
Enregistrement des données de livraison pour le T-Shirt Apache 150. L'article étant vendu par caisse de cent pièces, ce sont les dimensions et poids de la caisse qui sont encodés.

L'enregistrement des données de dimensions et poids de chaque article sont des manipulations longues et contraignantes, mais obligatoires.

Pour les articles, le seul conseil est de bien préparer votre travail, de mettre dès à présent toutes les données de vos articles dans un tableur qui contiendra tant la référence que le nom de l'article, la description, les textes pour les balises de référencement, de mesurer et peser chaque colis. Mieux la préparation sera faite, plus rapide sera l'encodage.

Pour vos transporteurs, négociez. Puis créez également des tableaux de prix par zone et tranche de poids. L'enregistrement de ces données sera nettement simplifié et vous aurez une vue claire des frais demandés aux clients. En calculant les frais de livraison, n'oubliez pas que « 45 % des clients ne finalisent pas leurs achats car ils estiment les frais de port trop élevés ».

15

La facturation

	Référence	Px.Unitaire HT	Qté	Total
00 - Support d'impression : Polypropilène				
	DME ROLLUP 85	49,00 eur	1	49,00 eur
...mages	VS TRT IMG	10,00 eur	1	10,00 eur

Descriptions	Taux TVA	Totaux HT	Taxes	Totaux
Produits:	21,000 %	59.00 eur	12.39 eur	71.39 eur
Livraison:	21,000 %	0.00 eur	0.00 eur	0.00 eur
Total		59,00 eur	12.39 eur	**71,39 eur**

Figure 15–1 L'e-commerce ne connaît pas de frontières.

E-commerce et TVA intracommunautaire

Ce court chapitre sera probablement complexe à vos yeux. Tout comme le sont les règles de facturation en Europe. Lancer une e-boutique en vous disant que seuls les clients français commanderont est une utopie. Car si les commandes commencent à affluer en provenance du Luxembourg ou de l'Allemagne, vous n'allez probablement pas les refuser.

Nous allons seulement résumer les principaux cas, énoncer les autres, et attirer votre attention sur des éléments importants à prendre en considération. Au terme de ce chapitre, la seule conclusion possible sera de vous faire aider par un comptable dès que vous devrez honorer des commandes en provenance de l'étranger. Car l'e-commerce vous obligera, tôt ou tard, à vous conformer aux règles intracommunautaires, voire internationales.

La facture

Le premier point à rappeler est que la facture est obligatoire. Elle doit être éditée, au plus tard, lorsque l'e-commerçant expédie la marchandise. Actuellement, les factures dématérialisées, comme le PDF, sont généralement autorisées. Il n'est plus nécessaire d'expédier un document papier à l'acheteur. La version PDF peut lui être envoyée par e-mail ou mise à disposition en téléchargement.

Que doit-elle contenir ?

Nous n'allons pas nous attarder sur le contenu détaillé de la facture. Il est assez classique. Néanmoins, vous devrez vous assurer que votre dénomination et votre adresse complète s'y trouvent, ainsi que votre numéro SIREN ou SIRET et votre code NAF pour la France, votre numéro de TVA intracommunautaire pour de nombreux autres pays de l'Union européenne.

Les coordonnées exactes de votre client doivent également apparaître sur la facture. S'il s'agit d'une personne morale (société), ses numéros SIREN/NAF/TVA (selon les pays) doivent obligatoirement s'y trouver et être valides. En cas de numéros erronés, le vendeur pourrait se voir obligé de payer la TVA qu'il aurait dû facturer au client s'il avait été un particulier. En clair, si votre client est une société et que son numéro de TVA est erroné ou absent de la facture, la TVA doit être acquittée.

Avec ou sans TVA ?

Votre client est un particulier (BtoC)

Contrairement à ce qui se passe dans un magasin, vous devrez normalement appliquer la TVA du pays du client. Oui, vous avez bien lu, « du pays du client ».

Néanmoins, il y a une exception intéressante. Si votre chiffre d'affaires, pour une année calendaire, pour un pays déterminé, ne dépasse pas un certain seuil, vous pouvez opter pour une solution plus simple qui consiste à appliquer la TVA normale de votre propre pays.

Pour vous donner quelques exemples de seuils, ils sont fixés actuellement à 35 000 euros pour le total des ventes annuelles vers la Belgique, l'Espagne, l'Italie ou le Portugal. Vers la France (au départ d'un autre pays de l'UE) le seuil est de 100 000 euros, ainsi que pour le Luxembourg ou les Pays-Bas.

Attention, si vous dépassez d'un seul euro ce plafond, publié chaque année par la Commission européenne, cet euro superflu et tous les suivants devront être soumis au taux de TVA du pays du client. Mais si vous comptez arriver à ces montants, vous aurez certainement déjà pris contact avec votre comptable pour étudier cette législation en détail.

Votre client est une société (BtoB)

Une société dont vous avez le numéro de TVA intracommunautaire, et pour autant que ce numéro soit exact, impliquera une vente qui se fera hors TVA (HTVA). Ce sera à l'acheteur d'acquitter cette taxe dans son pays.

En pareil cas, votre facture devra obligatoirement mentionner l'article de loi qui lui permet de bénéficier de cette exonération de TVA, par exemple : « Exonération TVA, article 262 ter I du Code général des impôts » dans le cas des livraisons intracommunautaires. Cette mention est différente selon le pays dans lequel le vendeur se situe.

La TVA hors UE

Pour les pays hors de l'Union européenne, la TVA ne s'applique pas non plus. Mais vous devrez remplir d'autres documents, comme une déclaration douanière.

Et ce n'est pas tout. D'autres formalités vous seront probablement demandées pour chaque exportation. Chaque pays a ses propres exigences. Ci-dessous, une liste des documents susceptibles de devoir accompagner une vente à l'exportation :

- une liste de colisage ;
- un certificat d'origine des marchandises ;
- un certificat de conformité ou phytosanitaire ;
- une facture pro forma ;
- une attestation d'assurance.

Remarque

Les envois vers les départements d'outre-mer sont soumis à une réglementation plus légère. Renseignez-vous si vous souhaitez vendre vers ces pays.

Pour rappel, la Suisse ne fait pas partie de l'Union européenne. Il s'agit donc bien d'une exportation, avec toutes les formalités qui s'y ajoutent.

Intégrer des factures dans sa comptabilité

Pour chacune des ventes, si votre programme est bien paramétré, une facture sera automatiquement expédiée vers le client ou mise à sa disposition en téléchargement.

Mais votre logiciel e-commerce n'est pas un logiciel comptable. Il est probable que vous disposiez déjà d'une comptabilité informatisée à laquelle vous êtes habitué.

En pratique, vous serez obligé de réimprimer chaque facture émise afin d'en garder une trace papier pour votre propre comptabilité. Vous devrez également introduire manuellement, dans votre comptabilité, l'ensemble des factures émises par votre logiciel. Sachant que celui-ci dispose de sa propre numérotation de factures et d'avoirs et que les taux de TVA peuvent varier d'une facture à l'autre, ceci n'est pas de nature à vous simplifier la tâche.

L'e-business vous amènera vite à vendre vos produits à l'étranger. Vous ne pouvez ignorer les différentes législations liées à l'application correcte des taux de TVA, ni les documents douaniers à joindre obligatoirement aux expéditions.

Vous avez tout intérêt à surveiller de près vos chiffres de vente vers les pays étrangers afin de ne pas dépasser les limites annuelles autorisées. Et de faire appel à un comptable pour vous aider dans ce domaine.

16

Les obligations administratives du site

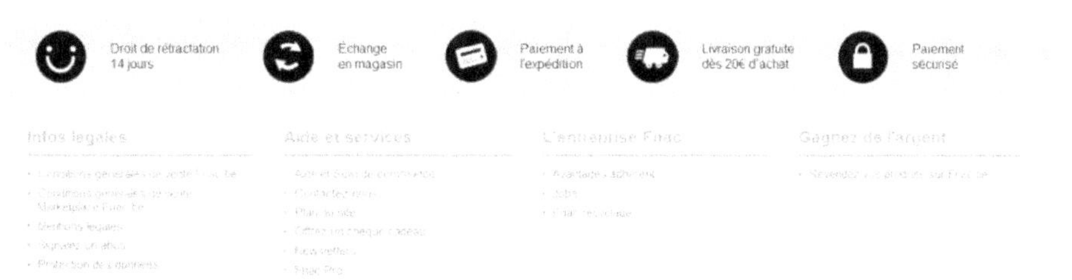

Figure 16–1 Bas de page du site de la Fnac, reprenant toutes les informations légales

L'obligation d'afficher différentes informations

N'ayant pas trouvé d'informations précises en France, je me baserai sur une récente étude réalisée par le Service public fédéral économie (SPF Économie) en Belgique qui précise que 64 % des sites e-commerce sont en infraction. C'est nettement mieux que lors de la précédente étude, en 2011, qui recensait près de 80 % de sites en infraction.

Néanmoins, 64 % des sites risquent de grosses amendes, jusqu'à 10 % du chiffre d'affaires de l'entreprise. Comme les contrôles deviennent de plus en plus fréquents, il vous est chaudement recommandé d'attacher beaucoup d'importance aux informations obligatoires qui doivent être clairement affichées sur votre site. Et de vous assurer qu'elles répondent à la législation du pays au départ duquel vous commercez.

Pour l'affichage de ces différents textes, qu'il s'agisse des conditions de garantie, des conditions générales de vente, des mentions légales et autres textes officiels, le plus simple est de prévoir, dans le pied de page de votre boutique, un petit menu qui contient des liens vers ces différents documents. Un très bel exemple provient du site de la Fnac, où vous trouverez centralisées toutes les informations administratives utiles dans le pied de page du site (figure 16-1). Un simple clic sur un des points de menu et le texte complet s'affiche (figure 16-2).

Figure 16–2

Un simple clic sur un des points du menu de bas de page, dans cet exemple les conditions générales de vente, nous affiche le texte complet.
(Source : http://www.fr.fnac.be/Help/fnaccom-cgv.aspx#bl=foot)

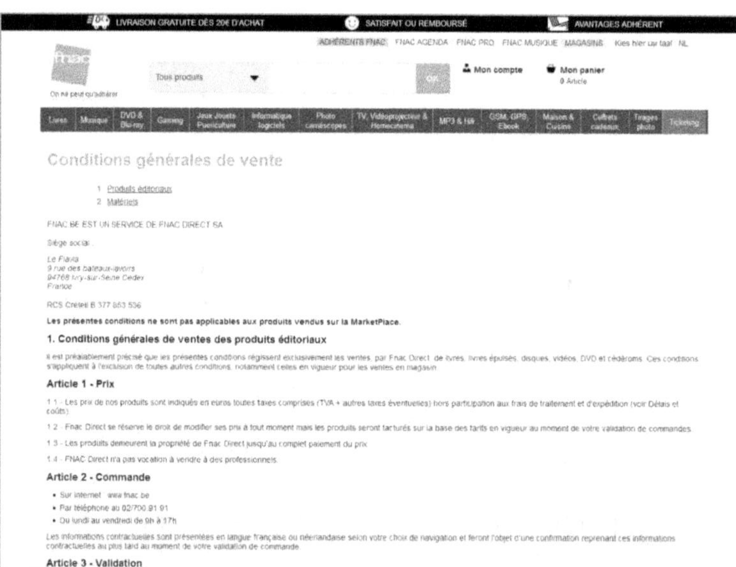

L'identité de l'e-commerçant

Un premier point de menu pourrait consolider toutes les informations relatives à l'identité de l'entreprise. Il faut obligatoirement y détailler, au minimum, les données suivantes.

- L'identité de l'entreprise : nom commercial, dénomination complète, numéro SIREN ou de la Banque-Carrefour (pour la Belgique), le numéro de TVA intracommunautaire, le capital social s'il s'agit d'une personne morale.
- L'adresse géographique complète du siège social (une boîte postale n'est pas autorisée), son numéro de téléphone, un éventuel numéro de télécopie s'il existe, une adresse de courrier électronique.
- L'adresse géographique complète du siège commercial de l'entreprise, si elle n'est pas identique à celle du siège social, un numéro de téléphone, de télécopie (s'il existe) et une adresse de courrier électronique.

Si votre activité commerciale est liée à une profession réglementée, vous devez préciser l'association professionnelle auprès de laquelle vous êtes inscrit, et les références d'acceptation.

Pour la France, il est également obligatoire de mentionner l'identité et l'adresse de l'hébergeur de votre site e-commerce.

Vocabulaire

Un hébergeur web (ou hébergeur Internet) est une entité ayant pour vocation de mettre à disposition des internautes des sites web conçus et gérés par des tiers. Il donne ainsi accès à tous les internautes au contenu déposé dans leurs comptes par les webmasters, souvent via un logiciel FTP ou un gestionnaire de fichiers. Pour cela, il maintient des ordinateurs allumés et connectés 24 heures sur 24 à Internet (des serveurs web par exemple) par une connexion à très haut débit (plusieurs centaines de Mbit/s), sur lesquels sont installés des logiciels : serveur HTTP (souvent Apache), serveur de messagerie, de base de données, boutique e-commerce, bibliothèque d'images... (Source : Wikipédia)

Les conditions générales de vente

Vous détaillerez vos conditions générales de vente, qui constituent le contrat qui vous lie à l'acheteur. Il est vivement conseillé de faire appel à un professionnel pour rédiger ces conditions car elles sont en général assez complexes. Sachez qu'il est interdit de copier-coller les conditions d'un de vos concurrents, cette pratique étant punie par la loi.

Voici quelques idées résumées de sujets à aborder dans vos CGV.

Les prix

Vous devez préciser si vos prix sont affichés hors taxe ou toutes taxes comprises, si les frais d'expédition sont inclus ou pas. Si des frais s'ajoutent automatiquement à certains produits, ils doivent être décrits dans vos CGV.

Les modes de paiement acceptés

Précisez les moyens de paiement que vous autorisez, comme les cartes bancaires, PayPal, bons d'achat, etc.

Dans le chapitre que nous avons consacré aux modes de paiement, lorsque nous parlons des chèques, je vous conseille de détailler le mode de traitement d'une commande payée par chèque, et de l'influence de ce mode de paiement sur la date de prise en compte de la commande. C'est également le cas pour les paiements par virement ou transfert bancaire.

Afin d'éviter toute discussion, rien ne vous empêche de reprendre également ces mises en garde dans vos CGV lorsque vous parlez des modes de paiement.

Les délais de livraison

Vous êtes légalement tenu d'indiquer les délais de livraison dans vos conditions générales de vente.

Cette obligation est parfois difficile à respecter si vous avez des produits dont les délais de livraison sont différents, ou si certains sont façonnés à la demande du client. En pareil cas, il est intéressant d'expliquer que ce délai peut être différent par produit et que le client aura, tout au long de sa commande, l'information précise du délai de livraison de chaque produit séparément.

Si les délais sont exprimés en nombre de jours, veuillez préciser s'il s'agit de jours ouvrables ou de jours calendaires afin d'éviter tout malentendu.

Le droit de rétractation

Pour tout achat, l'acheteur dispose d'un délai de rétractation de quatorze jours. Ce délai compte à partir de la réception physique du bien par le client (et non pas de l'expédition de la commande).

> Attention, les informations sur le droit de rétractation doivent être clairement affichées sur votre site. Si elles n'y figurent pas, le droit de rétractation est étendu à douze mois.

Formulaire de rétractation

Un formulaire de rétractation doit être proposé au client sur votre site e-commerce. Il peut s'agir d'un formulaire électronique (à remplir en ligne), ou d'un document PDF que le client peut télécharger et vous retourner par courrier électronique.

Frais de retour sur les rétractations

Les informations sur les frais de retour, en cas de rétractation, doivent être stipulées dans vos CGV. Légalement, elles sont à la charge de l'acheteur.

Remboursement de la commande en cas de rétractation

Le remboursement de la commande et des frais de livraison doit être effectué dans les quatorze jours après exercice du droit de rétractation. Sauf accord avec le client, il sera effectué par le même moyen de paiement que celui utilisé lors du règlement la commande.

Si c'est indiqué dans vos CGV, le remboursement peut être postposé jusqu'à réception du colis que le client vous a retourné.

Les exceptions au droit de rétractation

Certains produits ne bénéficient pas de ce droit à la rétractation. Ces informations étant fort complexes, je vous conseille de vous référer aux dernières informations que vous pourrez trouver sur Internet et plus particulièrement sur le site de la Communauté européenne « Eur-lex » (http://eur-lex.europa.eu/legal-content/FR/TXT/?uri=CELEX:32011L0083).

Voici quelques exemples de produits qui ne bénéficient pas du droit à la rétractation :
- les produits à caractère spéculatif, comme le vin ;
- les produits fortement personnalisés pour l'acheteur comme des albums photo personnalisés, des T-shirts personnalisés, impressions, etc. ;
- les produits qui ne peuvent plus être dissociés, comme le carburant ;
- les produits susceptibles de se détériorer rapidement ;
- les produits sous scellés (CD, DVD, logiciels) ;
- les produits d'hygiène sous scellés et descellés par l'acheteur ;
- les produits fabriqués sur mesure pour le client, comme des rideaux ;
- etc.

Remarque

Pour une commande mixte, contenant des produits ayant droit à la rétractation et des produits appartenant aux exceptions, c'est produit par produit que le droit s'applique.

L'obligation d'avertir le client s'il commande un produit sans droit de rétractation

Si un produit fait partie des exceptions, le client doit obligatoirement être averti de la non-application de son droit à la rétractation pour ce produit.

La garantie

Tout comme pour un commerce classique, en France, « l'e-commerçant doit assurer la garantie légale de conformité qui permet au consommateur de choisir entre échange et réparation, en cas de défaut de fabrication ou de panne pendant deux ans. Le professionnel est tenu de répondre à cette demande dans un délai maximum d'un mois » (Source : http://vos-droits.service-public.fr/professionnels-entreprises/F23455.xhtml).

De plus, le projet de loi « Hamon » précise également que le consommateur doit être informé de l'existence de la garantie légale de conformité pour les biens. Cela signifie que sur votre site e-commerce, il est obligatoire d'avoir une page bien visible qui décrit les conditions de garantie. Elles ne peuvent être inférieures aux conditions légales.

Sur certains sites, on a pu constater que le vendeur signale que c'est la garantie du constructeur qui entre en ligne, et que l'acheteur doit s'adresser directement au constructeur. Sachez que cette clause est illégale. Le vendeur est tenu de prendre en charge le produit qu'il a vendu. Il est également responsable de sa réparation. Le client a le droit de vous retourner le produit défectueux.

Retour sous garantie

Si un produit est défectueux, les frais de retour engagés par le client doivent être remboursés.

Figure 16–3
La législation européenne sur les pratiques de l'e-commerce a entraîné des modifications législatives dans la majorité des pays de l'Union.
(Source :
http://addons.prestashop.com/fr/modules-processus-de-commande/16914-cgv-sur-factures-loi-hamon.html)

Les autres obligations administratives

La protection des données personnelles

Tout e-commerçant collecte toujours des informations personnelles sur le client. Par exemple son adresse de courrier électronique. Il est tenu d'effectuer une déclaration simplifiée auprès de la CNIL.

La date de livraison

Vous êtes tenu de spécifier une date limite de livraison avant la validation de la commande par votre acheteur. Cette date doit tenir compte des éventuelles ruptures de stock. À défaut de cette information, l'e-commerçant est censé délivrer le bien ou le service dès la conclusion de la commande.

Le récapitulatif de la commande sur une seule page

En fin de commande, un récapitulatif de tout ce qui la compose doit être proposé avant de valider le paiement. L'e-commerçant doit indiquer, sur une même page, les articles qui composent sa commande, les options, l'adresse de livraison, le mode de livraison, le délai de livraison, la totalité des coûts. Au niveau de la livraison, l'acheteur devra être averti lorsque le délai de livraison d'un produit est plus important qu'un autre.

Le bouton de validation de la commande

À la dernière étape de la commande, lors du paiement, le bouton de validation devra obligatoirement mentionner : « Commande avec obligation de paiement », ou une formule analogue.

Les cases précochées

Il est interdit de précocher une série de cases comme celles d'acceptation des conditions générales de vente, d'acceptation des newsletters, du choix du mode de livraison, d'ajout d'options payantes.

Le courriel de confirmation de commande

Il doit être expédié au client dans un délai raisonnable, et doit reprendre toutes les notions essentielles de sa commande.

Les modules standards

Pour vous faciliter la vie, plusieurs éditeurs de logiciels e-commerce ont développé des modules standards qui se chargent de l'affichage des données et qui vous aident à ne rien oublier comme texte légal.

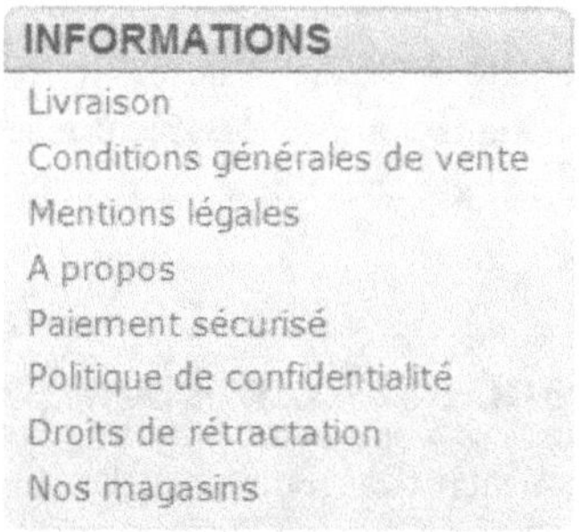

Figure 16–4
Exemple de module PrestaShop
qui affiche sur votre page d'accueil
un menu avec des liens vers tous
les textes légaux.
(Source :
http://addons.prestashop.com/fr/
modules-processus-de-commande/
16914-cgv-sur-factures-loi-
hamon.html)

INFORMATIONS

Livraison
Conditions générales de vente
Mentions légales
A propos
Paiement sécurisé
Politique de confidentialité
Droits de rétractation
Nos magasins

L'affichage des données administratives du site est une obligation pour l'e-commerçant. Certaines des informations décrites dans ce chapitre sont très récentes et valables pour de nombreux pays de la Communauté européenne tels que la France, la Belgique, etc. Pour la Belgique, ces informations sont obligatoires depuis le 31 mai 2014, date de la transposition de la directive européenne 2011/83/UE relative aux droits des consommateurs. Pour la France, la loi « Hamon » du 17 mars 2014 imposait une mise en application de ces obligations pour le 14 juin 2014. Attachez-y de l'importance, car au moindre litige, si votre site ne respecte pas ces obligations d'informations, vous serez perdant et risquez de vous exposer à de lourdes amendes.

17

Le graphisme du site

Figure 17–1 Partie supérieure de la page d'accueil d'un site américain de vente de couteaux

Ne pas faire confiance à son informaticien

Autant faire appel à une agence « webdesign » pour créer une boutique e-commerce me semble être une grossière erreur, autant créer cette boutique sans cette agence l'est également. Rares sont les informaticiens artistes, et rares sont les artistes informaticiens. Ces deux passions sont, en général, mutuellement exclusives. Vous pouvez avoir le meilleur produit du monde à proposer sur votre boutique, si votre site n'est pas attrayant, si son ergonomie n'est pas adaptée aux articles que vous commercialisez, nombreux seront les clients qui passeront leur chemin. Qui n'accrocheront pas et iront acheter ailleurs.

Une étude intitulée « *Prettier websites make for more trusting web surfers, study finds* » du Dr Brent Coker, de l'université de Melbourne, débutait par ces quelques phrases : « En tant qu'êtres humains orientés par l'esthétique, nous sommes intuitivement enclins à faire confiance aux belles personnes. Il en va de même pour les sites Internet. Notre comportement dans la vie réelle se transpose dans notre activité sur Internet. [...] Les sites actuels, devenant de plus en plus attrayants, favorisent le sentiment de sécurité auprès de l'acheteur. » (Traduction libre, source : http://benews.unimelb.edu.au/2011/prettier-websites-make-for-more-trusting-web-surfers-study-finds/).

Afin de mettre toutes les chances de votre côté, pour la partie graphique, faites-vous aider par des gens de métier. Sans cela, le pire peut arriver.

Les ratés de l'histoire

Le chapitre précédent parlait des obligations administratives, ce qui n'était guère amusant. Profitons de celui-ci pour nous dérider quelque peu. Voici quelques exemples réels de sites et boutiques web dont le graphisme semble avoir été imaginé par des enfants d'école maternelle. Collages et pâte à modeler (plasticine pour les lecteurs belges) devaient être au programme de la journée.

Je ne résiste pas à commencer par mon préféré.

Figure 17–2
Souvent classé comme site
le plus laid du monde

Iriez-vous commander le moindre article sur cette boutique ? N'hésitez pas à leur rendre une petite visite et à cliquer sur un article de votre choix. Tout le site est forgé dans ce même moule.

Un site de l'élevage de Yorkshire terriers mérite également le détour. Tant pour ses couleurs que pour son côté « kitsch ».

Figure 17–3
Cliquez sur « Entrez », vous ne serez pas déçu.

L'exemple suivant provient d'une société de traitement des eaux, qui montre fièrement sur sa page d'accueil qu'elle existe depuis trente-cinq ans. Vous l'aurez deviné à la figurine, il s'agit d'une société grecque.

Figure 17–4
La page d'accueil ne semble plus avoir été mise à jour depuis cinq ou six ans.

Mais rassurez-vous, on trouve également de beaux exemples plus proches de nous. Passons la frontière pour nous rendre en Suisse, dans un superbe hôtel de Zurich. Ils ont poussé la subtilité jusqu'à transformer votre curseur en une tête de vache (suisse) avec sa magnifique cloche. Si, si, c'est bien réel. Et chaque fois que votre « curseur-vache » passe au-dessus d'un lien cliquable, la cloche sonne. Relaxez-vous quelques instants. Visitez ce site !

Figure 17–5
Heureusement, le patron de l'hôtel nous accompagne sur toutes les pages.

Je ne voudrais pas abuser. De plus, les captures d'écran de ces sites ne sont pas toujours représentatives des améliorations graphiques qu'apportent les animations que certains informaticiens aiment ajouter sur leurs pages. Aussi je vous laisse juge avec quelques URL de plus, juste pour vous faire une idée de ce qu'il ne faut pas faire.

1. Constellation7.org. La page d'accueil vous fait fuir. http://www.constellation7.org/Constellation-Seven/Josiah/Index.htm

2. Pennyjuice.com, l'art de mettre des couleurs. http://www.pennyjuice.com/htmlversion/whoispj.htm

3. Mercia Tourist Board, ou comment perdre ses visiteurs dans cette masse de liens et de sujets. http://www.merciame.ic24.net/Merciame.html

4. Angelfire.com. Montez le son, la cavalerie approche. http://www.angelfire.com/super/badwebs/

5. The Afterlive. Attention, cela bouge. http://heaven.internetarchaeology.org/heaven.html#bottom

Ne pas réinventer la roue, utiliser les gabarits

Il y a quelques années, créer une page d'accueil agréable pour un site e-commerce passait obligatoirement par de nombreuses discussions, des maquettes, des modifications à n'en plus finir. Car quoi de plus difficile que de se mettre d'accord sur la couleur de fond, sur celle du menu du haut, du bas de page, sur les caractères à utiliser, la forme des boutons, etc. ? Tout cela prenait du temps. Beaucoup de temps. Non pas en codage ou programmation, mais bien en réflexion, en décision, en avis demandés à gauche ou à droite. Actuellement, rares sont les sociétés informatiques, les agences web qui travaillent encore de cette manière. Toutes, ou presque, se basent sur des gabarits existants.

Vocabulaire

Un gabarit, souvent nommé avec les anglicismes template ou layout, est un patron de mise en page où l'on place images et textes. Aussi est-il souvent utilisé de manière répétitive pour créer des documents présentant une même structure. On parle également de patron, comme en couture.
Par extension, en informatique, un template est un moyen de séparer le fond (le contenu informationnel) de la forme (la manière dont il est présenté). Très utilisé dans la conception de sites web, un template agit comme un modèle (une structure) dans lequel seuls certains éléments sont modifiables (le contenu et le style). Cela facilite la conception et la mise à jour des sites, aussi bien sur le contenu que sur la présentation. Changer la charte graphique du site revient à changer le template et cela met à jour toutes les pages du site ; ajouter une page ne consiste plus qu'à en écrire le contenu.

Vous trouverez sur Internet des centaines de gabarits différents qui peuvent s'adapter à presque toutes les catégories e-commerce. Nous en reparlons dans quelques instants.

Lors du choix de votre gabarit, vous n'aurez plus qu'à vous concentrer sur le modèle le plus proche de votre société. Celui qui vous ressemble, qui s'adapte à vos couleurs, à votre marché. Par exemple, il est inutile pour un vendeur d'accessoires religieux de choisir un gabarit aux couleurs vives, aux formes trop anguleuses, aux boutons agressifs. Il devra refléter le calme, la sérénité qui le caractérise. De même, si votre e-boutique propose des accessoires vestimentaires de luxe, évitez de vous orienter vers un template rose bonbon orné de petites figurines de dessins animés.

Un gabarit responsive

Avec l'essor exponentiel des smartphones et tablettes, il n'est plus pensable de développer une boutique qui ne soit pas « responsive ». Mais qu'est-ce donc exactement ?

Vocabulaire

Responsive : un site web adaptatif (anglais RWD pour responsive web design, conception de sites web adaptatifs) est une notion de conception de sites web qui regroupe différents principes et technologies dans laquelle un site est conçu pour offrir au visiteur une expérience de consultation optimale facilitant la lecture et la navigation. L'utilisateur peut ainsi consulter le même site web à travers une large gamme d'appareils (moniteurs d'ordinateur, smartphones, tablettes, TV, etc.) avec le même confort visuel et sans avoir recours au défilement horizontal ou au zoom avant/arrière sur les appareils tactiles notamment, manipulations qui peuvent parfois dégrader l'expérience utilisateur. (Source : Wikipédia)

Une autre définition, plus compréhensible, précise : « S'adapter à tout type d'appareil de manière transparente pour l'utilisateur. » (Source : http://www.alsacreations.com/article/lire/1615-cest-quoi-le-responsive-web-design.html)

Ou encore cette autre définition : le responsive design est la faculté d'un site web à s'adapter au terminal de lecture. Avec le responsive design, le contenu d'un site Internet s'adapte automatiquement à la largeur et/ou à la hauteur de l'écran qui le supporte.

Un site en responsive design adapte de lui-même le menu, la slidebar, les images et même sa structure pour être visible convenablement et sans zoom sur une tablette, un smartphone, une télévision ou un ordinateur. Par exemple, les colonnes peuvent s'ajuster, se déplacer, voire disparaître. Les images se redimensionnent, se replacent et il en va de même pour de nombreuses choses. (Source : http://www.agora-vita.com/com/le-responsive-design-vs-les-sites-mobiles.php)

La figure 17-6 illustre la mise en page dynamique des images, des boutons, des textes, consécutive à l'utilisation d'un gabarit de type « responsive ». Les ascenseurs horizontal et vertical ne sont plus nécessaires, la lecture et la manipulation sont plus aisées.

Figure 17–6
Exemple de gabarit de type
« responsive » proposé par
L.Theme.
(Source : http://ltheme.com/project/
lt-web-design-responsive-web-
development-web-design-joomla-
template/)

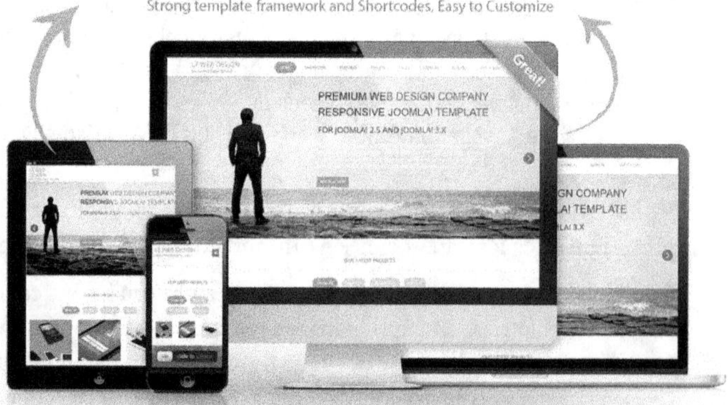

Inclure un diaporama

La page d'accueil doit intéresser le client. Lui proposer un défilement automatique d'images de haute qualité, liées aux produits que vous commercialisez, revient à garder son regard accroché.

Vocabulaire

En jargon informatique, le diaporama est souvent remplacé par l'anglicisme « slider », provenant lui-même du mot « slide » (diapositive). Le slider désigne alors un module qui fait défiler les images sur une de vos pages Internet.

Il existe de très nombreux modules de diaporama. Parfois simples, parfois très complexes. Les images utilisées peuvent se trouver sur le serveur qui héberge votre site, mais être également stockées, selon le module utilisé, via des services de gestion d'albums comme Picasa, Flickr, Snapfish, Shutterfly et bien d'autres.

La figure 17-7 montre un exemple de diaporama provenant d'un module du gabarit Joomla! « Cepon ». La partie de droite a été floutée afin de mieux faire ressortir le diaporama de cette page d'accueil.

La grande image, sur la gauche, défile toutes les 5 secondes (paramétrable), en même temps que les vignettes de la partie droite qui affichent les deux prochaines images qui seront publiées. Vous pouvez mémoriser autant d'images que vous le souhaitez.

Figure 17–7
Exemple de diaporama du template
« Cepon » pour le logiciel Joomla!.
(Source :
http://joomla.themesoul.com/
?theme=Cepon)

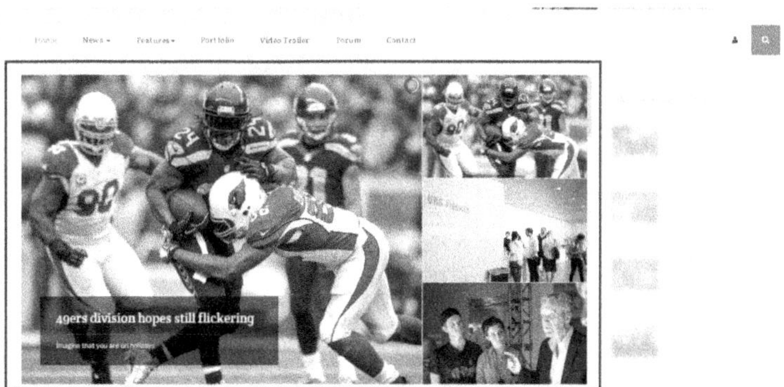

Autre exemple de diaporama, plus traditionnel. La grande image de la partie supérieure de la page d'accueil change toutes les 4 ou 5 secondes par fondu-enchaîné (figure 17-8). Ici également, vous pouvez inclure autant d'images que vous le souhaitez.

Lorsque vous choisissez un module de diaporama pour votre site, il est important de penser au cadrage des images. Si votre activité est de vendre des tours Eiffel miniatures, le choix d'un slider qui affiche des images de type « panoramique » horizontales n'est probablement pas la bonne idée. Le choix judicieux des images, leur cadrage, contraste et qualité sont le secret d'un bon diaporama.

Vocabulaire

Joomla! est un système de gestion de contenu (en anglais CMS pour *Content Management System*) libre, open source et gratuit. Il est écrit en PHP et utilise une base de données MySQL. Joomla! inclut des fonctionnalités telles que des flux RSS, des news, une version imprimable des pages, des blogs, des sondages, des recherches. (Source : Wikipédia)

CMS : abréviation de *Content Management System*, soit, en français, « système de gestion de contenu ». Il s'agit d'un programme informatique utilisant une base de données et permettant de gérer de A et Z l'apparence et le contenu d'un site web. Il permet à des individus ou à des groupes hiérarchisés de mettre à jour le contenu d'un site web à partir d'un panneau d'administration. Aujourd'hui, le CMS est une plate-forme de déploiement de sites web très populaire, permettant de créer des sites web complexes à moindre coût grâce aux nombreux CMS open source existant sur le marché. C'est de ces CMS dont nous allons parler, car même s'il existe des CMS payants, la grosse majorité des CMS déployés sont open source. (Source : http://www.cms.fr/definition-cms-content-management-system.php)

Figure 17–8
Exemple de diaporama du template
« Rockwall» pour le logiciel
Joomla!.
(Source : http://demo.gavick.com/
joomla25/rockwall/)

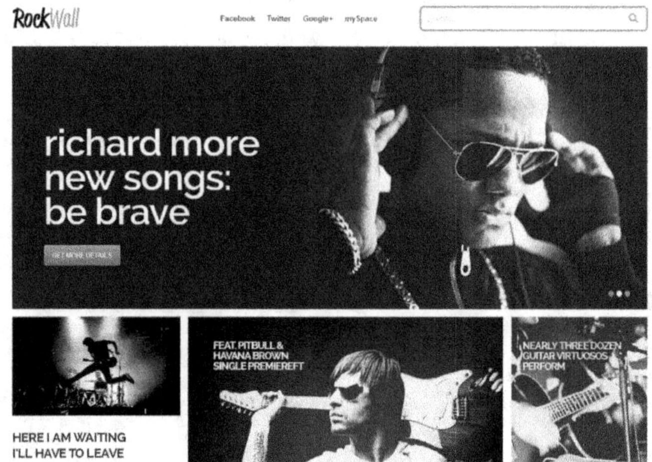

Un design adapté à ses produits

Lors du choix de votre gabarit, pensez à le faire correspondre au mieux au type de produits que vous souhaitez commercialiser. Prenez votre temps. Ne décidez pas tout de suite.

Le meilleur moyen de travailler est de faire une recherche sur Google en précisant le nom du logiciel e-commerce que vous aurez choisi. Vous chercherez par exemple « template magento » si vous avez opté pour le produit « Magento », ou « template PrestaShop », ou « template VirtueMart ». Chacune de ces réponses contiendra souvent de nombreux exemples de gabarits différents classés par catégories, comme « mode », « technologie », « soins et beauté », etc. Ces classements sont assez subjectifs. Et rien n'empêche de vendre des articles de pêche en se basant sur un gabarit de la catégorie « technologie ».

La seule exception réelle concerne l'habillement, la mode. En effet, la vente d'articles d'habillement est assez spécifique. Car chaque modèle, un « T-shirt Apache Homme » par exemple, doit pouvoir se décliner en tailles/coloris. Cela signifie que la page de l'article comporte une série d'options supplémentaires qui ne sont pas disponibles dans les templates traditionnels. Si votre e-boutique est destinée à vendre de l'habillement ou des chaussures, orientez-vous vers la catégorie « Mode/Fashion ». Ne vous aventurez pas dans le choix d'un template traditionnel, l'adaptation aux spécificités du commerce de l'habillement vous coûterait très cher.

Figure 17–9
Exemple de site présentant des gabarits pour le programme e-commerce « Magento ». Dans ce cas, Joomlart nous propose près de cent trente gabarits regroupés dans six catégories différentes.
(Source : http://www.joomlart.com/magento/themes)

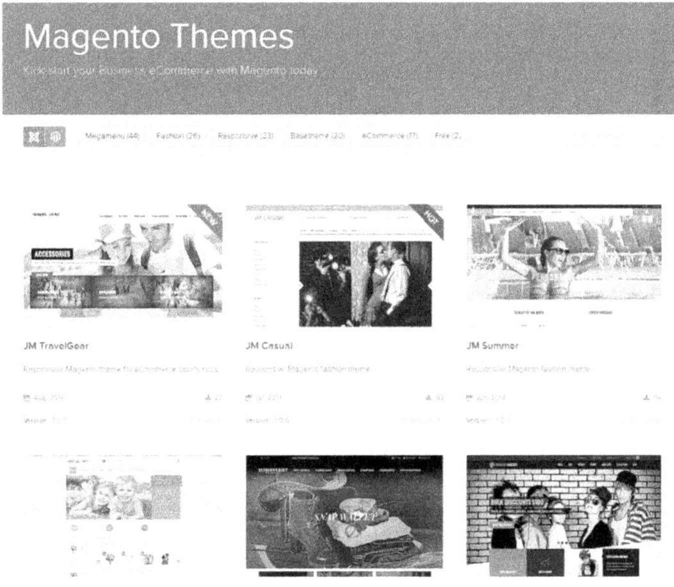

Figure 17–10
Autre exemple, pour l'e-commerce « PrestaShop ». Cent soixante-quatre gabarits différents proposés par Themeforst.net, regroupés en six catégories également.
(Source : http://themeforest.net/category/ecommerce/prestashop/shopping)

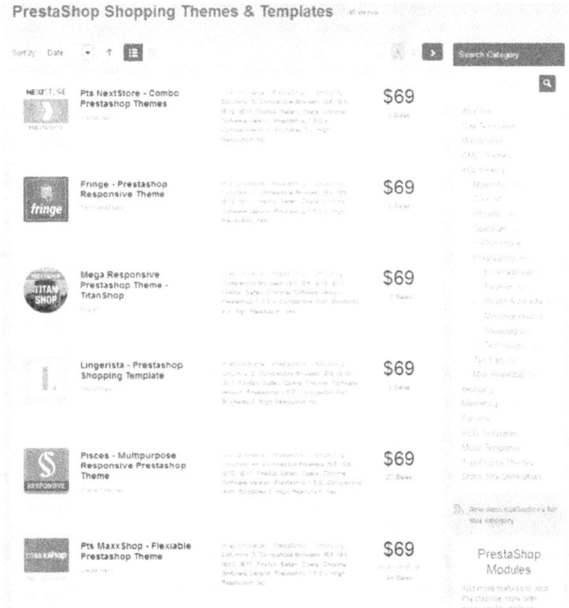

Comme vous le constatez, ce ne sont pas les gabarits qui manquent. Pour chacun d'eux, vous avez un aperçu de ce à quoi il ressemble. Et s'il vous plaît, n'hésitez pas à l'examiner dans le détail. Pour ce faire, tous ces sites qui proposent des gabarits ont prévu un bouton de présentation complète « Live Demo » qui vous permet de visualiser ce template en fonctionnement réel.

Figure 17–11
Chez Joomlart, le survol de votre curseur au-dessus du template qui vous attire fait apparaître le bouton « Live Demo ».
(Source : http://www.joomlart.com/magento/themes)

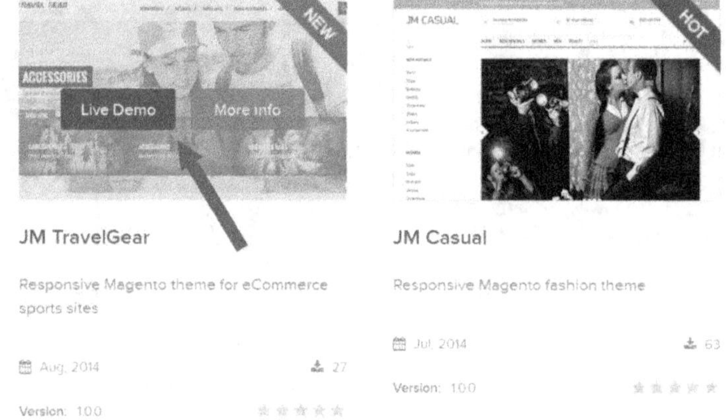

Figure 17–12
Un simple clic, et vous pouvez visualiser en grandeur nature ce que donnerait ce template en fonctionnement. Vous pouvez tester la plupart des fonctions prévues.
(Source : http://www.joomlart.com/magento/themes)

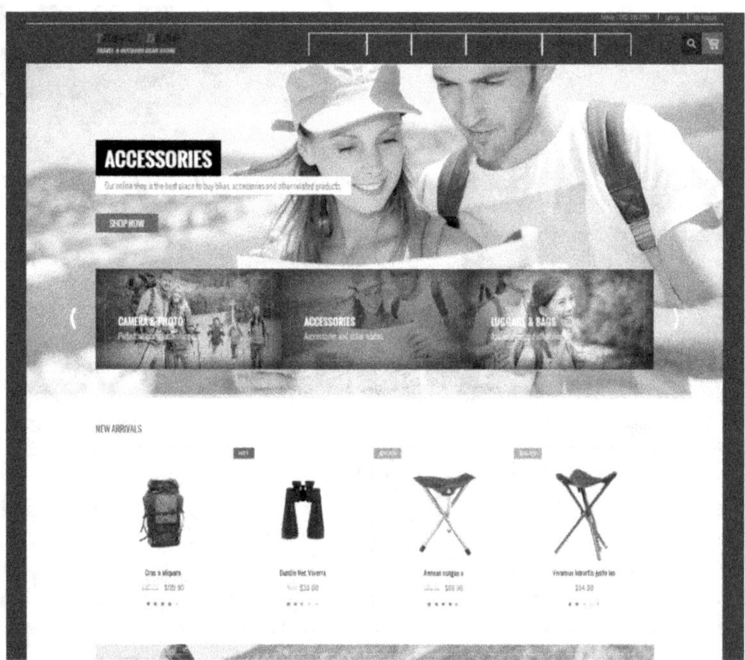

Sur certains de ces templates (en mode « Live Demo »), vous trouverez sur le bord gauche de votre écran un petit bouton de paramétrage additionnel. Dans l'exemple de la figure 17-13, la petite étiquette indique « Customize theme » (paramétrez votre gabarit).

Figure 17–13
Pour certains templates,
les développeurs intègrent,
dans la version « Live Demo »,
une série d'options qui démontrent
la flexibilité du paramétrage
de leur travail.
(Source : http://themeforest.net/
item/leo-wine-store-theme/
full_screen_preview/8386794)

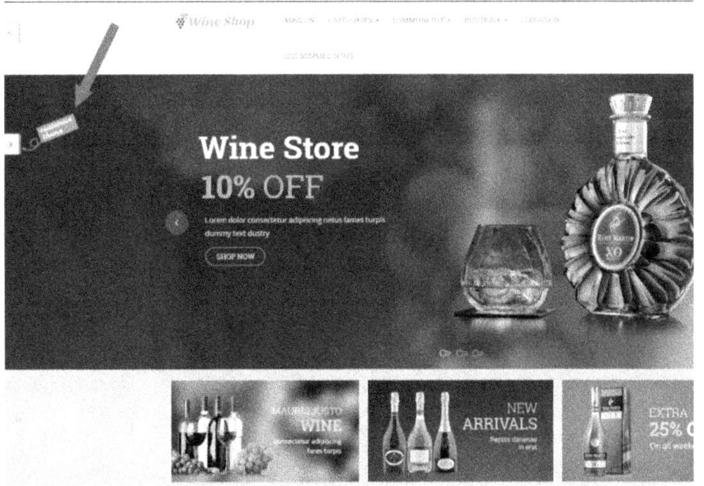

En cliquant sur ce petit bouton, un volet s'affiche vous proposant une multitude de cases à cocher pour changer la couleur, de champs à choix multiple pour modifier la police, etc.

Figure 17–14
Un volet s'affiche sur la gauche,
vous permettant de changer une
série de paramètres du template,
comme la couleur de fond, la
couleur des textes, la police de
caractères, etc.
(Source : http://themeforest.net/
item/leo-wine-store-theme/
full_screen_preview/8386794)

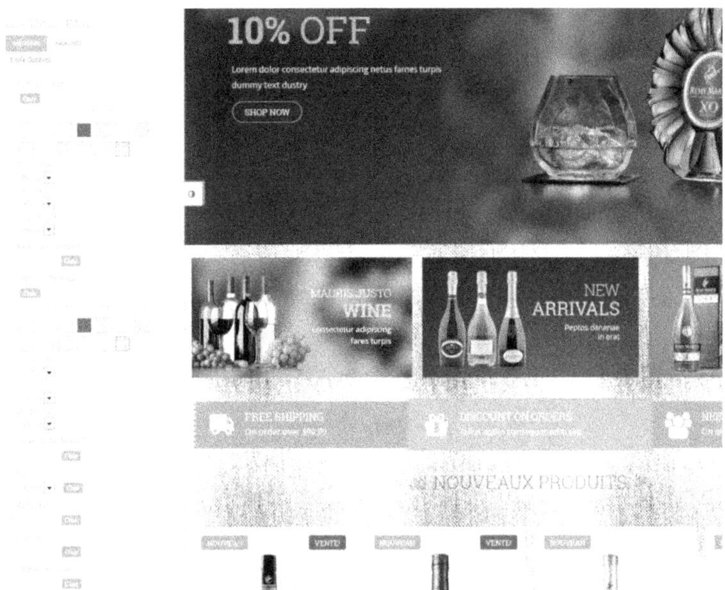

Ce genre de panneau de paramétrage en « Live Demo » est fort utile. Car bien souvent, vous trouverez un gabarit qui vous plaît mais dont les couleurs ne sont pas celles de votre société, ou ne s'accordent pas avec votre logo. En quelques clics, vous pourrez effectuer ces changements et avoir une idée de ce que donnerait ce gabarit, mis à vos couleurs.

L'autre intérêt de disposer d'un tel « gadget » est un double gain de temps.

1 Vous aurez tout le loisir de trouver la combinaison de couleurs qui vous convient. Cela vous prendra du temps, mais vous verrez le résultat en direct et pourrez effectuer autant d'essais que souhaité. Vous voulez y passer la nuit ? Aucun problème.

2 Durant tout ce temps, nul besoin d'être accompagné par votre informaticien ou votre agence web. C'est donc aussi un énorme gain d'argent. Une fois votre paramétrage terminé, au bout de votre longue nuit, effectuez un maximum de captures d'écran que vous sauvegarderez précieusement afin de les transmettre à votre prestataire de services, y compris des copies du panneau de paramétrage de gauche, avec le détail des choix et options qui vous ont séduit.

Exemples par catégories de gabarits

Ci-après, quelques exemples de gabarits particulièrement adaptés à certaines catégories de produits.

Technologie, informatique ?

Figure 17–15
De manière générale, les gabarits orientés high-tech sont très épurés et basés sur des formes carrées ou rectangulaires.
(Source :
http://addons.prestashop.com/
demo/FO8927.html)

> **Remarque**
>
> Chez PrestaShop, les mots « gabarit » ou « template » sont souvent remplacés par le mot « thème ». Ce sont des équivalents.

Mobilier, intérieur, décoration

Figure 17–16
Ce thème « décoration » contient très peu de textes, et pas de menu sur la gauche. Mais beaucoup d'images en page d'accueil.
(Source :
http://addons.prestashop.com/demo/FO8926.html)

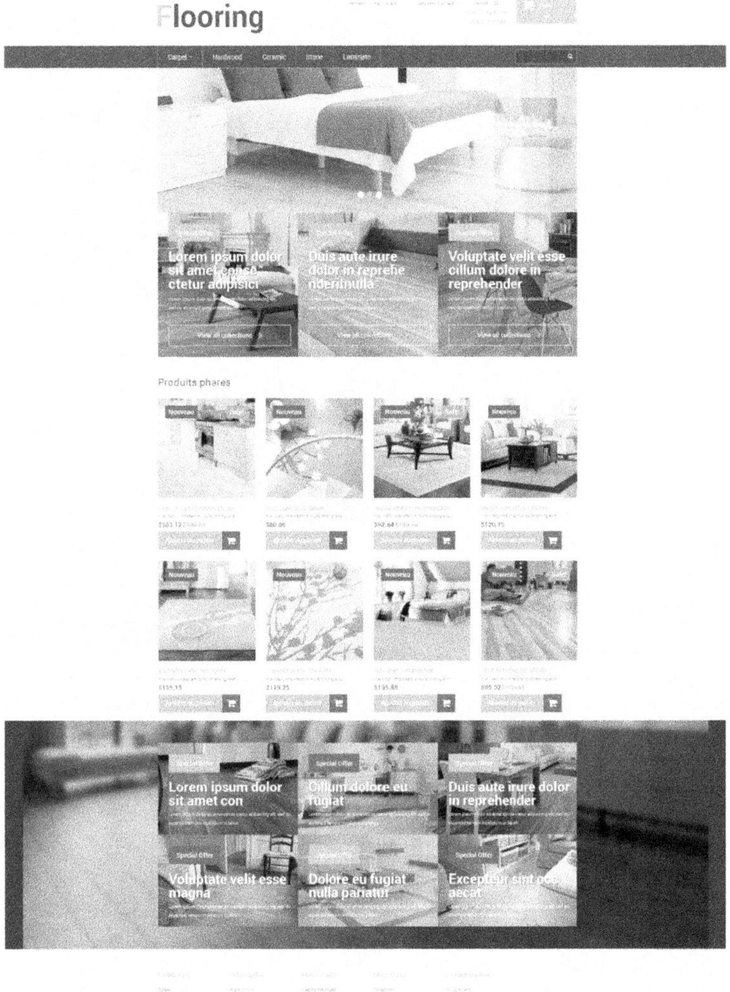

Voitures, motos, camions

Figure 17–17
Un style très épuré, très dynamique, où les photos sont omniprésentes et qui contient un espace spécifique pour les logos des marques.
(Source : http://addons.prestashop.com/demo/FO8906.html)

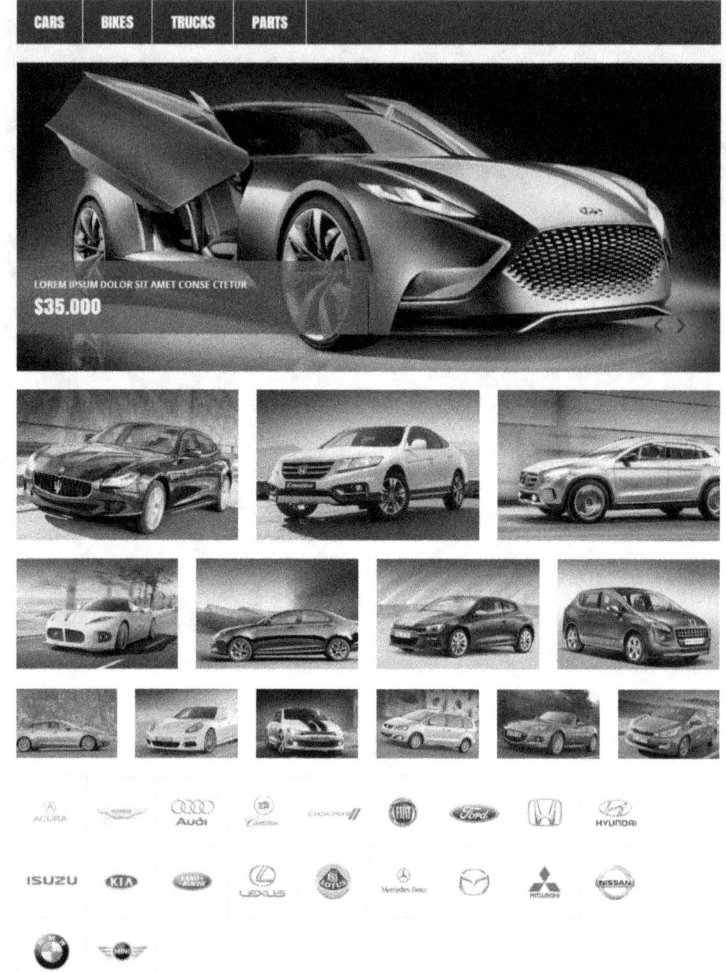

Lingerie

Figure 17–18
La vente de lingerie s'oriente en
général vers des tons nettement
moins agressifs, pastel. Tout doit
être dans la douceur.
(Source :
http://addons.prestashop.com/
demo/FO8700.html)

Bébés, enfants, jouets

Figure 17–19
Extrait d'une page orientée enfants.
Particularités : de très nombreuses
couleurs, et des liens bien visibles
pour les réseaux sociaux dans le
bas de la page.
(Source :
http://addons.prestashop.com/
demo/FO8730.html)

Comme vous le constatez, ces gabarits sont innombrables. Ils ne laissent que l'embarras du choix. Un dernier exemple, figure 17-20, montre la particularité des sites qui commercialisent des vêtements ou chaussures. La notion de « déclinaison » d'un produit en tailles/coloris est bien visible.

Figure 17–20
Cet article est disponible en trois
couleurs et en trois tailles.
(Source : http://www.upperdeck.eu/
fr/t-shirt/17-faded-short-sleeve-
tshirts.html)

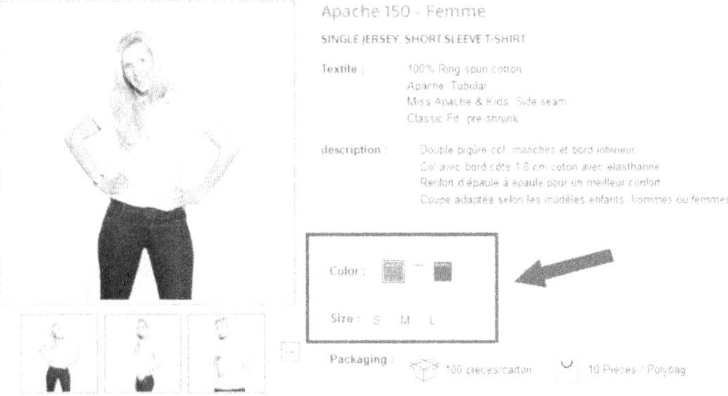

Bon à savoir

Lorsque vous activez, dans un logiciel e-commerce, la gestion des tailles/coloris, le programme va automatiquement vous proposer de créer des « déclinaisons » de cet article. Dans l'exemple de la figure 17-
20, le produit est proposé pour trois tailles et en trois coloris. Ce qui va générer neuf « déclinaisons ».
Pour chacune de ces neuf déclinaisons, vous pourrez préciser :
- un stock spécifique par taille/coloris de ce modèle ;
- un code article spécifique ;
- une variation de poids par rapport au modèle de base (exemple : + 100 g pour un « XL » par rapport à
  un article « XS »). Important pour le calcul des frais d'expédition ;
- une variation de prix.

Faire son choix

Par expérience, je peux vous assurer que choisir un template adapté à votre type de marché,
attrayant à vos yeux, prend énormément de temps. L'idéal est de procéder par élimination.

Dans une première phase, vous examinez rapidement les nombreux templates qui vous sont
proposés en réponse à vos recherches sur Google. Il y en aura des centaines. Ajoutez ceux qui
vous semblent valables aux favoris de votre navigateur. Et passez aux suivants. Cela vous
prendra déjà quelques jours, ou quelques soirées, quelques nuits.

Ensuite, après avoir fait le tour du marché, repartez des favoris que vous avez mémorisés. Il
devrait en rester entre dix et trente. Examinez-les une seconde fois. Si un template vous
semble toujours aussi attrayant, gardez-le. Dans le cas contraire, effacez-le de vos favoris.
Une fois ce second tour terminé, laissez passer quelques jours, une semaine, sans y revenir.
Sans même y penser.

La troisième et dernière étape est aussi simple que la seconde. Réexaminez ceux qui restent
(en général, de cinq à dix) et tâchez d'en éliminer de manière à n'en garder que trois.

Enfin, proposez ces trois templates à votre partenaire informatique, votre agence web. Et
demandez-leur de les évaluer techniquement. Car outre l'aspect fonctionnel, outre le look, il y

a aussi la technique, la manière dont le template est programmé. Leur avis vous sera précieux. Tenez-en compte et décidez-vous enfin.

> Choisir un gabarit peut prendre plusieurs semaines, voire un mois. Ne vous étonnez pas. C'est normal. Prenez votre temps, vous devrez vivre avec ce gabarit pendant deux à trois ans.

Le logo

Vous avez enfin choisi votre template. Il correspond à vos attentes, rappelle les couleurs de votre entreprise, et votre agence web a trouvé que techniquement aucun problème n'avait été détecté.

Vous n'avez pas de logo

Le plus simple sera probablement de faire appel à un graphiste. Mais ne le rencontrez pas les mains vides. Préparez votre travail.

Il existe de très nombreux sites gratuits qui vous permettent de créer un logo en deux ou trois clics. Utilisez-les. Non pas pour créer vous-même votre logo définitif, mais bien pour remettre à votre graphiste des idées, un point de départ. Cela l'aidera.

N'oubliez pas de lui transmettre également une impression d'écran, ou mieux l'URL de la page « Live Demo » du template que vous avez choisi, afin qu'il puisse harmoniser le logo en fonction du design et des couleurs de ce template.

Un exemple au départ du site « Logogenie » (http://www.logogenie.fr). Le premier écran du site vous demande de préciser le domaine parmi une série de propositions. Sans hésiter, j'ai opté pour e-commerce. Ensuite, pour le nom de l'entreprise, j'ai imaginé « Le Saladier ». Le site m'a proposé quelques exemples qui ne me convenaient pas. En cliquant simplement sur un autre domaine « Restauration, alimentaire » dans la colonne de gauche, le site m'a proposé d'autres graphismes plus proches de ma réalité.

Figure 17–21
Un générateur de logos gratuits.
Rien d'exceptionnel, mais une base
à transmettre à votre graphiste.
(Source : http://www.logogenie.fr/
creation-logo)

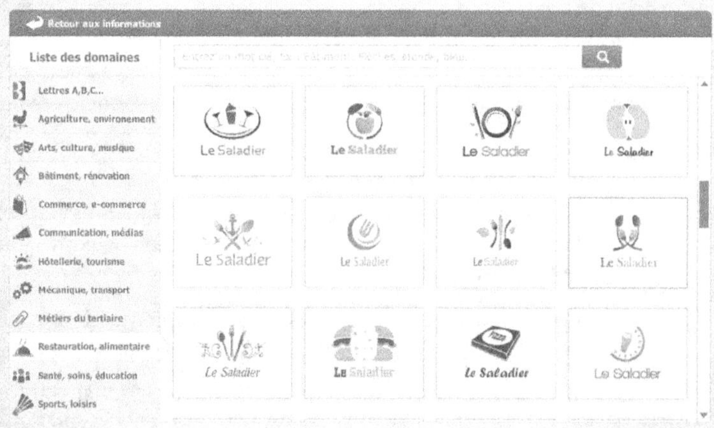

Le problème de ces générateurs de logos est qu'ils combinent toujours une image existante à un texte, le nom de votre société. Or les plus beaux logos ne sont-ils pas ceux qui intègrent la marque dans le sigle ? Où tout est imbriqué, pensé, imaginé ? Nous y reviendrons dans quelques instants.

Quelles sont les principales caractéristiques d'un bon logo e-commerce ?

- **Il doit être unique.** Il ne peut ressembler à un logo que vous connaissez et qui vous plaît. N'imaginez même pas vous baser sur le logo de Nike, que vous adorez, pour en refaire une pâle imitation. Vous auriez rapidement une nuée d'avocats à votre porte.
- **Représenter votre société,** votre marque, votre business. Une fleur rose ne conviendrait probablement pas à un commerce de lampes de bureau. Tout comme une figure de bébé, même stylisée, représenterait très mal une société qui vend des canifs.
- **Être simple.** Quelques traits, un minimum de couleurs. Ce logo doit pouvoir s'afficher correctement sur votre e-boutique, mais aussi s'intégrer facilement dans les e-mails qui sont envoyés automatiquement à vos clients lors des confirmations de commande, ou convenir à l'impression monochrome souhaitée sur vos emballages.

Avant de passer la main à votre graphiste, vous pouvez également faire appel à d'autres sociétés, que vous trouverez sur Internet, et qui sont un peu plus évoluées que « Logogénie » du premier exemple.

Observez, sur la figure 17-22, quelques logos créés via le site « Freelogoservice » (http://www.freelogoservices.com).

Figure 17–22
Autre site proposant
de créer votre logo.
(Source :
http://www.freelogoservices.com)

Si vous n'avez pas de graphiste qui puisse vous imaginer un logo, vous trouverez également sur Internet des sites collaboratifs qui regroupent les demandes de clients et les transmettent à de vrais graphistes. Pas à un logiciel automatique.

Mais ces services ne sont pas gratuits. Vous débourserez quelques centaines d'euros et recevrez, après avoir rempli un questionnaire assez détaillé, une série de propositions créées par des humains. Vous choisirez la meilleure et recevrez par retour les fichiers définitifs.

Figure 17–23
Pour 229 euros, le site « 99 designs » vous propose de faire travailler ses graphistes pour réaliser votre logo. (Source : http://99designs.fr/logo-design)

Vous avez votre logo depuis la création de votre société

Tôt ou tard, l'informaticien qui déploiera votre site vous demandera votre logo. Et là, cela peut coincer. Ce logo qui représente toute l'identité de votre société, de votre savoir-faire, cadrera-t-il dans le template que vous avez choisi ? C'est rarement le cas. Bien souvent, des adaptations sont nécessaires. Non pas une refonte totale, mais des améliorations obligatoires pour qu'il puisse s'afficher correctement dans votre boutique.

Les aspects techniques

Préférez toujours des logos au format vectoriel. Ce type de format est basé sur des équations mathématiques, et non pas sur des images. Un logo vectoriel peut être redimensionné sans aucune perte de qualité.

> **Vocabulaire**
>
> Une image vectorielle (ou image en mode trait), en informatique, est une image numérique composée d'objets géométriques individuels (segments de droite, polygones, arcs de cercle, etc.) définis chacun par divers attributs de forme, de position, de couleur, etc. Elle se différencie en cela des images matricielles (ou « bitmap ») qui, elles, sont constituées de pixels. (Source : Wikipédia)

Une fois votre logo créé, il sera décliné en diverses tailles, divers formats (JPEG, PNG, GIF…) pour pouvoir s'appliquer à différents supports, comme Internet, votre papier à lettres, vos cartes de visite, vos véhicules, etc.

Un des formats déclinés servira sur votre site. Ses spécificités techniques, taille et format de fichier, seront détaillées dans la documentation technique fournie avec votre template.

Histoires de logos

Un logo réussi est un logo qui représente votre société. Voici quelques anecdotes liées à la création de logos de sociétés devenues célèbres.

Fedex

Aviez-vous remarqué que dans ce logo si simple, en deux couleurs, se cache une flèche blanche, synonyme de déplacement et de vitesse ? Tout ce qui caractérise une société de transport.

Figure 17–24
Entre le « E » et le « x » se cache une flèche blanche, synonyme de déplacement et de vitesse.

Cisco

Saviez-vous d'où est originaire la société Cisco, spécialisée en réseaux Internet ? Un premier élément du nom pourrait vous mettre sur la voie. Les lettres de la marque « cisco » ne coïncident-elles pas avec la fin du nom d'une grande ville américaine ?

Grande ville également célèbre par son fameux pont. Lui aussi représenté graphiquement dans le logo de la société.

Figure 17–25
Le pont de San Francisco stylisé, la fin du nom de la ville… et de la marque. Tous les indices étaient sous vos yeux.

Sony VAIO

Toujours dans la technologie, Sony a créé sa branche informatique sous le nom de VAIO. Vous trouverez facilement ces quatre lettres stylisées dans ce logo. Mais pourquoi cette espèce de vague ? Tout simplement parce qu'elle caractérise un signal analogique. Et pourquoi avoir opté pour ces deux lettres « I O » qui ne veulent rien dire ? Sauf en informatique, les deux valeurs représentatives du langage binaire : 1 et 0.

Figure 17–26
Le signal analogique représenté par la vague, et les deux valeurs du système binaire forment le logo de la branche informatique de Sony.

Toblerone

Si en Belgique on a du chocolat, en Suisse ils ont des idées pour les logos de chocolat. Vous connaissiez probablement ce logo triangulaire. Mais que cache-t-il ? Pourquoi cette forme triangulaire tant pour l'emballage, que dans la forme des chocolats ou du logo ? Tout simplement car elle représente la montagne du mont Cervin.

Plus subtil encore. Saviez-vous que le fondateur de cette marque se nommait Mathias Tobler, et qu'à ses débuts il s'était installé à Berne en Suisse ? Quel est le symbole de la ville de Berne ? Un ours. Observez bien le blanc dans la montagne, vous y découvrirez ce symbole de Berne.

Figure 17–27
Le mont Cervin, l'ours symbole de la ville de Berne, tout un programme dans cet admirable logo Toblerone.

Aigle

Contrairement à ce que beaucoup de gens croient, la marque Aigle est d'origine américaine. L'emblème des États-Unis n'est-il pas cet élégant rapace, si joliment stylisé dans le logo rond de la marque ? Aviez-vous décelé que ce logo rond contient non seulement l'image du rapace, mais également la lettre « A », initiale de la marque ?

Figure 17–28
Le logo de la marque Aigle
condense l'image du rapace
et l'initiale de la marque.

Le graphisme d'un site représente le premier contact entre le client et vous. Ne vous trompez pas. Ne précipitez pas vos choix. Prenez le temps et du recul. Parcourez autant de sites proposant des gabarits que vous le pouvez. Travaillez par élimination. Et ne gardez que le meilleur. Soignez également votre logo afin qu'il s'intègre harmonieusement à votre boutique. Un design soigné, c'est un peu de confiance gagnée.

18

Les interfaces

Figure 18–1 Automatiser les tâches administratives afin de disposer de plus de temps pour vos clients

Ne pas perdre de temps, il est précieux

Imaginons le chef d'un restaurant réputé en plein travail minutieux de dressage de deux entrées intitulées « Homard bleu confit et mariné à l'huile de laurier, graines de lin, carottes Lotus, lait de chèvre, pois gourmands et céleri chinois » (merci au « Château du Mylord » pour cette appellation gourmande). Sa création terminée, il précise au serveur que ces assiettes concernent la commande de la table 14. Le serveur s'empare délicatement des entrées, assez chaudes, passe la double porte qui sépare la cuisine de la salle, et propose les plats aux clients.

Malheureusement, il n'a pas eu l'occasion de fermer la double porte, qui laisse entrevoir la cuisine à tous les clients de la salle. Ce dont le chef a horreur. D'autant que cela arrive de plus en plus souvent, suite au succès du restaurant et donc à l'augmentation de la charge de travail des serveurs.

Trois solutions s'offrent à lui pour résoudre ce problème récurrent.

1 Il se charge lui-même, à chaque fois, d'aller refermer la porte. Mais ce n'est pas son travail, il doit préparer les commandes suivantes en attente.

2 Il engage un commis rien que pour cette tâche. Mais cela coûte cher.

3 Il opte pour la seule solution valable : installer un dispositif de fermeture automatique de cette porte.

Cet exemple d'introduction vous a probablement semblé loufoque. En effet, vous aviez directement imaginé la solution numéro 3, simplement grâce au recul que vous avez par rapport à cette situation. Vous n'êtes pas le chef, débordé par le travail qu'il affectionne, mais qui ne lui laisse pas le temps de réfléchir sereinement.

Il en va de même pour une boutique en ligne. Votre logiciel e-commerce émet automatiquement des factures. Heureusement, il est doué pour cela. Et tôt ou tard, vous devrez les introduire dans votre logiciel comptable. S'il n'y en a que quelques-unes par jour, ce que je ne vous souhaite pas, cela ne vous prendra qu'une petite demi-heure. Mais cela signifie dans le même temps que le site n'est pas encore une réussite.

Mais dès le moment où ce nombre augmentera, où ce ne seront plus 30 minutes mais plus d'une heure tous les soirs, où le succès sera au rendez-vous, vous devrez trouver une solution. Votre temps est précieux. Vous ne pouvez l'utiliser à des tâches administratives répétitives, mais devez le consacrer entièrement à votre boutique, à revoir votre catalogue, changer quelques images, améliorer les textes, répondre aux clients. Vous devrez vous aussi trouver une solution. Trois possibilités se présenteront à vous.

1 Continuer à encoder ces factures vous-même. Ce qui vous prendra plus de temps, vous empêchant ainsi de faire le travail essentiel lié à votre boutique.

2 Engager un aide-comptable, mais au fil du temps cela représentera un budget énorme.

3 Automatiser le processus d'injection des factures émises par le logiciel e-commerce dans votre comptabilité : la solution adéquate.

Le principe d'une interface

Commençons par une définition.

Vocabulaire

En informatique, une interface est un dispositif qui permet des échanges et des interactions entre différents acteurs.
Une interface *humain-machine* permet des échanges entre un humain et une machine (grâce à un clavier, une souris, un écran, etc.). Une *interface de programmation* permet des échanges entre plusieurs logiciels.

Dans notre cas, il s'agira d'un petit logiciel, probablement installé sur le PC qui contient votre comptabilité, qui à votre demande ou de manière totalement automatique récupérera les factures du jour et les injectera dans votre logiciel comptable. Vous n'aurez plus qu'à cliquer sur un bouton, et vos factures seront comptabilisées.

C'est le principe de l'interface. En réalité, écrire une interface comptable n'est jamais chose aisée. Si la plupart des logiciels e-commerce contiennent des fonctions qui leur permettent de communiquer avec d'autres programmes, comme les « web services », il n'en est pas de même des logiciels comptables. Rares sont les logiciels de base, en comptabilité, qui acceptent de communiquer avec des programmes extérieurs, de recevoir des données en masse (et non via le clavier) qu'ils doivent vérifier, valider et intégrer dans leurs propres fichiers.

Vocabulaire

Web services. La définition Wikipédia étant fort complexe, permettez-moi de vous proposer celle énoncée sur un des sites liés à l'université de Marne-la-Vallée.
Il s'agit d'une technologie permettant à des applications de dialoguer à distance via Internet, et ceci indépendamment des plates-formes et des langages sur lesquels elles reposent. Pour ce faire, les services web s'appuient sur un ensemble de protocoles Internet très répandus (XML, HTTP) afin de communiquer. Cette communication est basée sur le principe de demandes et réponses, effectuées avec des messages XML. (Source :http://www-igm.univ-mlv.fr)
Un **protocole** est une méthode standard qui permet la communication entre des processus (s'exécutant éventuellement sur différentes machines), c'est-à-dire un ensemble de règles et de procédures à respecter pour émettre et recevoir des données sur un réseau. Il en existe plusieurs selon ce que l'on attend de la communication. (Source : http://www.commentcamarche.net/contents/531-protocoles)
HTTP, *HyperText Transmission Protocol*. Protocole pour la transmission des pages web depuis un serveur vers un navigateur client. (Source : http://dictionnaire.phpmyvisites.net)
XML, *eXtended Markup Language*. Langage de description des documents qui utilise des balises standards et personnalisables afin de permettre l'échange des données.

Si votre e-boutique est en plein essor et que votre logiciel comptable ne permet pas de recevoir des données d'une interface externe, il sera probablement temps d'évoluer là aussi, et de penser à opter pour un nouveau logiciel comptable, plus ouvert à ce genre d'échanges.

Schéma de base d'une interface vers la comptabilité

Figure 18–2
Schéma de base d'une interface
entre un logiciel e-commerce
et une comptabilité

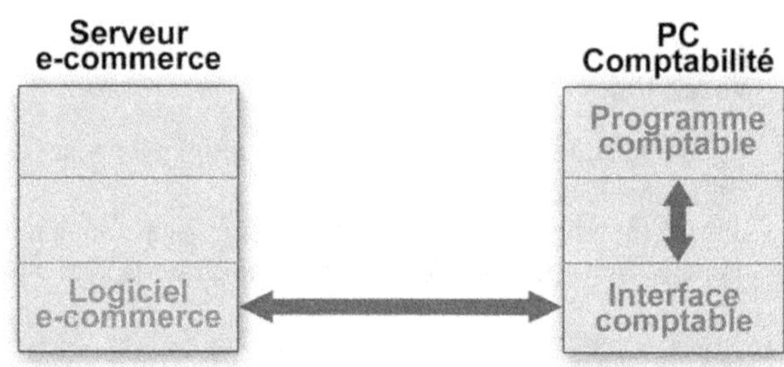

Dans l'exemple de la figure 18-2, le programme d'interface comptable recherche les nouvelles factures dans la base de données de votre e-boutique, effectue ensuite quelques traitements afin de les mettre au format souhaité par votre logiciel comptable, et enfin les transmet à ce logiciel comptable pour intégration dans votre comptabilité.

La gestion du stock

La plupart des logiciels e-commerce contiennent une ébauche de tenue de stock. Mais il faut l'avouer, ce n'est certainement pas leur point fort.

Vous y constaterez que lorsqu'un client commande un article spécifique, le stock de cet article est diminué de un. Inversement, si un fournisseur vous livre dix articles, votre stock est augmenté de cette quantité.

Mais est-ce suffisant pour gérer un stock ? Certainement pas. Une gestion de stock digne de ce nom doit être pourvue d'une série de fonctionnalités rarement implémentées dans un logiciel e-commerce. Quelques exemples flagrants d'éléments manquants :

- Pouvoir mémoriser des quantités habituelles de commandes chez différents fournisseurs pour un même article.
- Effectuer des propositions de commandes automatiques chez vos fournisseurs en fonction de vos stocks actuels, des prévisions de ventes, des reliquats de commandes, des encours de livraisons et des encours de commandes chez vos fournisseurs.
- Lors d'une vente, le prix de revient de l'article vendu ne peut être obligatoirement le dernier prix d'achat du fournisseur numéro 3. D'autres options doivent être proposées, comme le prix unitaire moyen pondéré (PUMP), le FIFO *(First In First Out)*, le LIFO *(Last In First Out)*, etc.
- Le gestionnaire de stock doit pouvoir ajouter ou sortir de son stock des articles pour d'autres raisons qu'un achat ou une vente. Par exemple pour des besoins internes, en raison de casse ou de vol. Et garder trace de chacun de ces mouvements de stock dans un journal, de manière à pouvoir suivre au jour le jour l'état de son stock.

* Différents programmes doivent permettre de préparer un inventaire, d'éditer des documents pour le comptage, d'encoder des différences d'inventaires, de justifier et valoriser ces différences.
* Et bien d'autres outils de tableau de bord, d'indicateurs, de listes, etc.

Vous l'aurez compris, si votre activité vous oblige à gérer un stock, ce qui est presque toujours le cas, vous devrez vous tourner vers des logiciels spécifiques de gestion de stock, de suivi de production, d'ERP… selon vos besoins. Ce qui signifie que là aussi, afin de vous éviter de devoir encoder manuellement chaque vente, chaque mouvement de stock, vous devrez penser à une interface spécifique entre votre logiciel de gestion de stock et votre logiciel e-commerce.

Schéma pour deux interfaces

Figure 18–3
Schéma de base d'une double interface entre un logiciel e-commerce, une gestion de stock et une comptabilité.

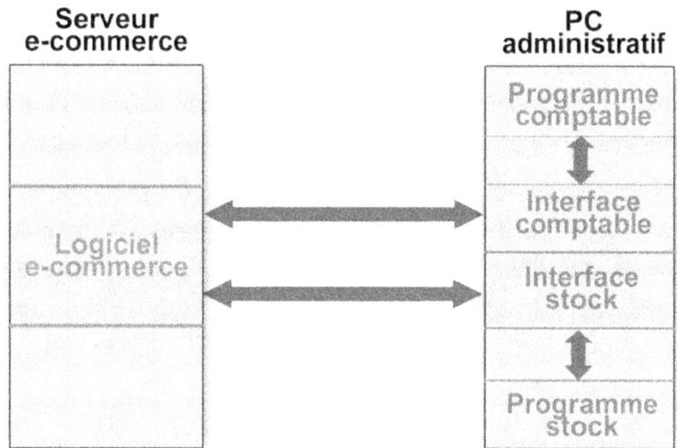

Les situations plus évoluées

Certaines PME qui démarrent une e-boutique disposent déjà de nombreux logiciels de gestion : comptabilité, statistiques, ERP ou autres. En pareil cas, le système d'interfaçage se doit d'être étudié plus précisément.

> L'erreur monumentale à ne jamais commettre est de demander à votre partenaire informatique, à votre informaticien, d'effectuer des modifications directement dans le code de votre logiciel e-commerce. Vous vous aventureriez dans une série ininterrompue de problèmes qui vous coûteraient énormément de temps et d'argent. Et dans les trois ans, vous seriez obligé de tout recommencer, de repartir à zéro.

Nous reparlerons des erreurs à ne jamais perpétrer lorsque vous utilisez un logiciel de ce type dans un prochain chapitre. Notez que cette première mise en garde est la plus importante.

> **Vocabulaire**
>
> **ERP :** *Enterprise Resource Planning*. La traduction française recommandée est PGI, pour Progiciel de gestion intégrée. Progiciel qui intègre les principales composantes fonctionnelles de l'entreprise : gestion de production, gestion commerciale, logistique, ressources humaines, comptabilité, contrôle de gestion. À l'aide de ce système unifié, les utilisateurs de différents métiers travaillent dans un environnement applicatif identique qui repose sur une base de données unique. Ce modèle permet d'assurer l'intégrité des données, la non-redondance de l'information, ainsi que la réduction des temps de traitement. (Source : Wikipédia)

Schéma d'une infrastructure à interfaces multiples

Dans une structure plus évoluée, nous aurons généralement un réseau interne comprenant un ou plusieurs serveurs, les différents postes des collaborateurs de l'entreprise, et une ou plusieurs imprimantes.

Vous demanderez à votre partenaire informatique d'installer plusieurs programmes d'interfaces. Pour certains, vous pourrez probablement les trouver dans le commerce, comme l'interface entre votre e-boutique et votre comptabilité. Mais pour d'autres, il faudra passer par une demande de développement de petites interfaces spécifiques.

Heureusement, avec les outils de développement actuels, avec les ouvertures déjà prévues dans les logiciels e-commerce (web services ou autres), ces petites interfaces seront très faciles à réaliser. De plus, elles peuvent être bidirectionnelles. Une interface comptable peut, par exemple, aller rechercher les nouvelles factures pour les injecter dans votre comptabilité, mais aussi changer automatiquement le statut d'une commande de l'e-boutique d'« en attente de réception du paiement par virement » en « paiement reçu » lorsqu'un paiement arrive dans votre comptabilité par l'intermédiaire de votre logiciel d'e-banking. Et tout cela sans la moindre manipulation humaine. Que de gain de temps !

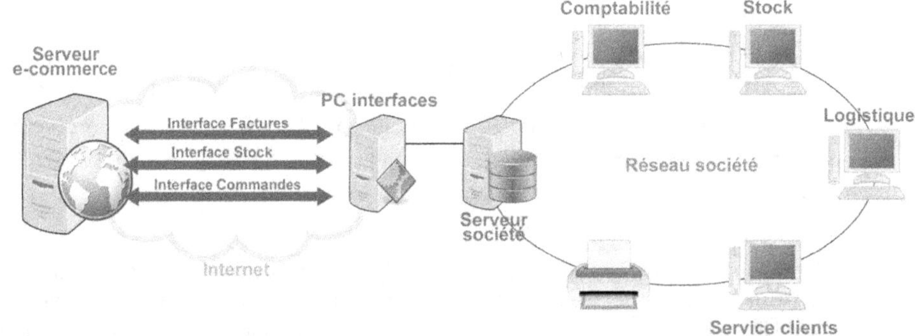

Figure 18–4 Une configuration classique de PME avec diverses petites interfaces entre les programmes de gestion et le logiciel e-commerce

> Dès le jour où l'encodage manuel des factures vous semble peser lourd, prenez contact avec un partenaire informatique pour envisager la mise en place d'interfaces entre l'e-boutique et vos logiciels de gestion. Un petit investissement qui vous permettra de vous consacrer totalement à la gestion de votre e-boutique.

19

L'évolution de votre site

Figure 19–1 Le look de votre boutique e-commerce doit évoluer régulièrement afin de ne pas paraître vieillot.

Faire évoluer le logiciel

La durée de vie d'un site e-commerce est actuellement de deux ans et demi. Nous ne parlons pas ici de l'activité du site, mais bien de son design, de ses fonctionnalités dépassées, des nouveautés manquantes car, techniquement, sans évolution de version, votre boutique ne sera pas adaptée aux nouvelles technologies.

La première règle, nous y reviendrons par la suite en détail, est de toujours suivre les évolutions techniques de votre logiciel e-commerce. Qu'il s'agisse de PrestaShop, Magento, VirtueMart ou un autre, chaque année, chaque mois, chaque jour, des développeurs font évoluer ces produits. Et régulièrement, une nouvelle version est disponible pour améliorer le cœur de vos programmes. Pour les logiciels open source, c'est gratuit. Se priver des évolutions technologiques d'une boutique e-commerce serait suicidaire. Cela relèverait d'une grave erreur de gestion. Nous y reviendrons par la suite.

Mais ne vous précipitez pas sur chaque nouvelle version qui est annoncée disponible. Tout comme pour les nouvelles voitures, « attendez qu'elles fassent leurs maladies ».

Lorsqu'une nouvelle version est annoncée, par exemple la version 1.5 de PrestaShop, je conseille toujours à mes clients d'attendre six mois. Durant cette période, de nombreuses sociétés se seront jetées sur les nouveautés, auront effectué la migration de version, et découvert de nombreux bogues. Ces dysfonctionnements seront ensuite reportés aux équipes de développement, et des corrections seront apportées à cette version 1.5. Dès que l'équipe de développement jugera que la majorité des erreurs ont été corrigées, elle mettra à disposition des utilisateurs un correctif qui portera probablement le numéro 1.5.1, ou 1.5.2. Il se sera passé trois à six mois. La version 1.5 aura fait ses maladies, vous pourrez installer la 1.5.1 contenant les correctifs.

> **Vocabulaire**
>
> **Bug** (ou bogue) : En informatique, un bug (de l'anglais *bug*, « insecte ») ou bogue (au Nouveau-Brunswick et au Québec) est un défaut de conception d'un programme informatique à l'origine d'un dysfonctionnement. Ce nom est communément attribué au tout premier incident informatique qui a été causé par un insecte lors du développement du système Harvard Mark. (Source : Wikipédia)

Les avantages à faire évoluer la version du logiciel

Que représentent deux à trois ans dans la vie d'une société ? Presque rien. Mais en termes de technologies, d'informatique, de logiciels, le temps ne passe pas à la même vitesse.

Au moment d'écrire ce chapitre, je lis dans la presse spécialisée qu'Apple annonce la sortie de son iPhone 6. Mais revenons trois ans en arrière. Apple venait d'annoncer la sortie de son modèle de base, l'iPhone 4S. Entre-temps, les modèles iPhone 4S, 5, 5c et 5s sont déjà dépassés, le 6 est annoncé. Pas moins de cinq modèles en trente-six mois. Chaque modèle dépassant le précédent par de nouvelles capacités mémoire, par des objectifs photo plus sensibles, plus précis, par la reconnaissance vocale améliorée, etc.

Il en va de même pour votre logiciel applicatif e-commerce. Chaque version supérieure vous apporte son lot de nouvelles fonctionnalités, de facilités, d'interfaces avec les réseaux sociaux, de nouveaux modes de paiement, de calculs plus évolués pour les modes de transport, pour la gestion des taxes, etc. Heureusement, une nouvelle version ne sort pas tous les six mois. En moyenne, vous pouvez envisager une migration vers une nouvelle version tous les douze à quatorze mois. Évoluez. Ne vous laissez pas dépasser. Ignorer une nouvelle version vous prive d'une foule de nouveautés, souvent indispensables pour que votre logiciel reste compatible avec le monde Internet. De plus, ne pas évoluer techniquement vous empêche également d'évoluer graphiquement.

Évoluer graphiquement

Faire évoluer techniquement votre logiciel vous apporte automatiquement une masse de possibilités graphiques. Pour prendre un exemple, voici un résumé de quelques nouvelles possibilités graphiques de la version 1.6 de PrestaShop par rapport à sa version 1.5.

Des exemples de nouveautés disponibles au passage de version

Le thème responsive et paramétrable au niveau des couleurs

Pour rappel, le « thème » de PrestaShop correspond aux appellations template ou gabarit des autres solutions logicielles. Par cette première amélioration, nous apprenons que le client final, sans la moindre connaissance technique, pourra changer totalement les couleurs de sa boutique. Quelques clics et vous voilà avec un fond bleu plus foncé, des caractères gris et une nouvelle police de caractères.

Un nouveau diaporama

Nouveau type de diaporama, plus orienté marketing, intégré dans la page d'accueil.

Une refonte totale du bas de page

Afin d'améliorer la confiance des visiteurs, le bas de page devient totalement paramétrable de manière à pouvoir y intégrer les différents réseaux sociaux dans lesquels vous êtes présent, d'ajouter des informations sur la société, des liens vers vos conditions générales de vente, permettant ainsi à votre site de répondre aux obligations légales d'affichage.

Figure 19–2

Exemple de paramétrage
du nouveau bas de page
de la version 1.6

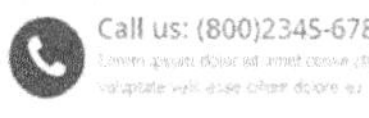

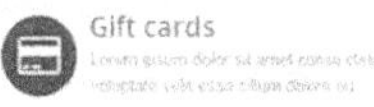

Un nouveau menu « riche » intégré

Vocabulaire

La notion de menu « riche » n'est pas encore fort popularisée. Elle vient de l'expression anglaise *Rich Text* qui définit un texte auquel vous pouvez greffer des éléments graphiques, comme du gras, des couleurs, des tabulations. L'expression « menu riche » va dans le même sens. Elle précise que vous pourrez ajouter dans votre menu une série d'éléments graphiques, comme une couleur de fond, des effets visuels, des images, des catégories d'articles, des messages, etc.

Pour mieux vous faire comprendre cette notion de menu « riche », voici un exemple de ce que vous pouvez en faire.

Figure 19–3
L'évolution vers cette nouvelle version vous permet de bénéficier de fonctionnalités techniques inédites, comme le menu « riche », qui ont un impact direct sur la qualité visuelle de votre site.

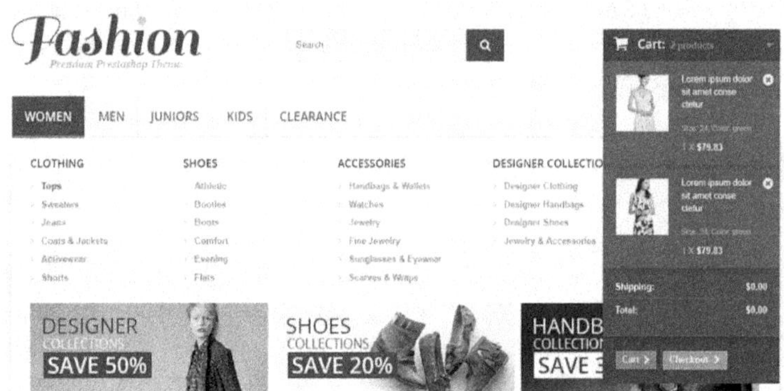

Un aperçu rapide des produits

Cette amélioration va également plaire à vos clients. Afin de visualiser le détail d'un produit de votre catalogue, ils ne devront plus spécialement ouvrir la fiche du produit pour en afficher les caractéristiques essentielles. Un clic sur l'aperçu rapide et, instantanément, un résumé leur sera proposé, avec images.

Figure 19–4
Exemple de la fonction « quick view » intégrée à la nouvelle version

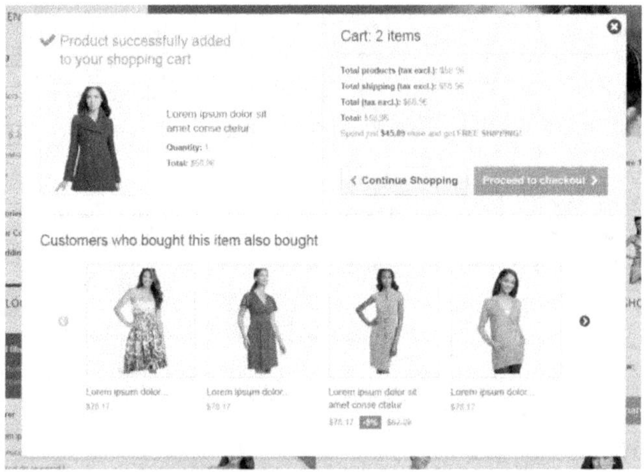

L'avis des utilisateurs

Comme évoqué précédemment, je vous avais conseillé d'intégrer cela à votre boutique. Cette possibilité est tellement utile pour favoriser la vente et tellement puissante pour améliorer le référencement qu'elle a été ajoutée dans la nouvelle version du produit.

Figure 19–5
La fonctionnalité « Avis des utilisateurs » a été ajoutée dans l'affichage de base.

Le but de ce chapitre, contrairement à ce que vous pourriez penser, n'est pas de faire la promotion de la solution PrestaShop. Il s'avère seulement que leur marketing est assez évolué, ce qui me permet de trouver les exemples les plus adéquats à vous soumettre pour illustrer les sujets.

Et le sujet de ce chapitre est de vous encourager à faire évoluer votre logiciel, vous permettant de la sorte de bénéficier des nouveautés technologiques dont les sites e-commerce ont besoin, de faciliter l'évolution graphique de l'image de votre boutique (nouveaux aperçus, nouveaux menus, nouvelles couleurs, bas de page évolués, etc.).

Faire évoluer le contenu

La seconde évolution à ne pas manquer est celle du contenu. Mais il ne s'agit pas ici d'une évolution périodique, tous les quatorze mois, mais bien d'une évolution permanente.

Les titres et descriptions d'articles

Chaque fois que vous en avez la possibilité, revoyez vos descriptions d'articles. Si certains éléments n'ont pas été signalés par manque de temps lors de la mise en place de votre boutique, n'hésitez pas à les ajouter par la suite.

Plus complète et précise sera la description, plus vos acheteurs seront en confiance. Et plus ils seront en confiance, plus vous aurez de chances de voir aboutir leurs commandes.

L'autre avantage de faire évoluer titre et description nous vient, une fois de plus, de Google. Qui adore quand une page descriptive d'article évolue. Surtout la partie balisée « h1, h2, etc. ». Faire évoluer régulièrement ces descriptions contribuera à améliorer votre référencement naturel.

Les promotions

Les promotions n'ont pas comme seul impact de faire vendre plus, mais on constate surtout que les clients en sont friands, et que plus un site en propose, plus les clients reviennent régulièrement le visiter.

Au chapitre relatif aux expéditions, nous débutions par ces chiffres : « 45 % des clients ne finalisent pas leurs achats car ils estiment les frais de port trop élevés. »

Ces chiffres, ainsi que ceux du chapitre concernant les modes de paiement, étaient issus d'une étude de Digital Window Shopping. En réalité, cette étude contient de nombreuses autres informations, dont voici les principales.

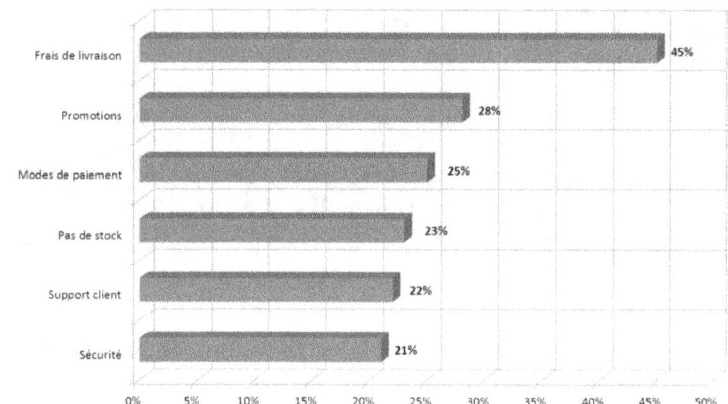

Figure 19–6
Principales causes d'abandon
de panier
(Source : Digital Window Shopping
– The long journey to buy)

28 % des abandons de paniers sont la conséquence d'une absence de promotions ou de coupons promotionnels.

Très clairement, proposez régulièrement des promotions à vos visiteurs. Il s'agit d'une technique win-win, chacun y gagne. Le client bénéficie d'une remise ou d'un cadeau, et vous augmentez le nombre de ventes, et par la même occasion vous fidélisez votre clientèle. Le bonheur absolu.

> Votre logiciel e-commerce regorge de fonctionnalités vous permettant de mettre en place des promotions. Des plus élémentaires, comme le rabais unilatéral sur un produit pendant une durée déterminée, aux plus complexes si elles sont basées sur le montant du panier, le nombre d'articles, etc.

L'intégration de nouveaux modules

Vous venez de créer une page Facebook ! Pourquoi ne pas intégrer, à un endroit spécifique de votre page d'accueil, un bloc contenant les visages des derniers « amis » qui vous suivent ?

Vous avez créé un compte Twitter ? Vous pouvez également faire apparaître le fil des derniers messages publiés sur votre page d'accueil, encourageant ainsi les clients à vous suivre sur Twitter (followers). Il ne vous reste plus qu'à communiquer les bonnes affaires, les news, les promotions sur votre compte Twitter et tous les clients qui vous suivent en seront automatiquement avertis.

Vous n'avez que l'embarras du choix. Il existe des centaines de modules orientés « marketing » : pour gérer les anniversaires des clients et leur envoyer automatiquement un bon cadeau, pour intégrer des vidéos YouTube, pour créer des « packs promotionnels » et bien d'autres. Vous trouverez également un grand nombre de modules pour faciliter la navigation et le choix des clients : outils de recherche évolués, comparateur de produits, favoris, etc.

Il ne tient qu'à vous de parcourir régulièrement ce qui existe comme modules, tant en standards dans votre boutique et que vous n'avez pas activés, qu'en nouveautés disponibles sur Internet.

Faire évoluer le gabarit

Les clients se lassent très vite d'un site. Mais si vous changez son look, son design, son gabarit, ils se montreront curieux, intrigués. Ils passeront du temps à le parcourir et découvriront certainement des produits qu'ils ne connaissaient pas.

Le changement de look de votre e-boutique doit être réalisé tous les deux à trois ans. Pas simplement en ajoutant deux images dans la colonne de gauche. Non, un remaniement réel, un renouveau dans la continuité de votre qualité, de votre service. Veillez néanmoins à garder des repères pour le client, comme le nom ou le logo que vous devez conserver ou ne faire évoluer que progressivement. Il s'agit de préserver l'identité visuelle de votre société, mais en lui donnant un autre aspect.

Vous y gagnerez deux fois. La première, en ne perdant pas de clients qui se seraient lassés de votre ancien design. La seconde, car ils reviendront examiner votre nouveau design à la recherche de nouveautés intéressantes. Ils trouveront. Ils achèteront.

Figure 19–7 Évolution du logo Apple depuis sa création (Source : Wikipédia)

20

Les erreurs à ne pas commettre

Figure 20–1 « Un chef est un homme qui a besoin des autres. » (Paul Valéry)

Pourquoi commet-on des erreurs ?

Que vous soyez artisan, indépendant, gérant d'une petite société de deux personnes ou d'une PME d'une dizaine de personnes, la mise en place et le suivi d'une boutique e-commerce représente toujours un tournant dans une activité.

Soit cette boutique ne décolle pas et vous passez de plus en plus de temps à vous arracher les cheveux afin de comprendre pourquoi elle ne vend rien, soit elle cartonne et votre temps est entièrement consacré au suivi des commandes, des clients, des fournisseurs.

Quel que soit votre cas, ce genre de situation, si vous n'y prenez pas garde, vous amènera irrémédiablement à commettre de graves erreurs. Ces décisions aberrantes, catastrophiques, proviennent toujours d'une incapacité de s'arrêter un moment, d'écouter les autres, de réfléchir, de prendre du recul. La fuite en avant n'est jamais une solution, c'est un mur en béton.

Quelles sont les erreurs les plus courantes ?

Se prendre pour Superman

À moins qu'il n'ait de sérieuses capacités artistiques reconnues, feriez-vous appel à un soudeur pour restaurer la fresque de la chapelle Sixtine à Rome ? À un écrivain renommé pour changer le câblage informatique de votre société ? Peu probable. Il en va de même pour la mise en production d'une boutique e-commerce. Cela demande des compétences multiples, que ni vous ni moi ne possédons.

Figure 20–2
Une peinture murale d'Elias Garcia Martinez représentant le Christ dans une église de Borja (Espagne), après une restauration inopportune réalisée par une voisine de 80 ans. (Source : www.huffingtonpost.fr)

Votre savoir-faire se situe peut-être dans l'invention de nouveaux accessoires de cuisine, dans la création de tables en fer forgé, dans l'écriture de romans, ou dans la commercialisation d'articles en provenance de Papouasie. Mais cumulez-vous ce savoir-faire avec des compétences en infrastructure réseau, en sécurité Internet, en base de données SQL, en analyse pour la réalisation d'interfaces, en programmation PHP, en design, en graphisme ? Certainement pas.

Lorsque vous envisagez de créer votre boutique e-commerce, trois chemins se présentent à vous.

L'autoformation

Le premier vous amène dans une librairie dans laquelle vous vous précipitez pour acquérir des ouvrages comme « PHP facile » ou « Maîtrisez le SQL en 5 leçons ». Vous prendrez un mois pour parcourir ces guides et serez convaincu de pouvoir tout faire seul. Ce serait probablement la décision la plus catastrophique de votre carrière.

L'ami dont le fils fait de l'informatique...

Heureusement pour vous, vous avez un ami dont le fils est en première année d'études informatiques et se propose de vous créer votre boutique, de développer vos interfaces et de gérer l'hébergement pour 10 euros de l'heure, payé au noir.

Votre calcul est vite fait. Comme le fiston estime qu'il peut réaliser l'ensemble de votre boutique ainsi que l'indispensable interface comptable en quatre jours, pour quelques centaines d'euros vous avez votre solution. Détrompez-vous. Il ne faudra pas une année pour que vous vous rendiez compte du pétrin dans lequel vous vous êtes mis.

> Apprendre un langage informatique peut, si vous avez l'ouverture d'esprit, se faire en six mois. Le maîtriser vous prendra six ans.

Faire appel aux compétences externes

Même s'il s'agit, à première vue, de la solution la plus onéreuse, faire appel aux personnes compétentes reste de loin la seule voie possible.

Si votre réaction est de vous dire que vous n'avez pas les moyens financiers pour cela, postposez votre projet afin d'épargner et vous permettre d'en financer sereinement la mise en œuvre. Vous pouvez également faire appel à votre banque, ou tenter de trouver des investisseurs extérieurs. Croire qu'il est possible de créer, en trois jours et pour deux sous, une boutique ayant une chance de devenir rentable relève d'un manque d'information, d'une autosuggestion abusive, ou d'une confiance absolue dans les publicités.

Le titre de ce paragraphe parle bien de compétences, au pluriel. La mise en œuvre d'un tel projet demande l'intervention de personnes différentes, ayant chacune une spécialisation. Qu'il s'agisse d'un graphiste, d'un informaticien spécialisé en langages Internet, d'une personne responsable de l'infrastructure, et surtout d'un chef de projet qui aura pour tâche de coordonner les différents intervenants. Il agira comme l'architecte le fait pour une nouvelle construction. Sans architecte, ne bâtissez pas votre maison. Sans un réel chef de projet, ne vous lancez pas dans l'aventure.

> Faire appel aux compétences externes est la seule solution crédible pour lancer correctement une boutique e-commerce. Encore faut-il faire confiance à ces personnes, les respecter, et écouter leurs conseils.

> **Remarque**
>
> Un chapitre spécifique sera consacré aux coûts de la mise en œuvre d'une boutique e-commerce, en faisant appel à des professionnels externes.

Nous l'avons déjà signalé, votre temps est précieux. Vos compétences valent de l'or. Pour réussir votre e-boutique, il est impératif de rester dans le domaine dans lequel vous excellez : vos produits. Employez tout votre temps et toute votre énergie à vous concentrer sur le contenu, les articles, les prix, les promotions, etc. Et déléguez le travail technique aux personnes dont c'est la spécialité. Vous serez deux fois gagnant.

Circonstances aggravantes dans une PME

Si vous êtes gestionnaire d'une petite société et que vous décidez de prendre en charge certains éléments techniques qui ne sont pas dans vos compétences, vos choix risquent d'être doublement nuisibles à votre projet, à votre société.

Imaginons une PME qui ne peut fonctionner sans un vrai programme de gestion de stock. Avec la mise en place de votre e-boutique, vous décidez que ce n'est plus nécessaire. Qu'en vous mettant vous-même à la programmation PHP, vous irez modifier les programmes de la boutique. Comme vous avez juste besoin de pouvoir changer la quantité en stock et de garder une trace de la modification dans un fichier journal, tout cela vous semble facile.

Non seulement vous commettez une erreur stratégique en passant des semaines à étudier, écrire du code, le tester, corriger les erreurs, alors que votre travail est de diriger la société, d'améliorer le contenu, de créer des promotions, mais, de plus, vous mettez à disposition de vos collaborateurs un programme qu'ils n'oseront pas critiquer. Que le programme ne corresponde pas à leurs attentes, qu'il leur demande tellement de manipulations qu'ils perdent énormément de temps à l'utiliser, personne n'ira vous le signaler car vous êtes leur patron. C'est vous qui les avez engagés et toute réclamation leur fait peur. Vous avez perdu votre temps, oublié votre propre travail, et imposé à vos collaborateurs un outil inefficace qu'ils ne peuvent critiquer ; un triple échec qui peut coûter très cher.

> Les liens de subordination existant dans une PME empêchent les utilisateurs de parler franchement s'ils estiment que ce que vous avez fait ne répond pas à leurs besoins. Par contre, si le programme est développé par une personne extérieure appropriée et qu'il ne correspond pas, vos collaborateurs auront la liberté de vous en faire part, le programme incriminé sera rectifié, et tout le monde en profitera.

Modifier les programmes de son logiciel e-commerce

Une autre erreur qui aura inévitablement des conséquences désastreuses à moyen terme est de décider de faire modifier le cœur de votre programme e-commerce. Cette solution de facilité semble à première vue évidente si vous souhaitez apporter quelques modifications de comportement à votre boutique afin qu'elle se plie à votre manière de travailler.

Vous avez pris la bonne décision de faire appel à un informaticien expérimenté dans ce logiciel, et malgré ses mises en garde, contre son avis, vous lui imposez d'effectuer des modifications directement dans les programmes de l'e-boutique. Vous êtes même prêt à signer une décharge de responsabilité en cas de problème.

Cette situation est aussi aberrante que si un technicien de la NASA décidait de faire remplacer un petit tronçon d'une tuyauterie de la cabine spatiale par un tube en plastique transparent afin que l'on puisse voir le liquide qui y circule. Seulement ce technicien, même s'il travaille à la NASA, n'a aucune idée du type de liquide qui circule dans cette canalisation. Est-il corrosif ? À quelle température circule-t-il ? Quelle est la pression ? Les conséquences de cette petite modification peuvent s'avérer irrémédiables.

Complexité du code

Selon la dernière étude fiable trouvée sur Internet, qui date de 2010, PrestaShop comptait à ce moment plus de 70 000 lignes de code. Magento plus de 300 000. Avec toutes les nouvelles fonctions ajoutées en quatre ans, il est raisonnable de penser que le code d'un logiciel e-commerce varie entre 250 000 et 500 000 lignes (source : http://www.troll-idees.com/blog/2010/11/15/comparatif-du-coude-sources-des-principaux-cms-et-solutions-e-commerce.html).

Nombreux intervenants

Comme il s'agit de logiciels open source, développés avec l'aide de la communauté entière, vous comprendrez que le développement n'est pas effectué par une équipe organisée qui se contrôle, mais bien par des centaines de personnes qui ne se connaissent absolument pas, mais qui tentent néanmoins de suivre une structure imposée dans leurs développements.

S'exposer à de nombreuses erreurs

Demander à votre partenaire informatique de modifier le code de votre logiciel n'est pas envisageable. Il lui est en effet impossible d'évaluer l'impact des modifications qu'il apporte sur les autres modules du logiciel. Il ne sait pas si le fait d'ajouter telle donnée, de supprimer telle fonction n'aura pas des conséquences aléatoires dans une semaine ou dans six mois.

À terme, en multipliant ce genre de demandes inappropriées, vous risquez de devoir engager une personne à mi-temps rien que pour recevoir les plaintes de vos clients et collaborateurs relatives aux nombreuses erreurs qui surviennent, et les transmettre aux développeurs.

Si vous souhaitez apporter des changements au fonctionnement de base de votre logiciel, il est impératif de passer par plusieurs étapes.

1 Vous devez exposer votre demande à votre prestataire informatique.

2 Celui-ci va la coucher sur papier et réaliser une analyse, qui résume votre explication, vous propose de visualiser par des schémas l'enchaînement des manipulations et décrit l'emplacement des nouveaux boutons, etc.

3 Vous validez cette analyse si vous estimez que cet informaticien a bien compris et bien assimilé votre souhait.

4 Le programmeur, spécialiste de votre logiciel, s'empare du dossier et traduit la demande en code informatique en respectant les consignes imposées aux développeurs de votre logiciel. Il ne modifiera jamais le code, il créera un module complémentaire qui viendra s'intégrer habilement dans la structure générale de votre e-boutique.

> Modifier le code de votre logiciel ouvre la porte à de multiples erreurs de fonctionnement, toutes aussi imprévisibles les unes que les autres, mécontentant ainsi vos clients et vos collaborateurs.

Se couper de toute évolution du logiciel

Comment se passe techniquement l'installation d'une nouvelle version de votre logiciel e-commerce ? Il faut savoir que ces 250 000 lignes de code ne sont pas constituées d'un seul bloc. Elles sont subdivisées en classes, programmes, fonctions, etc. De manière schématique, on peut dire que chaque programme qui a été modifié pour la nouvelle version, ne fût-ce que d'une seule ligne, est répertorié. Lors de la migration, le programme modifié écrasera tout simplement l'ancien.

Si vous avez demandé à votre informaticien de modifier directement le code, il est fort probable qu'une partie de ce qu'il a réalisé soit définitivement perdue, qu'il faille tout recommencer. S'il a effectué des modifications dans différents programmes, dans différentes classes, il vous sera impossible de migrer sans devoir tout refaire.

Vous vous coupez de toute évolution technique de votre logiciel. Et puisqu'il y a une nouvelle version tous les douze à quatorze mois, votre boutique sera vite devenue obsolète, dépassée. Vous aurez investi en pure perte.

> Faire modifier le code de votre logiciel vous coupe de toute nouvelle évolution et rend votre site obsolète en moins de trois ans. Votre investissement sera perdu.
> Pour apporter sereinement des modifications à votre logiciel, vous devrez passer, s'il s'agit de modifier ce que le client voit, par la création de modules compatibles. Si ces modifications concernent des traitements internes à votre société, modifications de stock, comptables, etc., il est primordial de détacher ces demandes de votre boutique e-commerce et de les déporter vers des programmes internes, sur votre réseau local. Nous y revenons au point suivant.

Séparer les demandes back office et front office

Ces deux termes font référence aux magasins traditionnels : le front office (en abrégé FO) est tout ce que le client voit, comme la vitrine, la devanture ou la salle d'exposition, tandis que le back office (en abrégé BO) se rapporte à l'arrière-boutique, où l'on prépare les colis, gère le stock, expédie.

Ils sont également utilisés pour les logiciels e-commerce. Le FO représente généralement la partie que le client voit à l'écran, peut manipuler. Tandis que le BO concerne toute l'administration liée aux produits, aux commandes, aux transporteurs. Ce que le client ne voit pas, mais qui est utilisé par l'e-commerçant.

Lorsque vous souhaitez apporter des modifications aux programmes liés à votre boutique, il est primordial de faire la différence entre celles qui concernent le FO et celles du BO.

Figure 20-3
La gestion des commandes, dans
le back office de PrestaShop

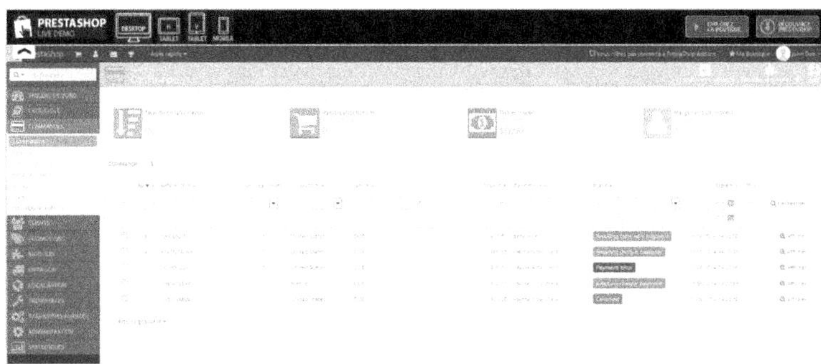

Prenons un exemple. Imaginons que vous souhaitiez afficher, dans la colonne de gauche de la page d'accueil de votre boutique, un petit bloc qui diffuse un proverbe chinois changeant toutes les 30 minutes. Nous sommes là clairement dans une fonction liée au FO. Votre premier réflexe sera de rechercher sur Internet si cela n'existe pas déjà dans les modules standards de votre logiciel. Si ce n'est pas le cas, vous ferez appel à votre partenaire informatique et lui exposerez votre idée. Il rédigera une analyse qu'il vous soumettra, puis qui sera transmise aux développeurs pour créer un nouveau module compatible avec l'architecture de votre logiciel, vous garantissant ainsi la pérennité des évolutions.

Si, en revanche, vous souhaitez réaliser le programme d'enregistrement des mouvements de stock dont nous parlions plus haut, nous ne nous trouvons plus dans une fonction du FO, mais bien dans l'administratif, dans le BO. Et là, la manière de fonctionner sera totalement différente. Comment procéder ?

Fonctions supplémentaires au back office

Nous souhaitons autoriser notre gestionnaire de magasin à introduire des mouvements de stock pour rectifier les erreurs et garder des traces de chacun d'eux dans un fichier journal. Ce journal pouvant être édité sous forme de listes, de statistiques, puis remis à zéro.

Un programme de ce genre n'a pas sa place sur votre serveur e-commerce. Il s'agit typiquement d'un applicatif supplémentaire à ajouter à vos logiciels internes, qui pourra communiquer facilement avec la base de données de votre boutique. Schématisons cela.

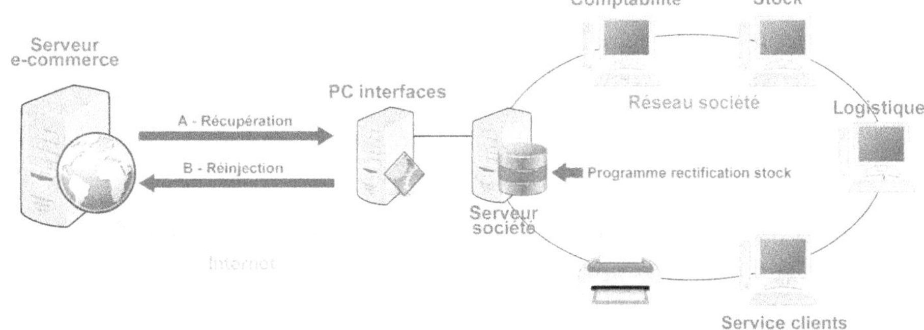

Figure 20-4 Les fonctionnalités qui ne concernent pas le FO doivent être développées pour votre serveur interne.

Votre partenaire informatique vous proposera la solution suivante (figure 20-4).

1 Développer une petite interface qui, à votre demande, ira rechercher sur votre boutique tous les articles et leurs quantités en stock au moment de la demande (point « A – Récupération » de la figure 20-4). Les informations récupérées seront stockées dans un nouveau fichier sur votre serveur société.

2 Un programme permettant d'afficher ce fichier sera mis au point, incorporant toutes les fonctions vous permettant de modifier le stock, d'encoder les mouvements et leurs justificatifs, de mémoriser ces mouvements dans un fichier journal, de recalculer le nouveau stock. D'autres programmes de listes pourront être développés, mais se baseront sur le fichier que vous avez récupéré et stocké en « local » (sur votre serveur société).

3 Une fois que vous aurez terminé vos mises à jour, que tout sera correct, vous pourrez lancer la seconde interface (point « B – Réinjection » de la figure 20-4). Elle calculera, pour chaque article, le total des mouvements de rectification que vous avez effectués et imputera la différence dans le stock de l'article sur le serveur.

Exemple pour un article.

1 Lors de la récupération, l'article « Apache 150 » compte 1 350 unités sur le serveur e-commerce.

2 Vous effectuez les trois rectifications ci-dessous :
  - moins 10 pièces données en échantillon au client A ;
  - moins 3 articles endommagés lors de l'ouverture d'une caisse ;
  - moins 2 articles offerts lors d'une fête du personnel.

3 La réinjection pouvant avoir lieu une semaine plus tard, il est probable que le stock de votre boutique ait baissé, et que vous ayez vendu 50 pièces entre-temps. Le stock de votre boutique, avant réinjection, est donc de 1 300 unités. L'interface calculera le total des mouvements pour l'article « Apache 150 », soit -15, et ira diminuer le stock de la boutique de ce chiffre : 1 300 - 15 = 1 285.

Pourquoi développer les fonctions du back office en mode local ?

Par développement en mode local, comprenez qu'il s'agit de programmes destinés à être installés sur votre serveur société et non sur votre e-boutique.

Rapidité de développement, coûts incomparables

La première raison, qui ne manquera pas de vous convaincre, provient des coûts de développement. Créer des programmes, des modules pour votre e-boutique doit se faire dans un langage propre à cette boutique, par exemple le PHP. Or ces langages sont assez complexes, imposent un codage assez long de la part des programmeurs, et la moindre petite erreur d'encodage dans le programme, comme un double point oublié, peut s'avérer fatale. De plus, en cas d'erreur, très peu d'outils permettent à l'informaticien de détecter sa provenance. Il devra alors y passer beaucoup de temps.

Les développements de programmes habituels pour vos PC sous Windows, en opposition aux programmes qui tournent sur Internet, se font actuellement avec des générateurs de programmes hyperperformants qui contiennent tous les outils de détection de problèmes que l'on peut imaginer. Ces logiciels disposent aussi de générateurs de listes. Il ne faudra que quelques minutes à un informaticien habitué à ce genre de logiciels pour créer un programme qui liste votre fichier « journal des mouvements », alors qu'en langage PHP cela peut prendre plusieurs heures, voire plusieurs jours.

> Développer en mode local avec les outils appropriés est dix à vingt fois plus rapide qu'écrire le même programme en un langage de type PHP. Votre facture en sera très nettement réduite.

Rapidité d'exécution

Si votre responsable de stock doit enregistrer les différences via un programme que vous auriez malencontreusement fait développer directement sur votre serveur e-commerce, il y passera énormément de temps. Car il devra à chaque fois chercher le produit, cliquer sur ce produit, encoder la correction et son justificatif, puis valider sa modification.

Sur un serveur e-commerce, chaque manipulation prendra entre 7 et 10 secondes. La même manipulation effectuée sur un programme de votre serveur local devrait durer entre 2 et 3 secondes, soit trois fois moins de temps. Imaginez un encodage prenant 1 heure en mode local, ce même encodage serait réalisé en 3 heures en mode BO de votre boutique.

Indépendance de fonctionnement

Lors de l'encodage des modifications de stock en mode local, votre collaborateur n'utilise pas les ressources de votre serveur e-business. Il laisse ces ressources aux clients.

Cela ne vous semble pas important. Malheureusement, les gérants qui prennent la décision de faire développer tous leurs programmes sur leur serveur e-commerce au lieu de bien séparer le FO du BO ne s'arrêtent jamais à un seul petit développement. Ils ont d'autres idées, repartent vers les mêmes erreurs. Ils se retrouvent en fin de compte avec une légion de programmes supplémentaires ajoutés à leur e-boutique, uniquement destinés à leurs collaborateurs. Toutes ces ressources cumulées vont ralentir leur serveur e-commerce au détriment des clients. Tout le monde est perdant. Les clients car la boutique sera de plus en plus lente, les collaborateurs car ils travailleront trois fois plus lentement que si le même programme avait été développé en mode local, pour un PC interne.

Éditions complexes

Si vos services administratifs nécessitent des listes statistiques complexes, des documents dont la mise en page est très spécifique, ne vous aventurez jamais à tenter ce genre de développement sur le serveur de votre boutique. Le prix demandé serait démesuré par rapport à ce qui s'effectue en mode local sur la base de programmes adaptés. Et chaque fois qu'une telle liste serait imprimée, vous utiliseriez énormément de ressources mémoire et disque de votre serveur e-commerce.

Voici comment procéder pour créer une liste.

1 Une fois de plus, nous ferons appel à une nouvelle petite interface qui récupérera les données que nous souhaitons, par exemple les commandes enregistrées durant les douze der-

niers mois. Elle recherchera uniquement les données dont nous avons besoin. Contrairement à ce que l'on peut imaginer, les fichiers qui contiennent les données sur le serveur e-commerce sont très complexes, et très nombreux. Pour vous donner un exemple, une commande enregistrée dans PrestaShop se décompose en vingt et un fichiers différents. L'avantage de l'utilisation d'une interface est qu'elle agit très vite, directement dans la base de données, et ne prend que ce dont elle a besoin.

2 L'interface de récupération créera un fichier très limité sur le disque de votre serveur société. Il ne contiendra que les éléments utiles à vos statistiques, et uniquement liés aux dates demandées.

3 Votre prestataire informatique développera, avec les outils performants dont il dispose pour le mode local, la liste ou les statistiques que vous souhaitez. Le développement se compte en heures et non en jours pour un langage Internet comme le PHP. Gain de temps, gain d'argent.

> N'autorisez jamais un programme de liste à lire directement les données de votre serveur e-commerce. Cela vous coûterait très cher en temps de développement, et chaque fois que la liste sera demandée, les performances de votre serveur seront ralenties, tant pour vos clients que pour vos collaborateurs.

Figure 20–5
Exemple de programme d'édition développé en moins d'une heure avec le logiciel WinDev®. Cela prendrait plus d'un jour en langage PHP. (Source : www.pcsoft.fr/)

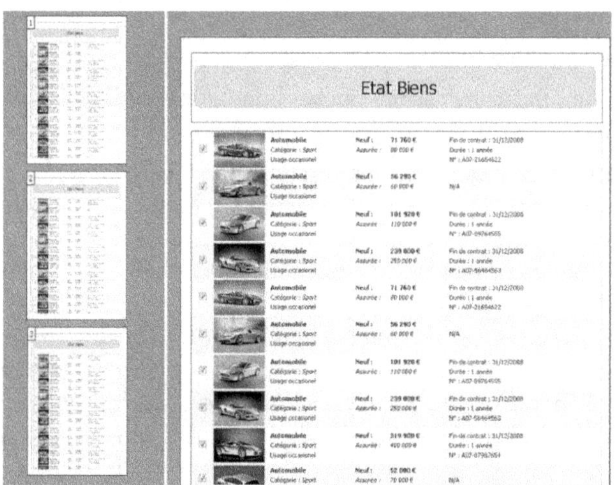

> En tant que patron de PME, gérant ou indépendant qui souhaitez lancer votre boutique, il est impératif de limiter votre action aux domaines dans lesquels vous excellez : la gestion de votre catalogue, la recherche de nouveaux produits, l'amélioration des descriptions, la supervision du support à la clientèle, les promotions, la recherche des transporteurs, etc. Évitez à tout prix de vous immiscer dans la partie technique de votre e-boutique. Ce n'est pas votre rôle et les risques de mal faire sont énormes.
>
> Ne prenez jamais directement contact avec les développeurs pour leur demander telle ou telle modification. Faites appel au chef de projet. Il est la seule personne ayant une vue générale de vos demandes, la seule qui puisse juger si ces modifications ne risquent pas d'impacter une autre partie du logiciel, qui vous conseillera peut-être une alternative, et gérera les priorités de vos développements.
>
> Entourez-vous d'un bon chef de projet et de personnes compétentes dans les domaines liés à la mise en route de votre boutique. Et surtout, faites-leur confiance.

Lancer sa boutique

Après ce tour d'horizon relatif à la création de votre boutique, vous voilà fin prêt. Il ne manque plus que les visiteurs, les clients.

Mais les avez-vous prévenus que vous existiez ? Leur avez-vous donné envie de parcourir votre site, de découvrir les avantages dont ils bénéficient en achetant chez vous ? Il est plus que temps d'y penser.

Dans cette troisième partie, nous aborderons deux moyens d'attirer les internautes vers votre site : l'e-mailing et le bannering. D'autres méthodes existent, comme les AdWords de Google. Elles ne seront pas traitées dans cet ouvrage car elles entraînent des coûts mensuels importants dont il vaut mieux débattre au cas par cas avec une société spécialisée en référencement.

Et comme vous trouverez le temps long, nous vous avons réservé un chapitre pour vous occuper durant les premières semaines de vie de votre boutique, pour déjà l'améliorer.

21

Les noms de domaines et l'hébergement

Figure 21–1 Toute boutique e-commerce requiert un nom de domaine.

Les noms de domaines

Afin de pouvoir y accéder, chaque site Internet et chaque boutique de commerce électronique sont répertoriés de manière unique dans un immense annuaire mondial grâce à ce que l'on appelle leur adresse « IP ». Elle est constituée d'une série de quatre nombres séparés par des points. Par exemple, l'adresse IP du site d'Amazon France est 176.32.108.178.

Vocabulaire

Une adresse IP (pour *Internet Protocol*) est un numéro d'identification qui est attribué de façon permanente ou provisoire à chaque appareil connecté à un réseau informatique utilisant l'Internet Protocol. L'adresse IP est à la base du système d'acheminement (le routage) des messages sur Internet. (Source : Wikipédia)

Bon à savoir

L'adresse IP comme celle de l'exemple d'Amazon est appelée IPv4. Le développement rapide d'Internet durant ces dix dernières années a conduit à la pénurie du nombre d'adresses IPv4 disponibles. Un nouveau format, IPv6, a récemment vu le jour en réponse à la demande croissante de nouvelles adresses IP. Avec IPv6, on dispose maintenant d'environ $3,4^{1038}$ adresses. Cela équivaut à un nombre illimité puisque, pour saturer le système, il faudrait placer plus de 667 millions de milliards d'appareils connectés à Internet sur chaque millimètre carré de surface terrestre. L'adresse IPv6 est plus complexe à lire que l'IPv4 car elle se base sur le système hexadécimal. Exemple : fedc:6482:cafe:ba05:a200:e8ff:fe65:df9a. (Sources : Wikipédia)

Même si le système IPv4 bascule progressivement vers l'IPv6, le principe d'être identifié de manière unique dans un annuaire mondial reste d'actualité. Ce basculement est un peu comparable au passage à 10 chiffres des numéros de téléphone en France en 1996.

Néanmoins, devoir imprimer sur sa carte de visite « Visitez notre boutique : 176.32.108.178 », ou « Visitez notre boutique : fedc:6482:cafe:ba05:a200:e8ff:fe65:df9a » n'est pas très commercial. Pour simplifier cela et rendre cette adresse plus agréable et plus facile à retenir, l'autorité compétente a instauré le « nom de domaine ». En réalité, le nom de domaine n'est rien d'autre que l'appellation limpide d'une adresse en chiffres (chiffres et lettres depuis IPv6). Imprimer sur votre carte « Visitez notre site www.amazon.fr » revient au même qu'indiquer « Visitez notre site 176.32.108.178 ». Pour permettre l'utilisation des noms de domaines, il a fallu créer un annuaire de conversion qui, lorsque vous l'interrogez sur l'adresse Internet d'« amazon.fr », vous répond « 176.32.108.178 ».

Grâce à cette évolution, à l'invention des noms de domaines, vous avez la possibilité de réserver un nom lisible, comme « ma-boutique », et non une adresse imbuvable. Il s'agit bien de « réserver » un nom de domaine, pas de l'acheter. Vous le louez, auprès d'un organisme agréé, pour une période renouvelable de six mois à dix ans.

La syntaxe du nom de domaine

Le nom de domaine

Le nom de domaine que vous enregistrez se compose essentiellement de deux parties, séparées par un point. Ce qui se trouve à la gauche du point doit représenter votre société, le nom de votre boutique, ou un autre nom qui se rapporte à votre activité. Certaines règles doivent être respectées :

- le nom ne peut ni commencer ni finir par un tiret (-) ;
- il ne doit pas contenir de points (en dehors de la séparation entre le nom et l'extension) ;
- ni d'espaces.

De plus, s'il s'agit d'une marque, elle doit vous appartenir. Cela vous évitera des problèmes ultérieurs.

L'extension

L'extension se compose de deux ou plusieurs caractères et doit être choisie dans une liste d'extensions autorisées qui varie régulièrement. Toutes les extensions publiées ne sont pas ouvertes aux sociétés. Prenons quelques exemples connus.

- .com – la plus courante pour les sociétés commerciales. Pas de restriction.
- .biz – pour business. Le .com étant fort utilisé et de moins en moins disponible, le .biz permet également de réserver un nom de domaine pour des sociétés commerciales.
- .info – pour l'information en général.
- .eu – le domaine de l'Union européenne (sociétés, particuliers, etc.).
- .fr – les sociétés françaises (très restrictif, justificatif d'identification demandée).
- .be – les sociétés belges.

Mais il existe de nombreuses autres extensions, parfois très floues dans leur application. L'extension .pro en est la preuve. Initialement réservée aux professions libérales, son utilisation a été élargie, en 2009, « aux personnes morales identifiables en ligne ». Or l'organisme de contrôle de cette extension vous oblige à lui transmettre la preuve d'un accès à la profession identifiable en ligne. Comme le système d'accès à la profession est différent d'un pays à un autre, les documents, le mode de validation de votre compétence, les fichiers de références sont également différents. Ce qui revient à dire que c'est la foire d'empoigne entre les sociétés morales en droit de disposer de cette appellation et l'organisation de contrôle, américaine, qui ne connaît que les documents américains (www.registry.pro).

Cette liste d'extensions est très longue. Nous avons parlé des .fr et .be, mais les .lu, .de existent également. Elles existent aussi pour tous les autres pays.

Vous en trouverez des moins connues et plus typiques, comme .coffee (pour les cafés), .cab (pour les taxis), .diamonds (pour l'industrie du diamant), .bike (pour tout ce qui concerne le vélo ou la moto), .blue (pour les amateurs de bleu), .guitars (pour tout ce qui concerne la guitare), `.sexy` (divertissement et pornographie pour adultes) et `.xxx` qui va dans le même sens mais qui oblige de s'inscrire à l'organisme de contrôle des sites pornographiques.

Pour une liste plus fournie des extensions disponibles, je vous conseille la page Wikipédia « Liste des domaines Internet de premier niveau » (http://fr.wikipedia.org/wiki/Liste_des_domaines_Internet_de_premier_niveau).

L'enregistrement du nom de domaine

Les conditions

Pour disposer d'un nom de domaine, vous devez le réserver. L'appellation courante pour cela est « enregistrement du nom de domaine ». Il y a trois conditions pour un enregistrement :

1 qu'il soit encore disponible, donc pas déjà réservé par quelqu'un d'autre ;

2 que vous ayez le droit d'utiliser l'extension choisie. Pas question de tenter de réserver un domaine avec une extension « .mil », qui est réservée à l'armée américaine ;

3 que le paiement pour cette réservation soit effectif (annuellement).

Quel est le prix pour une réservation de nom de domaine ?

L'enregistrement se fait toujours, via Internet, chez des prestataires autorisés. Il suffit d'effectuer une recherche sur Google « enregistrement de domaine » et vous n'aurez que l'embarras du choix. Néanmoins, vous serez confronté à des prix très différents d'un prestataire à l'autre.

Le prix varie d'abord, chez tous les prestataires, en fonction de l'extension choisie. Vous pouvez trouver un domaine avec une extension généraliste comme .com ou .biz à moins de 10 euros par an. Le prix pour un domaine plus spécialisé, comme .holiday ou .shoes, avoisinera les 20 euros annuels. Certaines extensions vous coûteront nettement plus cher, comme .cm (Cameroun) ou le .xxx qui se situent aux alentours de 80 euros par an.

Outre le type d'extension, ce sont également les services proposés par le prestataire qui peuvent affecter le prix. Voici quelques résultats d'une demande effectuée pour un même nom de domaine avec l'extension .com chez différents prestataires.

- Combell.com : 42,35 euros (https://order.combell.com).
- Ovh.com : 8,39 euros (https://www.ovh.com).
- One.com : 12 euros (http://www.one.com/fr/info/prix).
- Nitix.com : 8,90 euros (http://www.nuxit.com/nom-de-domaine).
- Domaines.fr : 12 euros (http://www.domaine.fr/).

Étant personnellement client de plusieurs de ces sociétés, je peux confirmer qu'en règle générale plus le prix est élevé, meilleur est le service.

Vous auriez raison de vous demander à quoi sert le service pour une réservation de domaine. Normalement à rien. Sauf en cas de problème, par exemple lorsque vous devez faire appel à votre prestataire parce que votre site ne s'affiche plus, ou pour vérifier que vous remplissez les conditions d'éligibilité pour le domaine .pro que vous comptez réserver.

Un de ces fournisseurs répondra à votre demande de support dans les 30 minutes, chez un autre il vous faudra parfois attendre plusieurs jours et effectuer plusieurs relances avant d'avoir une réponse évasive.

Pour certains prestataires, le support téléphonique est inclus dans le prix, dans d'autres cas vous devrez utiliser un numéro surtaxé où vous attendrez longtemps avant que l'on ne prenne votre appel en charge. Ce qui peut vite représenter des montants très importants. En général, ces sociétés vous proposent ensuite un support « VIP » payant, vous garantissant de passer avant les autres clients, mais à un prix démesuré.

> Si vous chargez votre chef de projet de s'occuper de votre enregistrement de nom de domaine, le choix de l'enregistrement auprès d'une société « à bas prix » peut s'avérer intéressant. Si vous comptez vous charger vous-même de ce travail, optez pour un service inclus.

Comment procéder à l'enregistrement ?

Tout simplement en suivant la procédure indiquée sur le site du prestataire autorisé. De manière générale, vous devrez d'abord indiquer le nom de domaine que vous souhaitez réserver ainsi que l'extension choisie, par exemple « saladiers-equitables.com ». Une recherche sera immédiatement lancée pour vous signaler si ce nom de domaine est encore disponible ou déjà pris par une autre société, une autre personne.

La phase suivante est classique. Vous devez vous inscrire et communiquer toutes les informations nécessaires, comme la dénomination de la société, son adresse, le nom du responsable, une adresse e-mail, etc. Vous effectuez le paiement, et quelques dizaines de minutes plus tard le domaine est réservé à votre nom, pour la durée à laquelle vous avez souscrit.

L'hébergement

Une fois le nom de domaine enregistré, vous devrez également penser à réserver un hébergement. De quoi s'agit-il ?

Votre boutique e-commerce est constituée de logiciels qui sont paramétrés selon vos besoins et d'une base de données qui contient toutes les informations relatives à vos clients, vos articles, catégories, commandes, etc. Ces programmes et ces données doivent être installés sur ce que l'on appelle un « serveur web ».

Contrairement aux serveurs que l'on trouve dans les PME et qui tournent généralement sous Windows, les serveurs web des PME utilisent rarement Windows comme système d'exploitation, mais plutôt Linux. D'autres logiciels doivent également être installés sur un serveur web pour qu'il puisse gérer votre e-boutique et l'afficher sur Internet, comme Apache, MySQL, PHP, etc.

Ce genre d'installation est assez complexe et difficile à réaliser dans vos locaux. De plus, il vous faudra également instaurer une sécurité entre Internet et votre serveur (un pare-feu, ou *firewall*), et investir dans des batteries de secours (UPS) pour permettre à votre site de continuer à fonctionner en cas de petites pannes de courant, mettre en place un système performant de backups, etc. Rares sont les PME qui s'orientent dans cette voie.

Comment se doter d'un hébergement ?

Le plus courant est de retourner chez le prestataire autorisé chez qui vous aviez réservé votre nom de domaine et d'opter pour la « location » d'une de ses machines prééquipées pour ce genre de travail. On parle d'hébergement. Comme si vous optiez pour la location à l'année d'un appartement meublé.

Figure 21–2
La page relative aux hébergements de base proposés par la société OVH
(Source : http://www.ovh.com/fr/hebergement-web/)

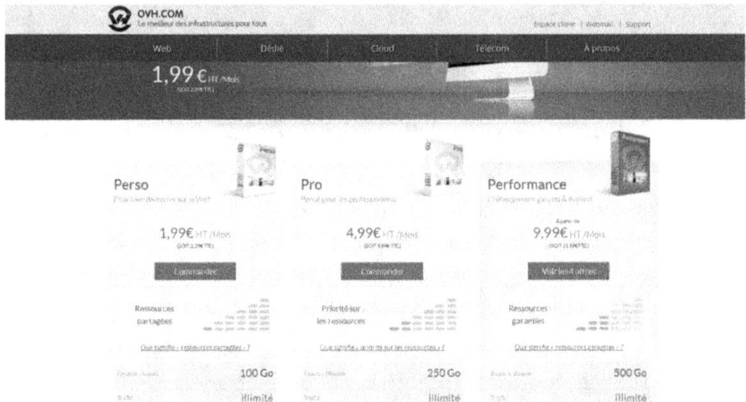

Comme vous le constatez à la figure 21-2, la société OVH vous propose trois types d'hébergement de base, dits « mutualisés ». Vous pourriez également vous orienter vers d'autres choix, comme un hébergement « cloud » ou un serveur « dédié ». Toutes ces formules existent et le choix s'avère complexe. Il dépend en effet de nombreux facteurs, comme le logiciel que vous utilisez pour votre e-boutique, le nombre d'articles, d'images, de vidéos, de commandes envisagées, etc.

Si le plus courant pour se doter d'un hébergement est de retourner chez le prestataire chez qui vous aviez réservé votre nom de domaine, le plus simple pour choisir l'hébergement qui vous convient, le commander et installer les programmes est de faire appel à la société de services qui vous aide dans la mise en œuvre de votre boutique. Cela ne lui prendra pas beaucoup de temps car ses équipes ont l'habitude de ce genre de travail.

> Le prix d'un hébergement est très variable selon les choix effectués. Il peut commencer à quelques euros par mois, pour aboutir à quelques centaines d'euros par mois.

Vocabulaire

Serveur web : les serveurs web publics sont reliés à Internet et hébergent des ressources (pages web, images, vidéos, etc.) du web. Tous les autres serveurs se trouvent sur des intranets et hébergent des sites utilisateurs, des documents ou des logiciels internes à une entreprise, une administration, etc. Techniquement, il serait possible qu'un même ordinateur remplisse les deux fonctions, mais c'est rarement le cas pour des raisons de sécurité. Le plus souvent, un serveur web fait fonctionner ensemble plusieurs logiciels. On retrouve la combinaison Apache (serveur HTTP), MySQL (serveur de base de données) et PHP, qui peuvent être différents selon le système d'exploitation (Linux, Windows ou Mac).

HTTP : l'HyperText Transfer Protocol, plus connu sous l'abréviation HTTP – littéralement « protocole de transfert hypertexte », est un protocole de communication client-serveur développé pour le World Wide Web.

MySQL : MySQL est un système de gestion de bases de données relationnelles (SGBDR). Il fait partie des logiciels de gestion de base de données les plus utilisés au monde, autant par le grand public (applications web principalement) que par des professionnels, en concurrence avec Oracle, Informix et Microsoft SQL Server. Son nom vient du prénom de la fille du cocréateur, Michael Widenius, My. SQL fait allusion au Structured Query Language, le langage de requête utilisé.

Apache : le logiciel libre Apache HTTP Server (Apache) est un serveur HTTP créé et maintenu au sein de la fondation Apache. C'est le serveur HTTP le plus populaire du World Wide Web.

Linux : Linux est le nom couramment donné à tout système d'exploitation libre fonctionnant avec le noyau Linux. C'est une implémentation libre du système UNIX. Ce système est né de la rencontre entre le mouvement du logiciel libre et le modèle de développement collaboratif et décentralisé via Internet. Son nom vient du créateur du noyau Linux, Linus Torvalds.

Hébergement mutualisé : l'hébergement mutualisé est un concept d'hébergement Internet destiné principalement à des sites web, dans un environnement technique dont la caractéristique principale est d'être partagé par plusieurs utilisateurs. Cette architecture est adaptée pour des sites d'importance et d'audience faible ou moyenne, ne sollicitant que ponctuellement les ressources du ou des serveurs informatiques servant à l'hébergement (processeur, mémoire vive, espace disque, bande passante). L'administration du ou des serveurs est assurée par un intervenant tiers (et non par le titulaire de l'hébergement).

Serveur ou **hébergement dédié :** un serveur dédié est un serveur informatique qui est mis à disposition d'un seul client par un hébergeur.

Pare-feu ou **firewall :** un pare-feu (de l'anglais *firewall*), est un logiciel et/ou un matériel permettant de faire respecter la politique de sécurité du réseau, celle-ci définissant quels sont les types de communication autorisés sur ce réseau informatique. Il mesure la prévention des applications et des paquets.

UPS : *Uninterruptible Power Supply* signifie alimentation sans interruption. Un UPS est un dispositif électronique qui permet de fournir à un système électrique ou électronique une alimentation stable et dépourvue de coupures ou de microcoupures, quoi qu'il se produise sur le réseau électrique.

(Sources : Wikipédia)

22

L'étendue du travail

Figure 22–1 Se lancer dans l'e-commerce doit être le fruit d'une décision mûrement réfléchie.

Les questions à se poser

Nous aborderons dans cette troisième partie les tâches que vous devrez prendre en charge pour mettre sur pied votre boutique. Chacun d'entre eux représente une pièce unique de votre puzzle. Tant que tout n'est pas totalement et correctement assemblé, votre puzzle n'est pas terminé.

Outre l'aspect de la pertinence des produits que vous comptez commercialiser, sur laquelle nous nous sommes déjà attardés, ces chapitres vous posent directement ces deux questions.

1. Avez-vous le temps pour mener à bien chacune de ces tâches ?
2. Avez-vous les compétences pour gérer chacune d'elles ?

Rares sont les lecteurs qui peuvent répondre oui à ces deux questions. Si c'était le cas, vous ne seriez pas occupé à parcourir ce livre, mais vous vous la couleriez douce sur une plage paradisiaque des îles de Polynésie française.

Loin de moi l'idée de vous décourager d'entreprendre cette construction d'e-boutique. Bien au contraire. Mais plutôt de vous aider à ouvrir les yeux sur les chemins à suivre pour mettre toutes les chances de votre côté.

Préparer le travail

Les articles

Le premier paragraphe du premier chapitre de cette seconde partie « Par où commencer ? » précisait : « Vous devez vous réserver un bureau, ou au minimum une armoire, disposer de classeurs et de temps. »

Probablement n'aviez-vous pas porté beaucoup d'attention à cette petite phrase, si anodine. Il y a de fortes chances qu'aujourd'hui, après avoir parcouru la liste des tâches qui vous attendent, cette phrase prenne tout son sens dans votre projet. Vous devez absolument commencer par vous organiser pour revoir chacune de ces étapes, y réfléchir, mettre vos idées sur papier. C'est le meilleur moyen d'aborder votre e-boutique : préparer votre travail.

Très certainement, vous n'aurez pas réponse à tout. Vous vous poserez beaucoup de questions. Et c'est normal. Mais ces questions, ces doutes, gardez-les bien au chaud pour plus tard.

Votre catalogue de produits à commercialiser, il n'y a que vous pour vous en occuper, pour faire les bons choix, prendre les bonnes décisions. Vous devez réfléchir à l'organisation de ce catalogue. Rien ne vous oblige à vous baser sur vos habitudes actuelles, ni à prévoir tous les articles d'un coup pour la mise en production de votre site. Au contraire. Sélectionnez ceux qui ont le plus de chances d'attirer les commandes, et pour chacun des articles choisis, recherchez les meilleures photos, rédigez les textes les plus aguicheurs, ceux qui vont accrocher le public. Trouvez les bons titres, surlignez en jaune les phrases qui serviront de balises `<h1>`, en rose celles qui correspondront aux balises `<h2>`, etc.

Les prix

Les consommateurs qui achètent sur Internet s'attendent à bénéficier de prix plus attractifs que ceux pratiqués dans les magasins. Ne les décevez pas. Revoyez tous vos prix d'achat. Au besoin, contactez vos fournisseurs pour tenter d'obtenir de meilleures conditions. Recalculez vos prix de vente en limitant votre marge. Soyez nettement meilleur que votre concurrent le plus féroce.

Le transport

Même si cela vous semble anodin, rappelez-vous que 45 % des acheteurs ne finalisent pas leurs achats car ils estiment les frais de port trop élevés. Ne ratez pas le coche. Trouvez un ou deux transporteurs fiables qui peuvent livrer à bas prix. Le premier pour les expéditions normales et les expéditions « express », le second pour les commandes moins urgentes ou hors gabarit. Ces transporteurs doivent devenir pour vous de véritables partenaires.

Une fois les négociations terminées avec eux, vous devrez préparer une grille de prix qui servira de base à votre encodage dans l'e-boutique. Chaque article de votre catalogue sera emballé, puis pesé et mesuré. Ces données serviront à l'encodage dans le fichier des articles de votre e-boutique. Toutes ces négociations, ces calculs de tarifs, ces pesages et mesures prennent du temps. Ne le sous-estimez pas. Commencez dès que possible.

Les modes de paiement

Même si la finalisation des modes de paiement n'est pas pour tout de suite, tôt ou tard vous devrez rencontrer votre banquier, lui exposer votre projet et remplir les documents ad hoc pour pouvoir accepter des paiements sur votre site. Ne remettez pas à demain, contactez votre banquier au plus tôt et demandez-lui les documents nécessaires afin que vous puissiez fournir à votre prestataire informatique toutes les informations souhaitées.

Les obligations administratives

Si vous avez déjà des conditions générales de vente, tant mieux. Parcourez-les de nouveau afin de les adapter au mode de fonctionnement du commerce électronique. Si vous n'en disposez pas, il est urgent de prendre contact avec un avocat, un expert-comptable pour les rédiger.

N'oubliez pas que d'autres textes sont à prévoir : les garanties, les retours, le droit de rétractation. Prévoyez quelques longues semaines pour tous ces textes.

Le graphisme

Et pour vous détendre, quand réellement vous en avez par-dessus la tête, parcourez les différents sites qui proposent des templates/gabarits et mémorisez dans les favoris de votre navigateur les liens pour les démos de templates qui correspondent au look que vous souhaitez donner à votre boutique (voir chapitre 17).

Trouver le bon partenaire

Un projet e-commerce ne peut pas s'envisager seul. La réussite n'est possible qu'à condition de travailler avec un bon partenaire, et de faire en sorte que chacun exécute le travail qui le concerne. Vous pour vos produits, le catalogue, les prix, le transport, tandis que votre partenaire prendra en charge toutes les parties techniques.

Vous lancer seul dans l'aventure serait comparable à un pilote de rallye s'engageant dans une course sans le coéquipier en qui il a une totale confiance. Vous ne passeriez pas le premier virage. Ce partenaire, qui vous accompagnera tant que votre e-boutique existera, doit pouvoir répondre à certains critères.

1 Il doit disposer de plusieurs collaborateurs, internes ou externes à son entreprise, ayant chacun une compétence différente : un graphiste, un spécialiste en infrastructure web, un développeur PHP ou similaire. De plus, si vous devez disposer d'une gestion de stock ou d'interfaces diverses, un développeur « local » s'avère indispensable. Que ses collaborateurs soient internes ou externes à son entreprise ne change rien. Bien souvent, les prestataires informatiques font appel à des compétences externes pour les aider dans des missions ponctuelles.

2 Votre partenaire devra vous attacher un chef de projet qui sera votre « SPOC » (*Single Point Of Contact* - point de contact unique). C'est toujours avec lui que vous discuterez. Il centralisera vos demandes, les traitera et vous proposera des solutions. En aucun cas vous ne devez contacter directement le graphiste ou le développeur PHP.

3 Il doit pouvoir prouver ses compétences en création de boutiques e-commerce. Une agence « webdesign » qui ne gère que des sites Internet, et non des boutiques e-commerce, ne sera pas la bonne conseillère. N'hésitez pas à lui demander cinq ou six références, ainsi que les coordonnées de personnes à contacter chez ces références. Appelez ces personnes pour savoir comment s'est déroulé le projet, car il s'agit bien d'un partenaire avec lequel vous allez travailler, pas d'une société commerciale qui vous vend un logiciel et vous oublie.

4 Chacune de vos demandes d'amélioration ou de correction doit faire l'objet d'un document écrit aussi précis que possible. Une demande faite oralement peut en effet être mal comprise, mal interprétée. Et si le développeur se met à travailler sur des adaptations qui ne correspondent pas à ce que vous attendez, le litige n'est pas loin.

En préparant correctement le travail, en vous investissant à fond, en choisissant un partenaire compétent et expérimenté dans l'e-commerce, vous mettrez toutes les chances de votre côté.

Maintenant que votre décision est prise, attardons-nous quelques instants sur les différents moyens à votre disposition pour lancer votre boutique, pour la faire connaître.

En fin d'ouvrage, une dernière partie sera consacrée aux aspects financiers du projet, ainsi qu'aux délais moyens de réalisation.

23

L'e-mailing

Figure 23–1 L'e-mailing, un moyen efficace d'informer vos clients

Un moyen pour faire connaître sa e-boutique

Plusieurs semaines, plusieurs mois se sont écoulés depuis le début de votre travail, et voilà enfin que vous envisagez de libérer votre e-boutique, de la mettre en production, de la rendre accessible à tout un chacun partout dans le monde. Le bout du tunnel est proche, vous êtes épuisé mais content d'aboutir. Il n'y a plus qu'à attendre les premiers clients.

Malheureusement, il vous reste encore un petit travail, qui consiste à faire connaître votre nouvelle boutique... et d'y attirer un maximum de visiteurs. Bien évidemment, de nombreuses méthodes traditionnelles existent et sont certainement très efficaces, comme les encarts dans les journaux, la publicité radio ou TV, voire dans les salles de cinéma.

Nous n'aborderons pas ces méthodes car elles sortent du contexte informatique de cet ouvrage. Elles existent, ont un prix, donnent des résultats. Rien ne vous empêche de les envisager. Nous décrivons dans ce chapitre un autre moyen de toucher énormément de monde dans un temps limité : l'e-mailing.

Il consiste à envoyer par courrier électronique un message publicitaire à une cible déterminée de personnes. Cette simple petite phrase renferme à elle seule trois métiers différents.

- « Envoyer par courrier électronique ». Nous ne parlons pas ici d'envoyer 150 e-mails à vos amis en utilisant votre Outlook, Thunderbird ou tout autre logiciel de messagerie classique, mais bien de logiciels spécialisés dans l'envoi en masse.

Vocabulaire

Outlook : Microsoft Outlook (officiellement Microsoft Office Outlook) est un gestionnaire d'informations personnelles et un client de courrier électronique propriétaire édité par Microsoft. Il fait partie de la suite bureautique Microsoft Office. Bien qu'il soit principalement utilisé en tant qu'application de courrier électronique, il propose aussi un calendrier et un gestionnaire de tâches et de contacts. Il peut être utilisé de manière autonome, mais il a aussi la possibilité de fonctionner conjointement avec Microsoft Exchange Server pour fournir des fonctions étendues pour une utilisation multi-utilisateur dans une organisation, telle que le partage des boîtes de courriels, des calendriers et des emplois du temps des réunions.

Thunderbird : Mozilla Thunderbird est un client de messagerie libre (courrier électronique) distribué gratuitement par la Fondation Mozilla. Il est également « extensible », c'est-à-dire qu'il peut facilement recevoir de nouvelles fonctionnalités par l'ajout d'extensions.

Antispams : la lutte antipourriel (antispams ou antispamming, ou antipollupostage) est un ensemble de comportements, de systèmes et de moyens techniques et juridiques permettant de combattre le pourriel (ou « spam », les courriers électroniques publicitaires non sollicités).

Blacklist : une liste noire est un document rassemblant les noms d'individus ou d'entités (concrètes ou virtuelles) jugés indésirables, hostiles ou ennemis par une personne, un groupe ou une organisation donnée. Une telle liste est souvent confidentielle, dans le domaine du renseignement par exemple, ou parfois publiquement affichée afin de démontrer une volonté généralement d'ordre politique. Ainsi, après les attentats du 11 septembre, une liste noire a été dressée par les États-Unis, qui regroupait les individus terroristes jugés les plus dangereux.

Blacklistage : (blacklister, anglicisme) ajouter un nom de personne, de programme, de domaine, d'adresse e-mail, ou une adresse IP à une blacklist, c'est-à-dire une liste de malveillance.

Opt-in : une adresse e-mail opt-in active a fait l'objet d'un consentement préalable du propriétaire (case à cocher, défilement d'une liste déroulante...) pour l'utilisation de son adresse dans un cadre précis. Le consentement peut être obtenu par validation écrite ou électronique.

- « Un message publicitaire ». La création d'un message publicitaire de ce type oblige à avoir des compétences tant en marketing Internet qu'en antispams et blacklistage.
- « Une cible déterminée ». Nous visons ici des dizaines de milliers de détenteurs d'adresses e-mail *opt-in* (terme défini ci-après) qui autorisent des sociétés à leur envoyer des publicités. La législation est très stricte, les abus sont immédiatement sanctionnés. Le risque de problèmes suite à l'envoi d'un e-mailing à des personnes non opt-in est très élevé.

Les trois piliers de l'e-mailing

Le message publicitaire

Le sujet

Le sujet, ou « objet » en termes d'e-mailing, ne signifie pas le résumé de ce que vous écrivez, mais bien le titre de votre message. Celui qui se trouve dans l'en-tête d'Outlook ou Thunderbird (pour ne citer que ceux-là).

Le sujet doit être clair, précis et succinct. S'il est significatif, plus il sera court, plus votre e-mail aura des chances d'être ouvert. Dans la mesure du possible, il ne devrait pas dépasser 40 à 45 caractères. Mais attention, les antispams vous guettent. Ils scrutent tant le contenu de votre message que le sujet. Et si cela ne leur plaît pas, votre e-mail n'arrivera même pas chez son destinataire. Examinons le mode de fonctionnement de ces antispams.

Les antispams

Lorsque vous émettez un e-mail vers un destinataire, avant que celui-ci ne le reçoive dans sa boîte, l'e-mail devra d'abord franchir l'antispams. De quoi s'agit-il ?

Comme nous l'avons lu dans la description Wikipédia, l'antispams représente un ensemble de composants dont le but est de lutter contre les e-mails non sollicités. Tentons de détailler quelque peu leur mécanisme, mais, pour cela, comprenez que nous devrons prendre quelques raccourcis, quelques libertés par rapport à leur fonctionnement réel, qui s'avère complexe. Pour synthétiser, nous dirons qu'il s'agit d'un logiciel officiant à deux niveaux. Le premier concerne l'adresse de l'expéditeur, le second le contenu de l'e-mail.

L'adresse de l'expéditeur

Une adresse e-mail se compose toujours de deux parties, ce qui se situe à gauche de l'arobase (@) et ce qui se trouve à droite. À gauche la personne ou le service, à droite le nom de domaine de la société. Exemple : « matthew@guitare-basse.com ». Dans ce cas, nous voulons nous adresser à Matthew de la société dont le nom de domaine est « guitare-basse.com ».

Imaginons que vous ayez pu obtenir, de manière illicite, la liste des cinquante-cinq membres du personnel de cette société avec pour chacun leur adresse e-mail. Et vous décidez de leur envoyer un message auquel ils ne s'attendent pas. Certains le liront, d'autres le mettront simplement dans la corbeille, d'autres encore pourraient être irrités de recevoir votre publicité non souhaitée, et se retourner contre vous.

Comment vont-ils s'y prendre ? Dans un premier temps, ils analyseront l'adresse d'expédition, par exemple « romain@saladiers-equitables.com », et ne garderont que la partie de droite, le nom de domaine. Ils iront ensuite sur Internet pour trouver l'hébergeur de votre nom de domaine, là où vous l'avez réservé, et rempliront un formulaire standard de plainte en précisant votre nom de domaine et en leur transmettant une copie de l'e-mail non sollicité reçu. Votre hébergeur vous donnera un mauvais point. Si plusieurs destinataires déposent une même plainte contre vous dans un délai limité, vous aurez un certain nombre de mauvais points. Et dès que la limite sera atteinte (elle est très basse), votre hébergeur vous dénoncera à un organisme de contrôle qui ira ajouter votre nom de domaine dans une liste noire mondiale.

Dès cet instant, tout e-mail que vous tenterez encore d'envoyer vers cette société « guitare-basse.com » sera automatiquement arrêté et ne sera pas transmis. En effet, à l'arrivée de votre message dans le système de messagerie du domaine du destinataire, la première chose que fait l'antispams est de vérifier si vous, en tant qu'expéditeur, n'êtes pas répertorié dans une liste noire. Si c'est le cas, vous ne passerez pas.

Figure 23–2
Avant de vous transmettre votre courrier, l'antispams de votre hébergeur vérifie si l'expéditeur n'est pas répertorié dans la liste noire. Si c'est le cas, l'e-mail est automatiquement bloqué.

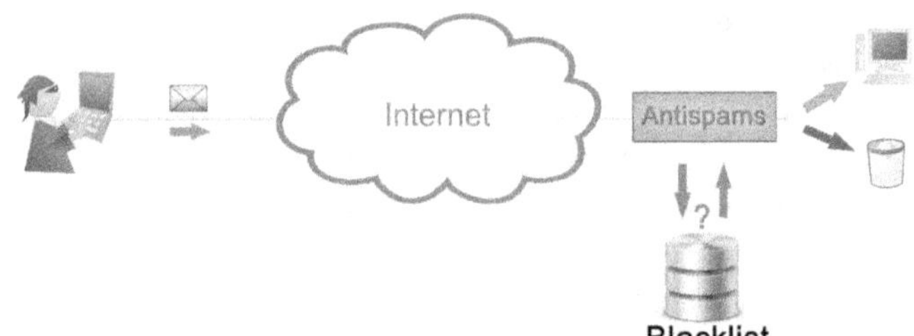

Mais vous ne passerez pas non plus dans la société voisine, car elle aussi dispose d'un antispams qui interroge la même liste noire que « guitare-basse.com ». En réalité, vos messages n'aboutiront nulle part.

> Il est donc fortement conseillé de ne jamais envoyer d'e-mails non sollicités, car après quelques plaintes, ce sont tous les e-mails au départ de votre société qui seront bloqués.

Le contenu du message

Si, en tant qu'expéditeur, vous n'êtes pas répertorié dans la liste noire, vous avez franchi le premier barrage. Mais le contrôle n'est pas terminé. Il reste le second barrage, plus méticuleux, c'est également le logiciel antispams qui s'en charge.

Il va d'abord analyser l'objet de votre e-mail, celui dont nous parlions il y a quelques instants. Chaque mot, chaque signe de ponctuation sera étudié. En fonction des termes qu'il trouvera dans une longue table dont il dispose, il vous attribuera des points pour votre « objet ». Des mauvais points. La liste de ces mots non souhaités et leur équivalent en points est très secrète et fort bien protégée. Voici quelques exemples d'éléments qui vous donnent des mauvais points :

- utilisation, ou utilisation abusive de points d'interrogation ou d'exclamation ;
- utilisation de mots à caractère commercial, comme promotion, offre, remise, exceptionnelle, déduction, solde, test, etc. La liste compte plusieurs milliers de mots, dans toutes les langues ;
- objet vide, laissé blanc.

L'objet « Attention ! Offre exceptionnelle !!! Remise de 30 % » aura peu de chances d'aboutir. Vous aurez réalisé un très beau score de plusieurs points. Malheureusement, le but est d'atteindre zéro point.

Ensuite, après avoir analysé l'objet de votre e-mail, l'antispams s'attaquera au contenu. Le principe est le même que pour l'objet, vous attribuer des mauvais points. Certaines règles sont les mêmes. Mais d'autres s'ajoutent :

- utilisation, ou utilisation abusive de points d'interrogation ou d'exclamation ;
- utilisation de mots à caractère commercial, comme promotion, offre, remise, exceptionnelle, déduction, solde, test, newsletter, contact, etc. ;
- trop grande proportion d'images en regard du texte ;
- utilisation d'expressions comme « cliquez ici », « pour vous désinscrire », « contactez-nous », etc. ;
- caractères trop grands, ou trop grande différence de taille de caractères entre la plus petite police utilisée et la plus grande ;
- utilisation de nombreuses couleurs différentes dans vos textes ;
- etc.

Pour rappel, cette explication est fort schématique. Son but est de vous en faire comprendre le principe. Plus l'antispam trouvera des raisons de penser qu'il s'agit d'un document à caractère promotionnel, plus il vous attribuera de mauvais points.

Une fois votre e-mail analysé, il compare votre résultat aux paramètres que chaque société peut donner à son antispam. En général, quatre cas sont prévus en fonction du score obtenu. Voici un exemple schématique du paramétrage antispam.

- Score = 0 – l'antispam laisse passer l'e-mail tel quel.
- Score compris entre 0 et 1,5 – l'antispam autorise l'e-mail, mais ajoute un signe pour vous avertir que le résultat est limite et que le score permet de douter. L'objet du message sera alors précédé d'une expression comme « [SPAM] ».
- Score compris entre 1,6 et 5 – l'antispam laisse passer le message mais le dirige vers votre boîte de courrier indésirable.
- Score supérieur à 5 – l'antispam bloque le message. Vos destinataires ne le recevront jamais.

Et croyez-moi, vous arrivez très vite à 4 ou 5 points.

Figure 23–3
Certains logiciels spécialisés
en e-mailing, comme Oxymailing
d'Oxemis, incluent une analyse
antispam afin d'évaluer votre
score et de vous conseiller
des améliorations à apporter
à votre message.
(Source : http://www.oxemis.com/
campagne-verifications.php)

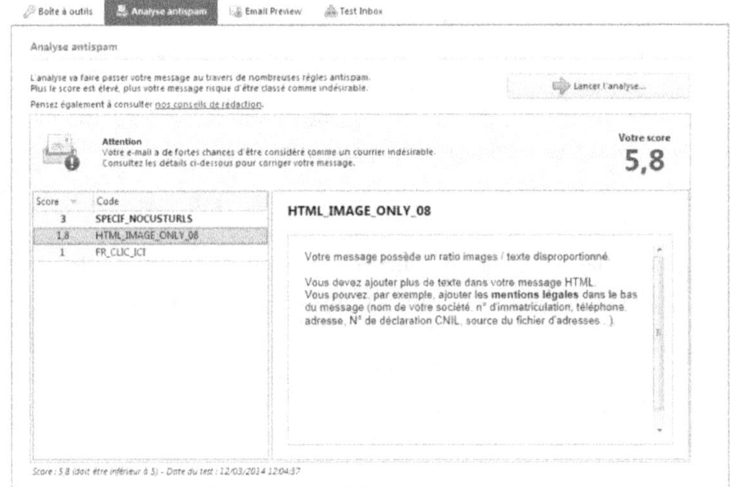

Pour que votre message ait des chances d'être distribué, vous devez absolument soigner son objet et son contenu afin d'avoir un score proche de zéro au passage des antispams.

Certains lecteurs pourraient penser qu'il n'est pas déontologique de publier ce genre d'informations. Que j'incite au spam. Permettez-moi de leur répondre en trois points.

- Ces informations génériques, tout internaute assidu peut les trouver par quelques recherches sur Google. Elles ne sont nullement confidentielles.

- Les logiciels antispams sont un marché juteux qui fait la joie de nombreuses entreprises qui y participent. Elles vantent les mérites de leurs solutions qui permettent d'éliminer 40, 50, 60 % des e-mails entrants, prétextant un gain de temps pour les employés. Malheureusement, ces logiciels en perpétuelle concurrence sont devenus tellement puissants, tellement complexes, que bien souvent de simples e-mails tout à fait normaux que vous envoyez à un ami, un collègue, aboutissent dans leur boîte de courrier indésirable, ou n'arrivent jamais. Ce qui peut engendrer des commandes et des contrats perdus. L'enjeu financier de ces sociétés a dépassé le besoin réel de leurs clients. Ce qui est totalement malsain.

- Enfin, pour envoyer des e-mails, outre le message en lui-même, il faut des adresses de destinataires. À mes yeux, c'est le plus important. Conseiller aux e-commerçants de bien choisir leurs fichiers d'adresses. C'est le second pilier d'un bon e-mailing. Nous abordons ce sujet directement.

Le fichier des adresses des destinataires

De combien d'adresses ai-je besoin ?

Envoyer un e-mail publicitaire à un inconnu qui n'a pas donné son accord pour recevoir ce genre de messages peut rapidement entraîner l'ajout de votre nom de domaine à la blacklist. Avec pour conséquence le blocage direct de tous les e-mails, même administratifs, qui proviennent de chez vous. Un client ayant donné son accord est qualifié d'opt-in.

Nous devons acquérir des adresses opt-in auprès de sociétés spécialisées, qui effectuent des « ciblages » selon des critères transmis par nos soins. Mais combien d'adresses e-mail devrons-nous commander ? Beaucoup ! Pour vous donner une petite idée du nombre d'adresses que vous devriez acquérir pour une campagne, il me semble intéressant de tenter l'expérience sur une hypothèse de disponibilité de 20 000 adresses pour votre e-mailing.

Une fois le contenu au point, prêt à affronter les antispams, vous demandez à une société spécialisée d'envoyer vos 20 000 e-mails. L'avantage de passer par une telle entreprise est de pouvoir émettre rapidement cette masse d'e-mails et de disposer de nombreuses statistiques. Sur les 20 000 e-mails, on peut estimer que seulement 90 % d'entre eux arriveront à destination. Actuellement, les destinataires changent fréquemment d'adresse e-mail, leur ancienne devenant alors obsolète. Sur 20 000, envisager que 18 000 aboutiront semble dans la moyenne.

Ces 18 000 destinataires recevront dans leur boîte un message d'une société qu'ils ne connaissent pas. Seul l'objet (le titre) de l'e-mail, s'il est attractif, peut les amener à ouvrir votre message et à le lire. On appelle cela le taux d'ouverture. Selon une étude de Mail Metrics datée de 2012, le taux d'ouverture des e-mails d'une campagne dont l'objet est très attractif peut atteindre 29 %. Si votre « objet » n'est pas intéressant, peu de gens liront votre message, il finira directement dans la corbeille. Un mauvais sujet peut faire baisser le taux d'ouverture pour le ramener entre 10 et 15 %. Soyons raisonnables, imaginons un e-mailing contenant un bon titre, un bon « objet », et basons-nous sur un taux d'ouverture de 25 %. 18 000 destinataires × 25 % donnent 4 500 lecteurs. Merci messieurs.

Si ces lecteurs sont convaincus par le contenu de notre e-mail, ils cliqueront peut-être sur un des boutons que nous avons insérés et qui pointent vers notre boutique. Il s'agit du taux de réactivité. D'après différentes statistiques, selon les secteurs, ce taux varie de 5 à 15 %. Cela signifie que 5 à 15 % des lecteurs ont cliqué sur le bouton qui mène à notre boutique.

Encore une fois, prenons une moyenne, 10 % pour faciliter les calculs. Sur les 4 500 lecteurs, 450 auront cliqué sur le bouton pour afficher notre boutique. Le ratio entre les 18 000 destinataires aboutis et ces 450 visiteurs de notre site est appelé le taux de clic. Dans ce cas, il sera de 2,5 %. On estime qu'une campagne attractive permet d'envisager un taux de clic compris entre 1 et 5 %. Avec 2,5 %, nous sommes bien placés.

Mais continuons notre simulation. Nos 450 nouveaux visiteurs ne vont pas tous acheter. Tout dépend de l'attractivité de votre site, de la confiance qu'il inspire, des images, de tout ce que nous avons vu dans les chapitres précédents. Selon la dernière étude conjointe Google – Kantar Media « Baromètre sectoriel sur la performance de conversion des sites e-commerce en France », publiée en juin 2014 (source : http://www.kantarmedia.fr), le taux de conversion moyen se situe entre 2,3 et 8 % si l'on tient compte du secteur de la distribution, hormis les grandes surfaces alimentaires.

Figure 23–4
Baromètre sectoriel sur la performance de conversion des sites e-commerce en France - Google – Kantar Media - juin 2014 (Source : http://www.kantarmedia.fr/content/ google-et-kantar-media-compete-publient-la-3%C3%A8me-%C3%A9dition-du-%C2%AB-barom%C3%A8tre-sectoriel-sur-la/)

Moyenne mensuelle Année 2013		Taux de rebond	Taux de refus	Taux d'abandon	Taux de conversion par visite	Taux de conversion par visiteur
Prêt-à-porter		31,3%	87,7%	61,2%	3,0%	5,2%
Chaussure		28,3%	89,6%	63,5%	2,7%	4,0%
High-tech		34,8%	87,4%	53,0%	3,8%	8,1%
Electroménager		34,0%	90,3%	59,2%	2,6%	3,8%
Ameublement		27,3%	91,8%	72,2%	1,8%	2,3%
Drive (Grandes Surfaces Alimentaires)		11,7%	51,7%	33,0%	28,5%	41,7%
Agences de voyage en ligne		35,8%	78,1%	67,9%	3,9%	5,7%
Tour opérateurs		34,8%	78,3%	96,7%	0,2%*	0,2%*
Pneus		22,5%	85,4%	66,7%	4,0%	5,5%

Vocabulaire

Le taux de transformation, ou taux de conversion (en anglais, *conversion rate*), est un ratio utilisé tout particulièrement dans le marketing sur Internet. Il représente la proportion d'achats sur un site web donné par rapport au nombre de visiteurs uniques ayant parcouru le site. (Source : Wikipédia)

Basons-nous ici aussi sur une moyenne : 4 % comme taux de conversion. Sur nos 450 visiteurs, nous pouvons espérer générer 18 achats. Au premier chapitre « Mon idée a-t-elle des chances de réussir ? », nous avions précisé que le panier moyen actuel était de 87,50 euros, transport et taxes compris. Qu'il était raisonnable d'espérer un bénéfice de 40 euros par panier. Notre dernière étape est de constater que pour 20 000 e-mails envoyés, je peux m'attendre à une marge de 18 × 40 euros, soit 720 euros.

Pour engranger 10 000 euros de marge, il vous faudra probablement acquérir un fichier ciblé de 200 000 à 300 000 adresses.

Remarque

Cette estimation, fort peu précise, concerne les statistiques d'acquisition de nouveaux clients. Si les adresses que vous utilisez proviennent de votre propre fichier de clients, on ne parle plus d'un e-mailing d'acquisition, ou de prospection dans le langage commercial, mais bien de « fidélisation ». Et là, les statistiques sont nettement plus favorables. Vous pouvez envisager une marge totale de 3 000 à 4 000 euros pour 20 000 e-mails expédiés à vos clients.

Que me coûte l'achat d'adresses ?

En recherchant sur Internet un fichier d'adresses e-mail, vous risquez de tomber sur des sites très peu fiables, qui vous proposent par exemple des « packs de 120 000 adresses de particuliers en France », garantis opt-in, pour 76 euros.

N'y croyez pas. Dans ces fichiers, vous aurez une proportion d'adresses réelles mais volées sur Internet par des programmes peu recommandables et sans l'autorisation du destinataire, et une proportion de fausses adresses générées par un petit logiciel à deux sous. De plus, dans les adresses volées sur Internet se trouveront immanquablement des adresses « pièges ». Qu'en est-il exactement ?

Afin de tenter d'enrayer ce processus de vol d'adresses sur Internet par des programmes qui peuvent parcourir des milliers de pages par heure, les sociétés qui gèrent le marché juteux des antispams ont imaginé créer des sites Internet avec une adresse de contact cachée aux yeux d'un public normal, mais que les programmes de vol, les « sniffers », découvrent et mémorisent. De telles adresses « pièges », qui ne servent qu'à cela, se trouveront certainement dans le fichier e-mail que l'on vous vendra. La première fois que vous enverrez un e-mailing vers cette adresse, votre nom de domaine sera immédiatement blacklisté et plus rien ne passera, car vous aurez utilisé une adresse qui n'est pas opt-in. Personne ne vous a accordé l'autorisation d'y envoyer un e-mail.

Figure 23–5

Exemple de page de site très douteux, commercialisant des fichiers d'adresses e-mail à des prix totalement ridicules

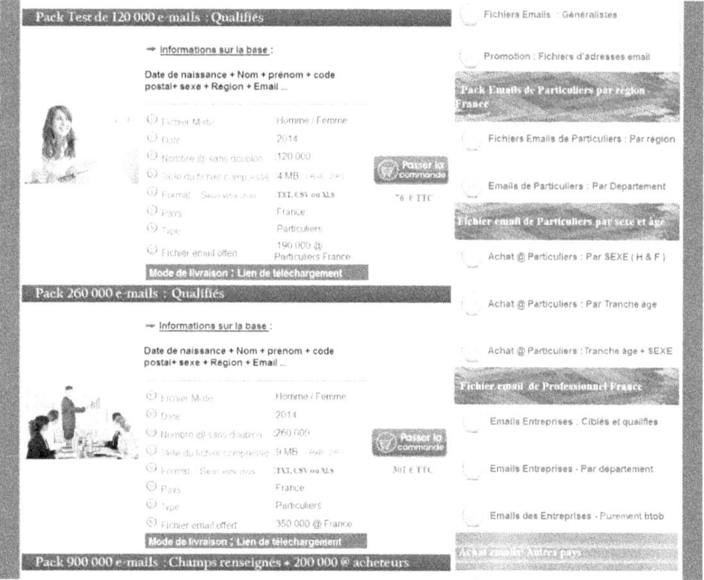

Notez que ce genre de pratique, vendre des fichiers d'adresses, n'est pas totalement illégal. En revanche, utiliser ces adresses dans un e-mailing l'est et découle de la responsabilité de l'acheteur. Et n'essayez même pas de vous attaquer au vendeur, le siège de ces sociétés est rarement en France.

Néanmoins, dans vos recherches sur Internet, vous trouverez certainement des sociétés fort honorables. On peut les repérer au premier coup d'œil grâce à deux spécificités.

- Elles ne parlent pas d'achat de fichiers d'adresses, mais bien de « location ».
- Les tarifs ne sont pas affichés de manière précise car ces sociétés vous demandent d'abord quel est votre ciblage. Vous devez indiquer si vous souhaitez des adresses de sociétés ou de particuliers, d'hommes ou de femmes, la tranche d'âge, et répondre à toute une série de questions dont le seul but est de vous transmettre un chiffrage exact, en fonction d'une cible particulière. Le prix par mille adresses louées varie en fonction du ciblage demandé.

> **Remarque**
>
> Le coût de location d'adresses cibles peut vous être présenté sous différentes formules, comme la simple location à « usage unique » des adresses, le « coût par mille ouvert », ou le « coût par clic », etc. Nous n'allons pas entrer dans ces détails, si vous devez louer ce genre d'adresses, les commerciaux de ces sociétés vous expliqueront cela de long en large.

À titre informatif, l'enveloppe budgétaire à prévoir pour louer un fichier de 250 000 adresses varie entre 7 000 et 14 000 euros selon le ciblage, pour une utilisation unique.

L'expédition de l'e-mailing

Vous disposez d'un logiciel de messagerie tel qu'Outlook ou Thunderbird que vous comptez utiliser pour cette action ? N'y pensez même pas. Ces outils ne sont pas prévus pour cela. Et, très vite, votre hébergeur vous contacterait pour vous remettre dans le droit chemin.

À moins de mettre en place toute une infrastructure technique et complexe pour émettre votre campagne marketing, ce qui reviendrait très cher et ne vous apporterait rien, le moyen le plus simple pour votre opération est de faire appel à une société spécialisée. Il en existe des dizaines très recommandables en France. Ce sont des agences de « routage ».

Le principe est simple : vous leur transmettez l'e-mail à envoyer, avec son objet, son contenu, les images ainsi que la liste des adresses louées. Pour 250 000 adresses, l'expédition devrait vous coûter entre 200 et 250 euros.

Outre l'avantage d'émettre rapidement vos campagnes, vous disposerez également de nombreuses statistiques, comme le taux d'ouverture, le taux de clic, le taux d'adresses qui n'existent plus. Ces adresses erronées, vous pourrez les transmettre à la société chez qui vous avez loué les fichiers. En général, elle vous les remboursera sans rechigner.

Ces sociétés de routage proposent souvent d'autres services utiles, comme la création de votre e-mail. Vous leur transmettez le contenu, les images, l'objet et leurs graphistes vous mettent cela en page afin que ce soit le plus esthétique possible. Là, également, les coûts sont minimes. Ils avoisinent la centaine d'euros pour un travail de haute qualité.

Figure 23–6
Deux exemples d'e-mails réalisés
et expédiés par la société
besonews.com.
(Source :
http://www.besonews.com/
realisation-newsletter)

Lorsque vous aurez pris contact avec ces sociétés de routage, n'hésitez pas à leur demander quel est le meilleur créneau pour l'expédition de votre e-mailing. Planifiez ces tâches quelques semaines à l'avance. Ne lancez jamais votre envoi la veille de congés ou pendant les vacances.

Conseil

Si vous avez quelques doutes sur l'objet de votre e-mailing (le titre) ou sur les images les plus adaptées, rien ne vous empêche de créer par exemple trois versions différentes que vous testerez chacune sur 10 000 des 250 000 adresses que vous avez louées.

Analysez ensuite, avec les outils statistiques qui vous sont proposés par la société de routage, les taux d'ouverture et les taux de réactivité. Choisissez l'objet du modèle qui a le plus fort taux d'ouverture, là où le sujet semble accrocher le mieux. Pour le contenu, optez pour celui qui a le plus haut taux de réactivité, où les destinataires ont le plus cliqué. Vous mixerez le meilleur taux d'ouverture et de réactivité afin de mettre toutes les chances de votre côté.

En lançant quelques campagnes e-mailing de qualité sur la base de fichiers irréprochables, vous ferez venir vos premiers clients et dégagerez vos premières marges.

24

Le bannering

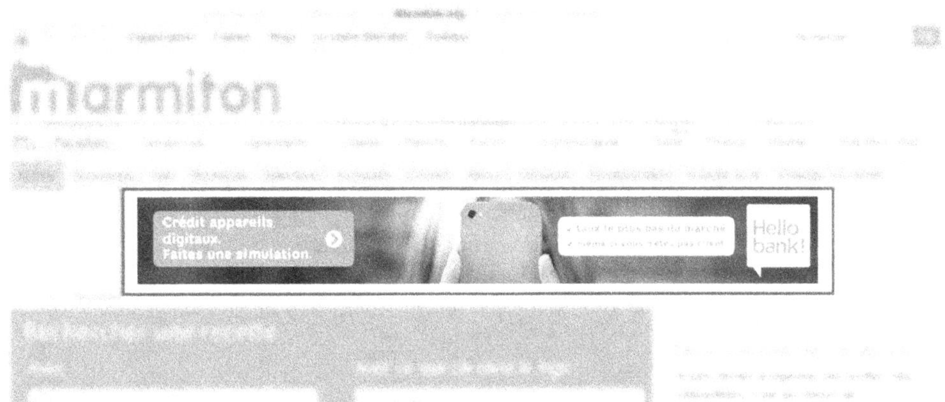

Figure 24–1 Exemple de bannering sur la page d'accueil du site marmiton.org

Une seconde possibilité de se faire voir

Le bannering consiste à afficher sur la boutique d'un site réputé, à fort taux de visites, des images publicitaires en provenance de votre boutique. L'exemple de la figure 24-1 ci-dessus montre l'incrustation d'une bannière publicitaire « Hello bank! » sur le site de Marmiton.

Ces bannières peuvent s'afficher à plusieurs endroits d'une boutique. Traditionnellement dans la partie supérieure, dans la partie inférieure et dans les colonnes latérales. Elles peuvent être de différentes tailles, même s'il existe des standards en la matière, et être statiques ou animées. Une bannière publicitaire est toujours cliquable. Elle vous amène directement sur le site de l'annonceur. Dans ce cas, la banque « Hello bank! ».

Les modes de rétribution du bannering

Le bannering croisé

Placer une bannière publicitaire sur un site réputé peut revenir cher. Même très cher.

Un moyen peu onéreux d'augmenter quelque peu le nombre de visites sur votre site est de pratiquer un bannering croisé. Le plus simple, pour commencer, est de faire le tour de vos amis, de vos connaissances qui disposent d'une boutique ou d'un site Internet. Vous leur demandez de placer une bannière publicitaire sur leur page d'accueil, et en échange vous faites la même chose pour eux.

Le but du bannering est de récolter des visites sur votre boutique dès que l'on cliquera sur une de vos bannières. Vous pouvez multiplier ce genre de demandes chez plusieurs de vos connaissances, et afficher, en contrepartie, plusieurs bannières. Sur votre site, ces différentes bannières ne doivent pas spécialement s'afficher en même temps. La plupart des logiciels e-commerce incluent un gestionnaire de bannering qui affichera alternativement, au même endroit de votre page d'accueil, les bannières publicitaires de contrepartie que vous aurez promises à vos connaissances. Ce genre de bannering croisé ne coûte donc rien. Mais ne soyez pas trop optimiste, cela ne ramène pas énormément de visites.

Le bannering payant

Le principe est le même, vous placez une ou plusieurs bannières publicitaires sur d'autres sites. Mais cette fois sur des sites à très grand nombre de visites par jour. De l'ordre de 100 000 à 300 000 visites quotidiennes.

Le prix demandé sera souvent calculé au CPM (coût par mille). Il ne s'agit pas ici du nombre de clics sur votre bannière, mais bien du nombre de fois que votre bannière sera affichée. Si vous êtes le seul annonceur pour la bannière du haut de page d'un site comme Immoweb qui compte en moyenne 250 000 visiteurs uniques par jour, il vous en coûtera entre 15 et 23 euros par mille affichages. Soit un budget journalier estimé entre 4 000 et 6 000 euros.

D'autres sites, plus spécialisés, peuvent vous faire dépenser entre 10 000 et 20 000 euros par jour en bannering. Mais ce sont là des exemples extrêmes. Entre le gratuit et ces extrêmes, vous devriez pouvoir trouver votre juste milieu.

L'impact sur le référencement

L'autre avantage de faire du bannering est de disposer, sur d'autres sites, des liens qui pointent vers votre boutique. Google, dans son algorithme de référencement, tient compte du nombre de liens extérieurs qui pointent vers votre site, et de l'importance de ces sites. Avoir une vingtaine de liens sur différents sites à forte fréquentation sera très bénéfique pour votre place dans le référencement naturel. Pensez-y.

La création de bannières publicitaires

Pour qu'une bannière publicitaire incite les visiteurs à cliquer dessus, il faut au minimum respecter deux règles.

1. Votre bannière doit se trouver sur un site dont les visiteurs peuvent marquer un intérêt pour vos produits. Placer une bannière publicitaire pour les engins de chantier Caterpillar sur un site de layettes ne sera pas la meilleure idée de la journée.

2. Votre bannière doit être attractive graphiquement et facilement lisible. Le message qu'elle véhicule doit être unique et sans équivoque.

Une fois de plus, si vous vous lancez dans le bannering, je ne peux que vous conseiller de faire appel à des professionnels de la conception de ce genre de matériel publicitaire. Cela ne vous coûtera pas très cher et aura l'impact escompté.

Figure 24–2
Quelques exemples de très belles bannières proposées par un jeune webdesigner : Olivier Céréssia.
(Source :
http://www.olivier-ceressia.be)

Les chiffres

Vous avez maintenant une vue générale du projet que constitue la mise en place d'une boutique e-commerce ayant des chances de réussir.

Encore faut-il disposer du temps et des moyens financiers pour faire aboutir ce projet.

Cette quatrième partie vous permettra de vous remémorer les différentes étapes parcourues dans cet ouvrage, de mieux cerner les délais de réalisation de chacune des étapes et de calculer l'enveloppe budgétaire totale nécessaire à sa réussite.

25

Le premier mois

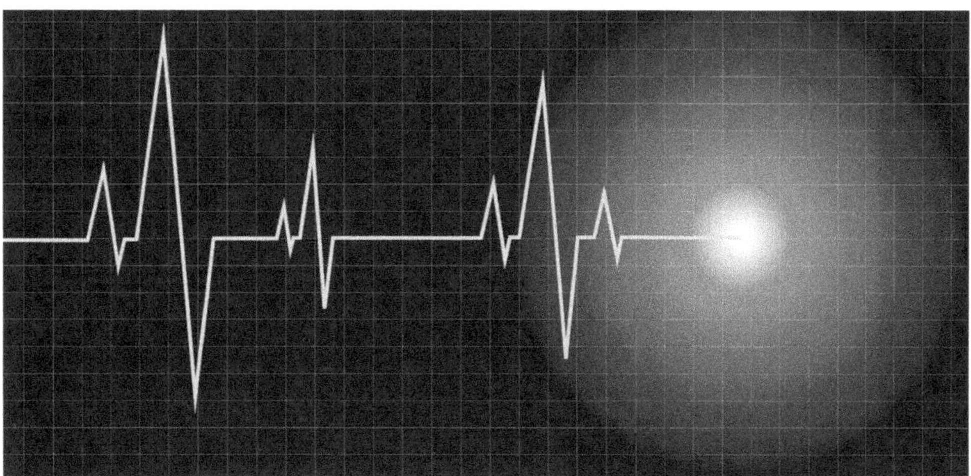

Figure 25–1 Les outils pour prendre le pouls de votre site e-commerce

Google Analytics

Les premiers jours de la vie d'une boutique sont toujours très stressants. Après des mois de réflexion, des semaines de travail et un e-mailing qui démarrera très bientôt, vous vous demandez si les visiteurs vont se présenter au portillon.

Outre les premières commandes, qui ne tomberont peut-être pas dans les premiers jours, il existe un moyen très performant de suivre l'activité de votre boutique : Google Analytics. La première chose à faire, si vous ne disposez pas d'un compte « Google », est de vous y inscrire. Pour ce faire, rendez-vous sur la page d'accueil de ce service et suivez la procédure après avoir cliqué sur le bouton « Créer un compte » (http://www.google.com/analytics/).

L'inscription et le paramétrage

Figure 25–2
Page d'accueil de création
de compte ou de connexion
pour Google Analytics

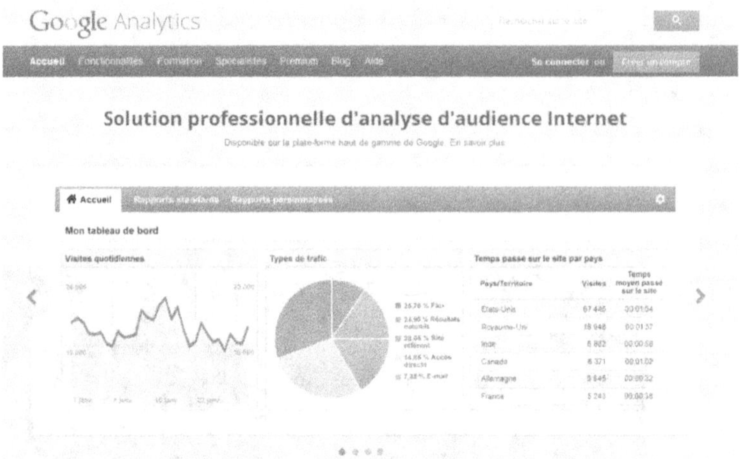

Lorsque les formalités administratives de création de compte sont terminées, cliquez sur le point « Admin » du menu supérieur. Dans la colonne de gauche, « Compte », vous avez la possibilité de modifier vos paramètres et d'autoriser d'autres utilisateurs à consulter vos données. Ce qui est fort utile si vous travaillez avec un partenaire afin qu'il puisse lui aussi suivre vos statistiques et parfois effectuer quelques corrections dans le paramétrage de la boutique.

La colonne du centre, « Propriété », nous intéresse plus particulièrement. Cliquez sur la barre juste en dessous du titre et choisissez « Créer une propriété ».

Nous sommes proches de la fin de la procédure côté Google. Après avoir cliqué sur « Créer une propriété », Google vous affiche une dernière série de paramètres à compléter, qui concernent spécifiquement votre boutique.

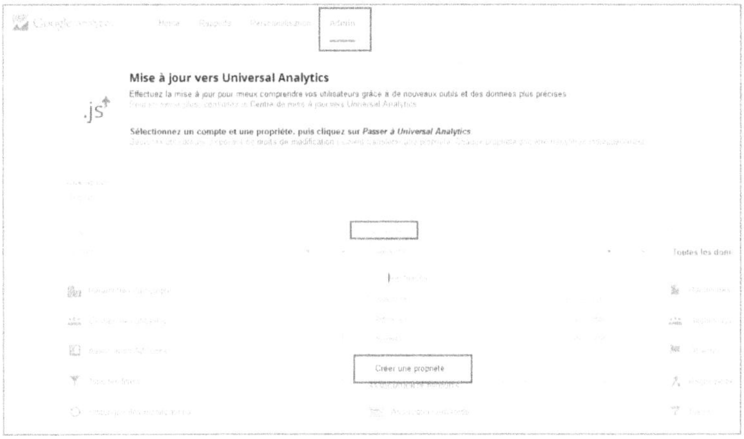

Figure 25–3
L'étape suivante consiste
à créer une propriété.

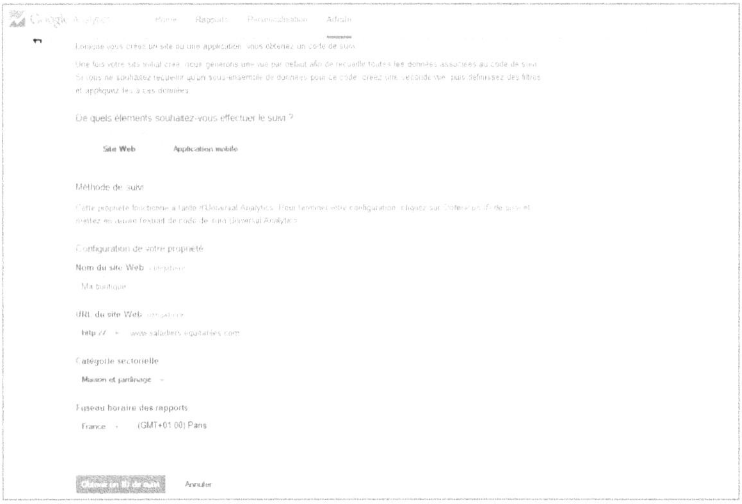

Figure 25–4
Les dernières données à compléter
pour finaliser la création du code
de suivi

Cet écran est assez simple. Il vous incite à compléter quatre données :

- le nom de votre site. Vous indiquez ce que vous souhaitez, ce nom est purement pour votre usage interne, il sera affiché dans l'écran de statistiques ;
- l'URL de votre boutique. Puisqu'elle est mise en production, il vous suffit d'y recopier le nom de domaine officiel. Par exemple www.saladiers-equitables.com ;
- la catégorie sectorielle. Faites défiler la liste des possibilités et choisissez ce qui correspond le mieux à votre activité ;
- le fuseau horaire. En statistiques, cela peut toujours éclairer les résultats.

Une fois ces données encodées, cliquez sur le bouton « Obtenir un ID de suivi ».

Google Analytics vous affichera ensuite un écran vous communiquant le code de suivi de type « UA-xxxxxxxxxx-x ». Ce code est à mémoriser pour le recopier dans les options de paramétrage de votre boutique.

Figure 25–5
Exemple d'encodage d'un code
suivi dans un site Joomla!

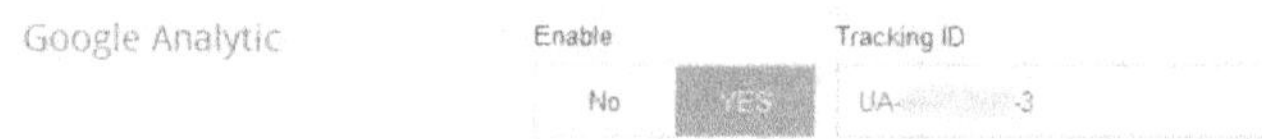

Remarque

Le paramétrage de l'exemple Joomla! (figure 25-5) est très simple. Il suffit de recopier l'ID fourni par Google. Pour d'autres logiciels, ce n'est pas un ID qu'il faut recopier mais un bout de code JavaScript de quelques lignes. Rien de bien complexe, du simple copier-coller à l'endroit prévu du paramétrage de votre e-boutique.

Vocabulaire

JavaScript (souvent abrégé JS) est un langage de programmation de scripts principalement utilisé dans les pages web interactives mais aussi côté serveur.

L'analyse des données

Le nombre de visites

Une fois ce code Google Analytics mémorisé dans votre logiciel, une masse impressionnante de données statistiques sera progressivement mise à votre disposition sur l'interface de Google Analytics, là où vous vous étiez inscrit. La partie qui vous semblera la plus importante sera probablement le nombre de visites par jour.

Figure 25–6
Exemple (fictif) de statistiques sur
les visites journalières d'un site

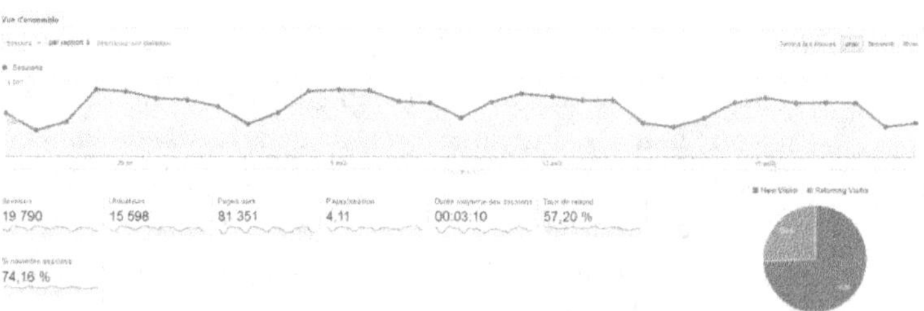

Rappelez-vous les quelques chiffres imaginés au chapitre 1 « Réussir son projet ». Nous avions souhaité atteindre une marge de 6 000 euros par mois pour couvrir nos frais. Ce qui représentait 150 ventes par mois minimum.

Dans ce même chapitre, en nous basant sur un taux de conversion de 2,4 %, le nombre de visiteurs devait se situer aux alentours des 6 000 par mois. Ce qui représente entre 200 et 300 visites par jour. Cette première statistique proposée par Google s'avère être un excellent baromètre de l'évolution de votre boutique.

Le taux de rebond

Nous n'allons pas nous attarder sur le détail de chacune des statistiques mises à votre disposition dans Google Analytics. Il s'agit en effet d'une matière très complète, très complexe, et qui doit être interprétée. Pour vous en convaincre, Amazon propose à la vente près de 300 ouvrages en français sur ce sujet.

Néanmoins, quelques explications de base permettent parfois de rectifier ce qui ne marche pas. Le taux de rebond en est un excellent exemple. Il correspond au nombre de personnes qui arrivent sur la page d'accueil de votre boutique et qui n'y restent que très peu de temps. Qui quittent directement votre site. Plus ce taux de rebond est élevé, plus vous avez des questions à vous poser, sachant qu'un taux de rebond moyen tourne aux alentours de 50 à 60 %.

Si votre taux est plus bas, c'est une très bonne nouvelle. Par contre, s'il est plus élevé, cela peut signifier que votre site ne donne pas confiance, ou que le contenu, les images, les modes de paiement sont à revoir.

Surtout, ne vous effrayez pas. Ces statistiques sont là pour vous aider, pour vous permettre de cibler ce qui marche et de mettre le doigt sur ce qu'il faut améliorer.

La source des visites

Dans cet ouvrage, nous avons beaucoup parlé du référencement naturel. Celui qui tend à faire émerger votre site aux meilleures places des résultats de recherche sur Google. Nous avons également évoqué l'e-mailing et le bannering. D'autres sources peuvent diriger du trafic vers votre site, comme une présence accrue sur les différents réseaux sociaux (Facebook, Twitter, YouTube, Instagram, LinkedIn, etc.). Connaître l'origine de ces sources peut vous amener à comprendre ce qui marche le mieux dans votre secteur, afin de les entretenir, de les améliorer, de les privilégier.

Dans la masse de données à votre disposition, vous découvrirez sous le point « Acquisitions » du menu de gauche de Google Analytics toutes les sources du trafic vers votre site. Les visiteurs qui viennent car ils vous ont trouvé via les moteurs de recherche, d'autres qui sont le résultat de votre e-mailing, de votre bannering. Toutes les sources sont répertoriées.

Google Analytics vous propose de très nombreuses autres données. Pour n'en citer que quelques-unes, je reprendrai les zones géographiques de vos visiteurs, la langue de leur navigateur, le matériel utilisé pour afficher votre site (PC, tablette, smartphone). L'avantage immédiat de cet outil, outre sa gratuité, est de vous permettre de disposer rapidement de statistiques élémentaires.

Tirer profit des demandes de contact

Progressivement, vous constaterez un nombre sans cesse croissant de demandes d'informations. Il est primordial de donner la plus haute priorité aux réponses et au suivi de ces demandes. Si le client vous contacte, c'est qu'il visite votre site, qu'il y trouve un intérêt. Ne le laissez pas 24 heures sans réponse. Pour une e-boutique, ce délai est trop long. Vous ne pouvez vous permettre de laisser sur le tas d'éventuels clients.

En outre, une fois la réponse transmise, posez-vous la question suivante : ce client avait-il raison de me contacter ? L'information sur mon site n'est-elle pas assez complète ? Manque-t-il quelque chose ?

Ensuite, tentez de remédier à ce manque. Si la question du client était de savoir quels modes de paiement vous acceptez, cela signifie que l'information n'est pas assez visible. Déplacez-la, rendez-la plus visible, de manière à ce que plus jamais on ne vous pose cette question. Cela vous évitera d'y répondre de nouveau, de perdre une partie de votre temps, et de laisser le client dans l'attente.

> Chacune des questions qui vous sont posées doit vous obliger à imaginer une amélioration à apporter à votre site.

Installer un module FAQ (foire aux questions)

Dans certains cas, la question qui vous sera posée pourrait donner lieu à une explication supplémentaire sur votre boutique. Quelques lignes de texte pour expliquer par exemple au client comment récupérer un mot de passe oublié, ou comment se calculent les délais de livraison. Seulement, vous ne savez pas où placer ces réponses.

L'idéal serait alors d'ajouter un module FAQ sur votre boutique. Les internautes actuels connaissent ce genre de modules et les utilisent très souvent. Il s'agit d'une liste de questions simples, que les internautes se posent, avec à chaque fois la réponse appropriée. Certains modules FAQ permettent, pour plus de facilité, de catégoriser les questions.

Figure 25–7
Le site de Philips propose une page FAQ très claire. Les questions sont classées par catégories.
(Source image : http://www.philips-store.be/)

En cliquant sur la première question « Quels modes de paiement acceptez-vous ? », la réponse complète est affichée. Il n'est plus nécessaire de contacter la société. Le gestionnaire ne perdra plus de temps à y répondre. De plus, un tel module accentue la confiance du visiteur dans votre boutique. N'hésitez pas à l'installer dès que votre boutique est mise en production et profitez des questions qui vous sont posées pour alimenter votre FAQ.

Figure 25–8
La FAQ doit répondre le plus précisément possible aux questions posées par les visiteurs.

Créer un « livre blanc »

Une fois votre boutique lancée, vous constaterez rapidement certaines imperfections. Pour les questions souvent posées, la solution passe par l'insertion de ces questions dans votre FAQ, en y répondant le plus clairement possible. Ces ajouts, vous pouvez les faire au jour le jour. À chaque fois qu'un client vous pose une question sensée qui vous pousse à l'ajouter à la FAQ, faites-le directement. Avant même de lui répondre. Encodez cette question dans le module, très simple à manipuler, ainsi que sa réponse.

Ensuite, répondez au client en le remerciant d'avoir trouvé une imperfection à votre site, vous aidant ainsi à l'améliorer, et ajoutez le lien qui pointe vers la page FAQ de votre site ou, mieux, directement vers la réponse dans cette page. Inutile de recopier cette réponse dans votre message.

L'intérêt de cette pratique est non seulement de vous forcer à faire évoluer la FAQ rapidement, mais aussi à faire revenir le client sur votre boutique pour y lire le texte de la réponse. Peut-être finalisera-t-il son achat.

Pour les autres problèmes que vous détectez qui ne peuvent pas être résolus sans l'intervention de votre partenaire informatique, si le problème n'est pas bloquant, s'il n'entrave pas directement vos ventes, répertoriez clairement cette demande dans un « livre blanc ».

Après deux ou trois mois de vie du site, organisez une réunion avec votre partenaire pour discuter de tout ce qui se trouve dans ce livre depuis sa dernière intervention pour modifications.

Il n'y a en effet rien de plus complexe et de plus contraignant pour un informaticien que de devoir à chaque fois se replonger dans la technique de votre site, d'essayer de se souvenir de votre environnement, d'y apporter les modifications nécessaires, de les tester et enfin de vous informer de la mise en production des modifications.

L'avantage de centraliser les demandes est qu'il ne devra se replonger dans votre site qu'une seule fois, y apporter toutes les modifications souhaitées, les tester et vous prévenir. Cela le dérangera beaucoup moins ; il travaillera beaucoup mieux et plus vite, et ce sera tout bénéfice pour votre facture.

Vérifier son organisation interne

Pour un indépendant, ou pour une petite structure qui se lance dans l'e-commerce, les premières semaines sont l'occasion de tester les procédures internes. La commande est-elle détectée directement ? La facture est-elle correcte ? Pouvez-vous préparer et envoyer le colis le jour même ? Les prix d'expédition calculés sont-ils corrects par rapport à ceux que vous facture votre transporteur ?

Tant de tâches quotidiennes qu'il est impératif de tester à petite échelle, lors du démarrage de la boutique, afin de ne pas vous trouver débordé dès que les ventes auront atteint les chiffres escomptés.

> Le premier mois de la mise en production de votre boutique doit vous servir à l'améliorer et à valider vos processus internes de traitement des appels et des commandes.

Le délai de réalisation

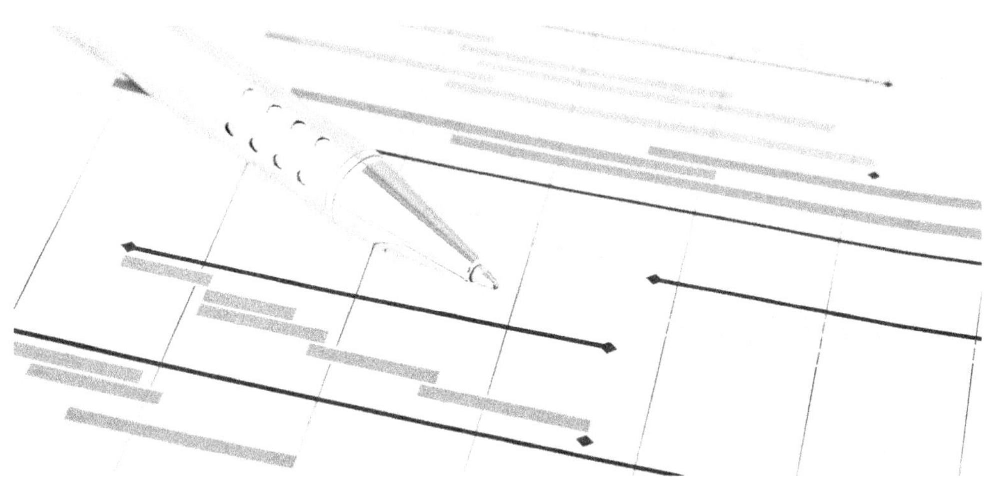

Figure 26–1 Identifier et planifier les différentes phases du projet

Maintenant que nous avons une idée plus précise des tâches qui nous attendent, que nous sommes conscients qu'une boutique e-commerce ne s'improvise pas en une semaine, essayons d'estimer le temps réel nécessaire à sa mise en œuvre.

Nous allons passer en revue toutes les étapes détaillées dans cet ouvrage, et pour chacune d'elles préciser une fourchette réaliste de temps. Pour certains chapitres, comme celui des images, il vous sera nécessaire d'extrapoler, car sa durée peut varier d'une situation à l'autre. Vous disposez déjà d'images ou devez repartir de zéro, vous êtes dans le secteur des vêtements ou dans l'électroménager, vous souhaitez proposer trois images par article ou dix. Tant de facteurs qui influenceront fortement le planning global de votre projet.

Pour simplifier les choses, comme tout patron ou indépendant qui se respecte, vos journées sont fort occupées et un tel projet se met souvent en place en y travaillant le soir. L'unité de temps que nous prendrons est la soirée. En fin de chapitre, nous tenterons un récapitulatif général pour connaître l'étendue du travail de préparation.

La formalisation du projet

La première partie consiste à rassembler vos idées, à simplement faire le point de la situation. Mettre cela sur papier doit pouvoir se faire en une soirée.

Le catalogue des produits

L'organisation des catégories d'articles, des sous-catégories et l'encodage de ces données dans un dossier ou dans un logiciel informatique, comme proposé en figure 6-5, ne devraient pas non plus dépasser une soirée.

Description des articles

Nous sommes là dans une des étapes les plus longues et les plus complexes. N'oubliez pas qu'il faudra encoder toutes ces données.

La description de l'article comprend le titre, le texte affectif, la description plus technique et éventuellement l'avis d'un utilisateur. N'oublions pas la relecture pour éviter les fautes d'orthographe, et la structuration des textes avec les balises `<h1>` à `<h3>`.

Selon la complexité de l'article, il est raisonnable d'estimer le temps, par article et par langue, entre 10 et 30 minutes. Pour une centaine d'articles différents, ce qui sera notre base de calcul, cela nous donnera entre cinq et quinze soirées.

Les images

Si vous ne disposez pas d'images et qu'il vous faut passer par une agence pour effectuer les prises de vue, à raison de cinq images finales par article et cent articles différents, on peut estimer le délai demandé à un mois avec validation.

Si vous disposez de nombreuses images de qualité et que votre travail se résume à les trier, les évaluer, les recadrer, y ajouter un texte pour le référencement, vous pouvez envisager de traiter une centaine d'images par soir. Soit au total cinq soirées de travail pour cinq cents images finales.

Augmenter le bénéfice

La création de packs, de promotions, de moyens de vendre plus ne se décide pas à la légère. Vous avez des calculs à effectuer, des estimations à mettre sur papier. Prévoyons au moins deux soirées pour cette tâche, ce qui nous permet de la mettre au point le premier jour, de la vérifier le second jour, et enfin de paramétrer le logiciel en conséquence.

Les modes de paiement

Ici, il s'agit essentiellement d'administration, d'écrire, de contacter vos banques, de remplir des formulaires. Estimons cela à une soirée.

Les expéditions

Ce point n'est pas à sous-estimer, car de lui dépendra en partie la réussite de votre boutique. Rappelez-vous, 45 % des clients ne finalisent pas leurs achats car ils estiment les frais de port trop élevés.

La négociation avec les transporteurs

Prévoyez une soirée, soit 3 ou 4 heures qui peuvent s'étaler sur plusieurs jours, pour les contacts avec les transporteurs, leur écrire, recevoir leurs propositions.

La synthèse

La création des tableaux de prix par tranche de poids, par fournisseur et par délai de livraison vous prendra certainement une à deux soirées, y compris l'encodage dans votre logiciel.

Le pesage des articles

Vous devrez modifier chaque article pour préciser ses dimensions et son poids emballé. Pour une centaine d'articles, il faut prévoir entre une et cinq soirées selon les manipulations de pesage que vous devez effectuer.

Les pages administratives du site

Les conditions générales de vente

Si vous partez de zéro, si vous ne disposez pas de conditions générales de vente, cette phase risque de vous prendre de trois à cinq soirées. Si vous ne devez que vérifier et amender les textes dont vous disposez déjà, les faire correspondre aux spécificités de l'e-commerce, deux soirées devraient suffire.

Les garanties, retours et autres obligations

Cette partie également se réfère à de l'encodage, à de la mise en page de texte et à de la relecture. Prévoyez une à deux soirées pour que ces textes paraissent clairs et précis.

Le graphisme du site

Le choix du template

Ne vous étonnez pas du temps que cela prend. Imaginer que quelques heures seront suffisantes est illusoire. Selon la complexité de votre secteur, selon la difficulté à faire votre choix, cette étape s'étalera entre cinq et quinze soirées.

La création ou l'aménagement du logo

Ici également la fourchette sera étendue. Il est probable que vous ne créerez pas votre logo vous-même, que vous ferez appel à un graphiste. Le temps total que vous passerez pour lui expliquer ce que vous souhaitez, analyser les projets qu'il vous soumet, lui confirmer votre choix, et recevoir le logo définitif peut s'estimer entre une et trois soirées.

Les interfaces avec les autres logiciels

Il est impossible de donner la moindre estimation, car elle dépend totalement de ce que vous souhaitez interfacer et de la complexité du travail. Nous ne prendrons pas ce chapitre en considération.

L'installation et le paramétrage de sa boutique

Il est évident que cette partie doit s'intégrer quelque part dans votre planning, et certainement pas en suivant l'ordre de nos chapitres. Votre boutique devra en effet déjà fonctionner en mode « interne », non visible par les clients, pour vous permettre d'encoder les données et de laisser du temps à votre partenaire informatique pour paramétrer et personnaliser la boutique.

Au total, selon la complexité de votre demande de personnalisation et le choix du logiciel, cela prendra entre cinq et quinze jours.

Comme ce temps n'est pas comparable au vôtre, que votre partenaire travaille la journée et non la soirée, nous laissons ces nombres tels quels car, de votre côté, vous devrez attendre ces cinq à quinze soirs avant de disposer de votre boutique pour encodage.

Récapitulatif

Le tableau suivant reprend les différents points que nous venons de voir. Pour rappel, il est exprimé en jours, partant du principe qu'un jour de ce tableau représente pour vous une soirée d'occupation. Par contre, pour le partenaire, ce sont des jours de travail.

Description	Estimation basse	Estimation haute
Formalisation	1	2
Catalogue des produits	1	2
Description des articles	5	15
Images	5	20
Augmenter les bénéfices	1	2
Modes de paiement	1	1
Négociations avec les transporteurs	1	1
Synthèse transporteurs	1	2
Pesage et encodage dimensions/poids	1	5
Textes conditions générales de vente	2	5
Textes garanties, retours, etc.	1	2
Choix du gabarit/template	5	15
Création/amélioration logo	1	3
Partenaire - Installation/paramétrage	5	15
Totaux	31	90

En travaillant cinq soirs par semaine et en tenant compte de vingt-deux jours par mois, vous devriez prévoir de six semaines à quatre mois de travail entre la décision de vous y lancer et la mise en production de la boutique.

En réalité, cette estimation est totalement théorique car certaines tâches ne pourront être accomplies avant que d'autres ne soient terminées. Vous ne pourrez par exemple pas encoder les tableaux des transporteurs si vous n'avez pas reçu de réponses de leur part. Ni enregistrer les textes de vos conditions générales de vente si vous n'en disposez pas et s'il faut passer par un service juridique.

> De manière générale, il est raisonnable de prévoir deux à six mois de délai pour mettre sur pied une boutique e-commerce digne de ce nom, vous donnant une réelle chance de réussir.

Toute personne vous promettant la création d'une boutique professionnelle en une semaine, comprenant un vrai nom de domaine, le choix d'un template responsive qui ne vous est pas imposé, différents modes de paiement, des tableaux de prix de transport cohérents et non dissuasifs, des images de qualité, des textes attractifs, disposant des balises de référencement nécessaires... est à cataloguer comme inexpérimentée.

27

Le budget du projet

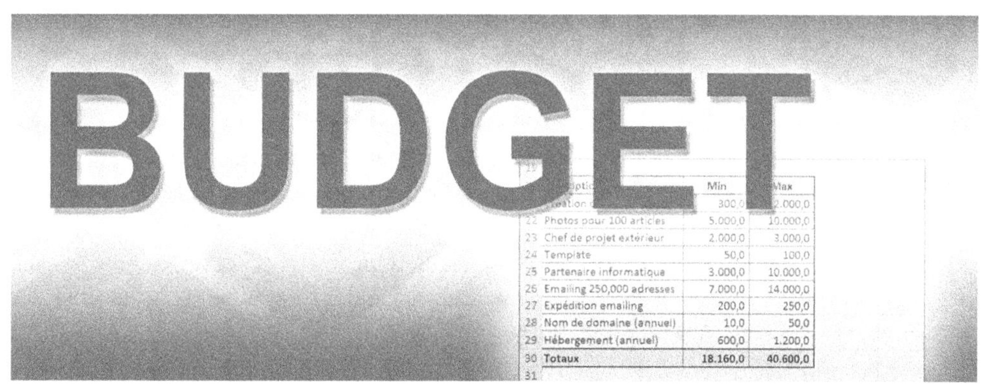

Figure 27–1 Se donner les moyens de réussir

Il existe une grande différence entre les publicités qui vous proposent de disposer d'une boutique Internet pour 20 euros par mois, et l'envie de mettre en place un véritable site e-commerce qui attire des clients et vous rapporte de l'argent. Le but de cet ouvrage est de permettre de vous orienter vers la seconde option.

Maîtriser son budget et son temps

Prix réels ou utopiques ?

Proposer une estimation budgétaire pour un projet de création d'une nouvelle boutique e-commerce s'avère périlleux, car elle sera très certainement critiquée.

D'aucuns vous diront que la fourchette proposée concerne de grandes entreprises qui disposent de budgets colossaux et qu'elle n'a rien à voir avec la réalité des PME. D'autres estimeront que ces chiffres sont sous-évalués.

Très probablement entendrez-vous également des copains, des relations, peut-être même des amis vous garantissant qu'ils ont une connaissance lointaine qui se chargera de toute votre boutique pour moins de 2 500 euros. Ne vous y fiez pas.

Les prix que nous avons cités tout au long des précédents chapitres sont réels et vérifiés. Ils proviennent d'offres ou d'expériences très récentes dans le monde des PME.

Votre temps est précieux, mais pas compté

L'estimation budgétaire proposée ne tient pas compte de votre temps, mais uniquement des montants qu'il vous faudra débourser pour des services extérieurs qui ne vous incombent pas.

Au chapitre 20 intitulé « Erreurs à ne pas commettre », nous avions insisté pour que vous ne vous lanciez pas dans des secteurs où vous n'êtes pas compétent, afin de réserver vos connaissances, votre énergie pour les parties du projet dont vous seul pouvez être responsable, comme les contacts avec les banques, les négociations avec les transporteurs, la rédaction des descriptions d'articles, les calculs de prix, etc.

Ne vous substituez pas au chef de projet, vous le ralentiriez. Ne tentez pas de réaliser une analyse, elle serait à recommencer. Ne vous estimez pas développeur web, vous n'en avez pas l'expérience. Faites appel à des professionnels pour tous les services qui ne sont pas de votre ressort.

La première chose à faire est de vous trouver un architecte, un chef de projet compétent en e-commerce, externe au partenaire que vous choisirez pour la mise en place de la boutique.

Les services extérieurs

Le chef de projet

Le rôle du chef de projet est de vous aider à bien délimiter vos besoins en prenant connaissance de là où vous souhaitez aller, dans quels délais et avec quels moyens. Il devra tenir compte de vos propres connaissances et de votre disponibilité afin de vous attribuer un maximum de tâches que vous pourrez réaliser par vous-même.

Ensuite, il découpera le projet en étapes distinctes, établira un planning et vous proposera de rechercher les partenaires les plus adéquats pour votre demande. C'est lui qui servira de contact unique entre vous et les différents partenaires (SPOC, *Single Point of contact*, en anglais). Jamais vous ne devriez intervenir directement auprès de ces partenaires, hormis pour faire connaissance et lier des relations.

Le coût total du chef de projet dans un budget e-commerce n'est pas extravagant. En général, il se calcule à l'heure ou à la journée. La plus grosse partie de son travail a lieu au début du projet, lors des réunions qu'il aura avec vous d'abord, ensuite avec les différents prestataires. En fin de projet, il passera également un peu de temps pour valider les travaux commandés avant de vous laisser vous emparer de la boutique.

Le tarif d'un chef de projet varie selon les pays, les régions. Il évolue souvent, pour ce genre de travail, entre 650 et 850 euros la journée. La durée totale de son intervention se situe dans une fourchette de trois à six jours.

Le graphiste pour votre logo

Comme nous l'avons vu, il vous est possible de bien préparer le travail du graphiste en couchant sur papier vos idées pour le logo : les couleurs, le concept qu'il doit représenter, le message à transmettre. Ensuite, si les premières esquisses qu'il vous transmet vous plaisent, le travail sera rapidement terminé. Prévoir un budget compris entre 300 et 2 000 euros semble raisonnable. La fourchette est élevée car certains graphistes sont plus réputés que d'autres et leurs tarifs augmentent en conséquence.

Les photos de vos articles

Nous avions abordé longuement la problématique des images, l'importance de leur qualité et de leur nombre. Selon que vous êtes dans le textile ou dans l'électroménager, dans les bijoux ou les camions, les prix varient fortement.

Une demande de cinq images finales par article, pour cent articles, nous amenait vers une dépense comprise entre 5 000 et 10 000 euros. Budget fort important, tout autant que les images le sont pour vos visiteurs.

Le partenaire informatique principal

Pour rappel, orientez-vous vers un partenaire spécialisé en e-commerce. Pas vers une agence web spécialisée en sites Internet.

Je ne critique nullement ces agences. Ce qu'elles font est souvent formidable. Mais il s'agit de deux métiers totalement différents, comme le sont un garagiste et un vendeur de voitures, un peintre et un photographe, un médecin généraliste et un dentiste.

Ce partenaire effectuera généralement pour vous la réservation de votre nom de domaine et de votre serveur d'hébergement, installera les programmes de votre boutique, y collera le gabarit/template que vous aurez choisi avec lui, effectuera les paramétrages nécessaires et testera l'ensemble.

Il passera ensuite la main au chef de projet pour que celui-ci valide le travail effectué.

Selon la complexité du logiciel pour e-boutique que vous aurez choisi, on peut estimer le budget pour les services de ce partenaire entre 3 000 et 10 000 euros.

L'hébergement

En général, ce partenaire travaille déjà avec un hébergeur dans lequel il a confiance. En cas de problème avec l'hébergeur, c'est à lui de tenter de le résoudre dans les plus brefs délais. Il a tout intérêt à vous proposer un hébergeur fiable.

Dans ce monde de l'hébergement, comme c'était le cas pour les noms de domaine, vous trouverez également des prix très disparates d'une société à l'autre. Cela se justifie d'une part par les services qui sont inclus dans le prix, comme les backups automatiques, le nombre d'adresses e-mail mises à votre disposition, d'autre part par les caractéristiques techniques du serveur. Elles jouent énormément.

Si vous trouvez sur Internet des offres d'hébergement de l'ordre de 5 à 10 euros par mois, sachez qu'elles sont plutôt destinées à l'hébergement de sites Internet qu'à des boutiques e-commerce qui nécessitent plus de ressources.

N'hésitez pas à surdimensionner quelque peu l'hébergement choisi, en optant pour une machine plus rapide, pour un environnement technique plus adapté. Tant vos clients que vous-même serez plus à l'aise avec une machine rapide qu'avec un serveur trop lent.

Vous devriez prévoir, pour l'hébergement d'une boutique, un budget compris entre 600 et 1 200 euros par an.

Pour rappel, vous devez ajouter à cela une location annuelle de 10 à 50 euros pour la réservation de votre nom de domaine.

L'e-mailing de lancement du site

Bien évidemment, cet e-mailing n'est pas obligatoire. Mais sans une action marketing performante pour faire connaître votre boutique, elle restera dans l'inconnu.

Le budget que nous avions détaillé, en nous basant sur 250 000 adresses, variait de 7 000 à 14 000 euros selon la qualification des adresses.

L'émission de l'e-mailing se situait aux alentours des 200 euros.

Le budget récapitulatif

Description	Estimation basse (en euros)	Estimation haute (en euros)
Chef de projet	2 000	3 000
Création du logo	300	2 000
500 photos pour 100 articles	5 000	10 000
Partenaire informatique	3 000	10 000
Hébergement (annuel)	600	1 200
Nom de domaine (annuel)	10	50
Gabarit/template	50	100
250 000 adresses qualifiées e-mailing	7 000	14 000
Expédition de l'e-mailing	200	250
Totaux	18 160	40 600

Pour mener à bien un tel projet, nous avons estimé, au chapitre précédent, qu'il vous fallait prévoir entre deux et six mois.

Le budget de mise en œuvre de votre boutique devrait se situer entre 18 000 et 40 000 euros, y compris les prises de vue et l'e-mailing.

Si vous disposez d'images de qualité en nombre suffisant, vous pouvez déduire ce poste de prise de vue, ramenant ainsi le budget global dans une fourchette évaluée entre 13 000 et 30 000 euros.

CINQUIÈME PARTIE

Stimuler la vente

Vous venez de passer plusieurs semaines à organiser votre projet, le mettre en place, le tester, le peaufiner pour enfin publier votre boutique, la rendre accessible à tous les internautes.

Ne croyez pas que votre travail s'arrête là. Non, il vient de réellement commencer.

Dès la publication de votre boutique en ligne, vous devrez en permanence analyser les ventes, en tirer des conclusions, modifier certains prix, supprimer des articles, en ajouter d'autres, améliorer les textes qui semblent confus, répondre aux e-mails clients, etc.

Vos principaux objectifs deviendront : aider et fidéliser vos clients.

28

Chat online, co-browsing, bots

Figure 28–1 Support client par chat online

Aidez vos visiteurs à conclure

Lorsque l'on crée une boutique en ligne, on imagine toujours que l'ergonomie du site, les images, les descriptions d'articles, les prix attractifs suffiront aux visiteurs pour se ruer sur nos produits et finaliser leurs achats. Rien n'est moins vrai. Bien souvent le visiteur cherchera une information que vous auriez oublié de mentionner, ou qui se trouve sur une page peu accessible. Ou ne comprendra pas votre système de prix dégressifs, aura des doutes sur les frais de livraisons…

Malheureusement, malgré tout le travail mis en œuvre, si les incertitudes s'additionnent durant son parcours, il délaissera votre boutique et ira voir ailleurs. Quel dommage, quelle frustration !

Rassurez-vous, à tout problème existe une solution. Et dans ce cas elle porte un nom : le support.

Ce support peut se décliner sous différentes variantes, qui dépendront essentiellement du type de produits que vous commercialisez. Nous pourrions synthétiser la situation comme suit.

- Votre site porte sur des produits ou services qui demandent une réflexion approfondie, comme l'achat d'un abri de jardin, d'un home-cinéma ou d'une tondeuse, un support client par simple formulaire de contact devrait suffire. Pour autant que vous répondiez aux questions endéans les 8 heures ouvrables.

- Dans tous les autres cas, votre site devra prévoir la possibilité de fournir au client une réponse immédiate aux questions qu'il se pose durant son parcours sur votre site. Vous devrez le rassurer et l'entraîner vers la finalisation de la commande.

À la lecture de ces lignes, j'entends déjà votre question : « Comment faire pour répondre, alors que le client ne m'a pas encore posé de question ? ». C'est ce que nous allons voir dans ce chapitre.

Chat online

Il s'agit d'une expression, d'un anglicisme que beaucoup connaissent déjà par la simple utilisation de « messageries instantanées » comme Messenger (Facebook), WhatsApp (Facebook), Line (Line) et bien d'autres.

En français, on utilise souvent le terme « chatter », qui s'écrit également « tchatter ».

Vous l'aurez compris, et probablement déjà vécu, il s'agit d'une application que l'on ajoute à la boutique en ligne pour permettre aux internautes d'entrer directement en communication avec un de vos collaborateurs. Elle se caractérise par l'apparition soudaine d'un petit « pop-up » qui précise qu'un membre de votre support se tient prêt à répondre directement à toute question que le visiteur pourrait se poser.

Figure 28–2
Un collaborateur vous répond
en direct.

En cliquant sur le bouton, l'internaute entre en contact direct avec votre support, pose sa question, et espère une réponse immédiate.

Du côté boutique, votre collaborateur dispose d'un panneau de contrôle l'avertissant instantanément d'une demande d'un visiteur. Selon l'application utilisée, diverses informations relatives à celui-ci s'affichent automatiquement sur le pupitre de contrôle comme la localisation géographique, s'il est déjà client (et dans ce cas s'affichent également des informations comme son nom, prénom, date de dernière commande), le navigateur utilisé, le nombre de pages vues, la durée de sa navigation, etc.

Figure 28–3
Le pupitre de chat, côté boutique

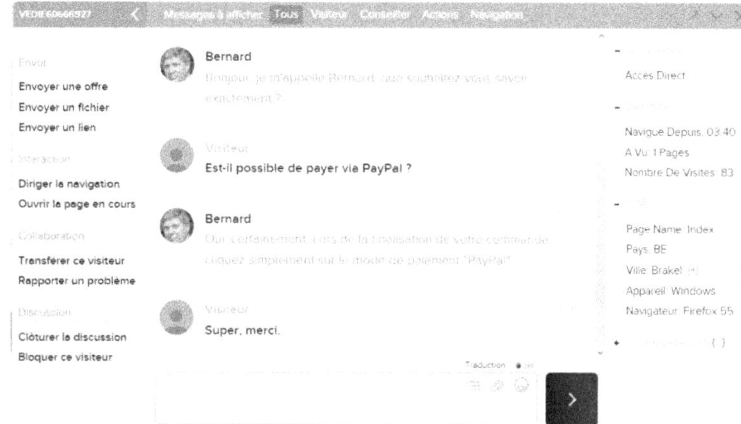

Les fonctions complémentaires

Les réponses préenregistrées

Si une même question vous est souvent posée, vous avez la possibilité de mémoriser des réponses « préenregistrées » qu'il vous suffira de sélectionner pour envoyer dans le flux de la conversation. Par exemple si on vous demande souvent des informations sur la garantie que vous proposez, vous enregistrez cette réponse pour la réutiliser facilement par la suite.

Remarque

Si une question revient souvent, cela signifie qu'elle n'est pas disponible sur votre site, ou que son accès n'y est pas aisé. Pensez à revoir cette partie de site en conséquence. Dans cet exemple, ajouter un lien en bas de page qui pointe directement sur un texte explicatif relatif à vos garanties.

L'envoi d'un lien

Si la réponse à la question posée se trouve sur votre site, vous pouvez également mémoriser des « URL » (liens) que le visiteur pourra cliquer, lui permettant ainsi d'accéder directement à la page souhaitée.

Imaginons un visiteur vous demandant des informations sur les tailles des polos que vous commercialisez, vous lui transmettrez directement le lien vers la page qui comprend le tableau des tailles.

L'envoi d'un fichier

Par ce même pupitre, vous pourrez également (selon l'application utilisée) transférer des fichiers comme un plan d'accès en PDF, un bon de retour de marchandise, etc.

Le transfert vers un autre collaborateur

Si vous disposez de plusieurs collaborateurs qui assurent le support, il est probable qu'ils aient chacun leur spécialisation.

La plupart des outils de chat online permettent, durant une conversation, de la transférer vers une autre personne. Le collaborateur à qui l'on transfère l'échange aura directement l'historique de la conversation, évitant ainsi au visiteur de devoir répéter ce qu'il a déjà énoncé.

Ce transfert est souvent utilisé pour les boutiques du secteur de l'habillement. Il sera toujours plus adapté de transférer à une collaboratrice une demande liée à des vêtements pour dames, et à un collaborateur les questions posées par un homme.

Indisponibilité

Qui dit messagerie instantanée sous-entend qu'une personne reste disponible pour répondre aux internautes. Mais toutes les sociétés n'ont pas un service 24h/24, 7 jours sur 7.

La majorité des solutions de chat online disposent d'une fonction paramétrable qui précise que si aucun conseiller n'est disponible (la nuit, le week-end, s'il est déjà occupé...), un message un peu différent s'affiche signalant qu'aucun conseiller n'est disponible, mais que le visiteur peut laisser un message, qu'il lui sera répondu dans les meilleurs délais.

Figure 28–4
Bouton d'indisponibilité
des collaborateurs

L'historique des échanges

Au niveau de l'administration du chat online, chacune des demandes visiteur est mémorisée.

Il est fortement conseillé d'analyser régulièrement les échanges. Si une même question revient souvent, prenez votre bâton de pèlerin et effectuez les modifications nécessaires à votre site pour l'améliorer, faire en sorte que cette information soit plus visible, que la question ne se pose plus.

Conseils d'utilisation

Vous l'aurez compris, le chat online est une magnifique invention vous permettant de répondre directement aux visiteurs afin de les garder au maximum sur votre site, de les mettre en confiance, de les pousser à finaliser leur commande.

Néanmoins, si l'on n'y prend garde, cette solution peut rapidement devenir très intrusive, et pousser les clients vers la sortie.

Il est impératif, si vous envisagez d'installer une telle solution, de vous assurer que l'affichage du pop-up invitant le visiteur à vous poser une question le soit à bon escient.

Ce sont les règles de ciblage, d'engagement que vous devrez mettre en place.

Pour ne vous donner qu'un exemple, basé sur les possibilités de la solution proposée par iAdvize, le pop-up peut apparaître **SI** le parcours du visiteur sur votre site répond à deux critères simultanés.

* Le visiteur se trouve sur la page de finalisation de sa commande, il a donc déjà rempli son panier. Autant ne pas le perdre.
* **ET** s'il est sur cette page depuis plus d'une minute et demie, ce qui semble long et présager qu'il y a un doute, une hésitation.

Mais ce n'est qu'un exemple.

Figure 28–5
Paramétrage des règles
d'affichage du pop-up

Les applications comme Messenger (Facebook), WhatsApp (Facebook), Line (Line) et autres ont popularisé l'utilisation de la messagerie instantanée. Elle fait partie de notre quotidien.
Son détournement comme support pour les boutiques en ligne s'avère une réelle opportunité pour répondre aux questions que se posent vos visiteurs, améliorer votre site, augmenter votre taux de conversion. Vous avez tout à y gagner.

Co-browsing

Pour le co-browsing également, nous nageons en plein anglicisme. Les traductions les plus courantes pour ce titre sont la « co-navigation », ou la « navigation simultanée ».

Cela ne vous aide guère.

En réalité, ce titre pompant résume une fonction très simple qui permet au collaborateur qui répond au chat en ligne de visualiser la page du visiteur, et d'éventuellement intervenir directement sur son poste (prendre les commandes).

Vous pensez déjà que si le pop-up du chat online peut être considéré comme intrusif, l'interaction sur le poste du visiteur ressemble plus à de l'espionnage qu'à une pratique décente de support clientèle.

Et vous auriez raison… si certains garde-fous n'avaient été mis en place par l'applicatif de support en ligne.

La demande d'autorisation

Parfois, les questions posées par un visiteur ne sont pas très claires. Il explique qu'en cliquant sur tel ou tel bouton du site, un message d'erreur apparaît, ou que rien ne se passe, etc.

Le conseiller qui tente de l'aider lui indiquera plus facilement, par un mouvement de curseur, où se situe le problème plutôt que de se lancer dans une longue explication du genre : « … cliquez sur le bouton à droite. Non, pas celui-là, l'autre, en gris. Oui, un peu plus haut… »

Pour ce faire, il doit demander au client s'il est d'accord que le conseiller prenne les commandes pour l'aider. Si celui-ci marque son accord (dans le chat online), le conseiller lancera la proposition de prise en main. Cette action affichera une demande officielle de co-browsing. Le visiteur devra à son tour cliquer sur un bouton pour accepter l'interaction.

Une fois cette procédure finalisée, le co-browsing sera enclenché, et le conseiller pourra intervenir sur la page de son interlocuteur.

> **Remarque**
>
> Si la page contient des informations confidentielles, de type numéro de carte de crédit, ces informations sont automatiquement cachées au conseiller par l'application.

La figure 28-6 est une capture d'écran d'un opérateur. Vous pouvez distinguer, au centre, la partie « chat online » en cours avec son visiteur, et autour de cette zone, en arrière-plan, l'écran du client.

Si le client marque son accord, la partie centrale peut s'estomper et votre collaborateur pourra prendre les commandes.

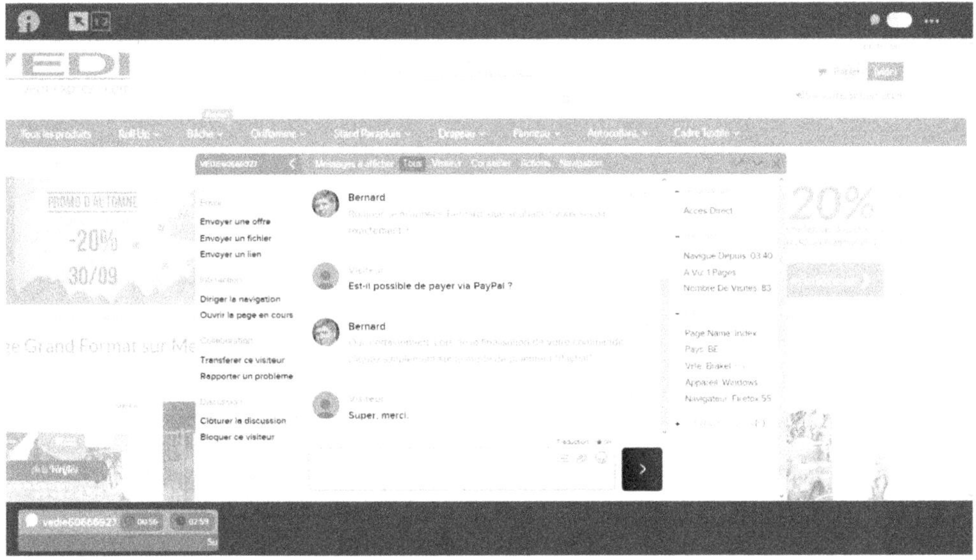

Figure 28–6 Le conseiller peut visualiser l'écran de son visiteur.

Le co-browsing offre un niveau de confort supplémentaire aux membres du support online en leur permettant de mieux comprendre certaines demandes complexes émises par les visiteurs et d'intervenir directement sur les manipulations.

Néanmoins, son utilisation étant fortement intrusive, cette fonction ne doit intervenir qu'en dernier recours, quand le client a du mal à expliquer sa demande, ou quand votre collaborateur souhaite indiquer la marche à suivre.

Bots

Pour que faire ?

Vous l'aurez deviné, le terme « bots » est une contraction de « robot ».

Mais que peuvent bien faire les robots dans le support online ?

À cette question, il n'y a pas qu'une seule réponse. La lecture des exemples ci-après, vous permettra de comprendre l'intérêt de l'utilisation de cette technologie dans le monde du support client.

Sachez simplement qu'un « bot », dans ce contexte, décrit un petit programme, un agent logiciel automatique qui interagit directement sur l'application de chat online.

Réponse en cas d'absence

Vous pouvez très bien imaginer un simple bot qui gère les conseillers disponibles. S'il y en a au moins un disponible, le bot lui transmet la conversation que le visiteur vient de débuter.

Dans le cas contraire, si aucun conseiller n'est disponible, il se contentera d'afficher un petit message signalant cette indisponibilité, et le redirigera vers le formulaire de contact de votre site (figure 28-7).

Il est vrai que cet exemple fait un peu double emploi avec le processus automatique de contrôle d'indisponibilité dont nous avons parlé plus haut dans ce chapitre. Allons un peu plus loin dans l'utilisation des bots.

Figure 28–7
Le bot, le conseiller virtuel
de votre société

Choix du conseiller

Le bot, dans ce cas également appelé « chatbot », peut être programmé pour intervenir avant tout conseiller « humain », de manière à analyser la demande et déterminer le conseiller le plus apte à y répondre.

Reprenons un exemple cité dans le transfert du chat online. Vous disposez d'une boutique de vêtements, un visiteur débute une discussion.

* Dès l'arrivée de la question du visiteur, le chatbot s'active, intercepte la demande et se présente : « Bonjour, puis-je vous poser une question pour me permettre de sélectionner le conseiller le plus apte à vous répondre : êtes-vous un homme ou une femme ? »
* Juste après cette question, une case comprenant deux choix s'affiche, le visiteur doit cliquer en regard de son sexe.
* Une fois la réponse enregistrée, le chatbot l'analyse et transfert la conversation à un conseiller du même sexe.

Ciblage plus précis

Dans le même ordre d'idée, on pourrait imaginer une interaction à deux niveaux de votre bot. Pour cet exemple, une grande surface multimédia et électroménager.

Le visiteur : Bonjour, pouvez-vous m'aider ?

Le bot : Bonjour, je suis Charly. Permettez-moi de vous poser quelques questions afin de vous transférer vers le conseiller le plus apte à vous répondre.

Le bot (suite) : Souhaitez-vous des informations sur le multimédia, sur l'électroménager, ou sur notre service après-vente ?

Le bot (suite) propose alors une boîte contenant les 3 choix, le visiteur peut en cliquer une seule.

Le visiteur coche une des cases.

Traitement du bot.

- SI le visiteur a coché la case du service après-vente, transférer la conversation vers le conseiller du SAV (et fin de traitement par le bot).

- SI le visiteur a coché la case du service multimédia, leur transférer la conversation (et fin de traitement par le bot).

- SI le visiteur a opté pour électroménager, lui poser une question complémentaire.

Le bot : Cela concerne-t-il le petit ou le gros électroménager ?

Le bot (suite) propose alors une boîte contenant les 2 choix, le visiteur peut en cliquer une seule.

Le visiteur coche une des cases.

Traitement du bot.

- SI le visiteur a coché la case petit-électro, transférer la conversation vers le service correspondant (et fin de traitement par le bot).

- SI le visiteur a coché la case du gros électroménager, leur transférer la conversation (et fin de traitement par le bot).

Figure 28–8 L'outil iAdvize vous permettant de créer un scénario pour votre bot par simple glisser-déposer d'actions

Que peut faire un bot ?

Quelles sont les actions les plus courantes attribuées aux bots dans le cadre du support online ?

- Afficher un texte automatique.
- Poser une question ouverte pour mémoriser une information et la transmettre au conseiller qui s'occupera du visiteur. Exemple : Quel est votre prénom ?
- Poser une question fermée, et proposer plusieurs réponses. Le visiteur devra cocher une case, et en fonction de cela, une nouvelle action sera engendrée par le bot (exemple de l'électroménager ci-dessus).
- Transférer la conversation à un humain (entendez, un conseiller).
- Transférer la conversation à un autre bot. Cela permet de créer des petits bots spécialisés qui prennent en charge une partie du ciblage, et de ne pas créer des structures de « chatbotting » trop complexes.
- Transmettre un lien au visiteur qui, une fois cliqué, ouvrira une page spécifique, contiendra un formulaire, affichera la réponse à sa question, etc.
- Lancer un programme. Mais là, c'est déjà un peu plus complexe.

Les aider, sans les agresser

Le juste milieu

Tout comme le vendeur d'un magasin peut vous faire fuir si dès votre entrée il vous interpelle et vous suit dans tous les rayons, les outils de chat online (humains ou robotisés) risquent de déranger votre visiteur s'ils s'avèrent trop engageants.

Faire apparaître une fenêtre pop-up « un conseiller peut vous aider » dès l'apparition de la page d'accueil de votre site aura l'effet inverse de celui escompté. Ils se sentiront agressés et pas trop enclin à continuer la visite.

La plupart des outils sur le marché permettent de limiter ces apparitions :

- en ne les rendant visibles que sur certaines pages ;
- sur base d'un délai passé sur une page ;
- ou d'une durée du parcours sur votre site ;
- etc.

Avant de lancer un chat online sur votre site, il est impératif de bien le paramétrer afin qu'il n'agisse réellement qu'aux moments où l'internaute pourrait avoir besoin d'aide.

Le scoring

Vous allez m'en vouloir, encore un anglicisme ! Et si l'on s'en tient à la définition de Wikipédia, le scoring serait « une manière de pratiquer le jeu vidéo en ayant pour objectif principal l'obtention d'un score élevé, voire le plus élevé ».

Dans notre cas, cela n'a rien à voir.

Le scoring, en matière de chatbotting, est un moyen qui vous permet d'attribuer des points à un visiteur, et de ne déclencher l'affichage de la fenêtre pop-up que quand son score aura atteint un certain niveau.

Imaginons quelques règles que nous pourrions enregistrer dans les paramètres de scoring de notre chat online.

- Si le visiteur reste plus de 20 secondes sur une même fiche « produit », on lui attribue 5 points.
- S'il passe plus de 10 secondes sur votre page expliquant les modes de retour de marchandise : 10 points.
- Idem pour la page explicative de vos garanties : 10 points.
- S'il ajoute un article dans son panier : 20 points.
- S'il reste plus de 10 secondes sur sa page panier : 50 points.
- Etc.

Vous définissez ensuite l'affichage de la fenêtre pop-up dès que le visiteur a atteint 75 points.

De cette manière (qui n'est qu'un exemple), vous n'entrerez en contact qu'avec les visiteurs réellement intéressés par vos produits. Au meilleur moment, juste avant d'arriver à la conclusion de la vente.

Rien ne vous empêche néanmoins de prévoir un simple bouton du type « Le chat online est à votre disposition » dans le bas de votre site, qui ne soit pas un pop-up intrusif, et qui permette à chaque visiteur d'entrer en contact direct avec vos collaborateurs s'il a besoin d'aide.

Dans l'e-commerce, nous n'en sommes plus aux simples boutiques passives, où le client vient acheter sans se renseigner. Ce sont devenus de véritables espaces virtuels, avec images et descriptions, munis d'un réel support à la clientèle disponible en permanence.

Ce support s'avère un outil indispensable pour toute société qui souhaite fidéliser ses clients et faire progresser ses ventes.

Les principaux acteurs du marché

Parmi les principaux acteurs actuels, voici quelques ténors de la discipline (liste non exhaustive).

iAdvize, l'outil qui a servi de base à ce chapitre, comprenant le chat online, les bots, le scoring, le co-browsing, la vidéo-conférence, etc. Un excellent service, mais pas à la portée de toutes les bourses.

Userlike, essentiellement du chat, mais à prix très adapté.

Zopim, très belle application comprenant également un système de scoring. Se situe entre iAdvize et Userlike, tant au niveau prix, que fonctionnalités.

My Live Chat, une solution simple, qui possède une formule gratuite mais limitée.

29

Le magasin physique

Figure 29–1 Enlèvement de marchandise en magasin physique

L'un n'exclut pas l'autre

Certaines boutiques e-commerce ont vu le jour car leur initiateur, le futur e-commerçant, ne souhaitait nullement s'encombrer d'un magasin physique qu'il jugeait trop onéreux, trop complexe à gérer, ou non nécessaire car ne commercialisant que peu de produits. Elles sont passées directement à l'e-commerce pour de multiples raisons.

D'autres ont été lancées bien après l'existence de la boutique physique : pour atteindre de nouveaux marchés, pour une visibilité accrue grâce à Internet, pour favoriser un catalogue en ligne, moins onéreux qu'un catalogue papier. Là également, les raisons pour développer un e-commerce en complément d'une boutique physique peuvent être nombreuses.

Mais l'un n'exclut pas l'autre !

Une perpétuelle évolution

Les boutiques en ligne ont pris un tel essor qu'elles font maintenant partie de nos habitudes. Leur accessibilité permanente, leur utilisation via le smartphone, la diminution constante des frais d'expédition, ou encore l'amélioration des modes de paiement ne sont que quelques-uns des facteurs qui ont permis à cette vague de se transformer en réel tsunami.

À tel point que, bien souvent, l'e-commerce se voit affublé de tous les maux du monde et accusé d'être un tueur de magasins.

Même s'il est vrai que de nombreux petits commerces ont disparu ces dix dernières années, et que l'e-commerce a été un élément déclencheur pour nombre d'entre eux, peut-être la cause réelle de ces disparitions fut-elle une non-réaction de la part de leurs gérants, une non-adaptation à l'évolution de notre mode de vie, aux nouveaux besoins des acheteurs…

L'exemple de l'édition

Outre la disparition de petits commerces, certains secteurs se sont vus plus durement touchés par l'avènement de l'e-commerce que d'autres. L'exemple le plus parlant est celui de l'édition. Il devient actuellement très difficile de trouver une bonne librairie, animée par un personnel compétent et de bon conseil. Mais l'e-commerce est-elle la cause de ces disparitions, ou la conséquence de l'évolution de ce secteur ?

Je me souviens de mon premier ouvrage, écrit en 1985, *Informatisez votre comptabilité et votre gestion* (Marabout Informatique). L'impression débutait à 10 000 exemplaires (avant réimpression). L'investissement pour l'éditeur était très important, les étapes de préparations longues et complexes car peu informatisées. Le nombre de nouveaux ouvrages était limité.

Actuellement, les techniques ont évolué, les éditions peuvent démarrer à moindre risque avec seulement 2 000 exemplaires car les outils permettent de plus petits tirages, et le délai entre la remise du manuscrit et son apparition sur le marché a été divisé par 2. Il est donc normal qu'il y ait actuellement beaucoup plus de livres sur le marché qu'il y a 40 ans.

Figure 29–2
L'automatisation dans le secteur de l'édition
a obligé le marché à s'adapter

L'augmentation du nombre de ces nouveaux ouvrages est un des éléments qui a transformé le métier de libraire. Pouvait-il tout connaître ? Avoir tous les livres en stock ? Conseiller utilement les clients ? Je ne le crois pas.

Sachant qu'une librairie compte entre 5 000 et 50 000 références, et qu'Amazon propose plus de 800 000 livres papier et 3 000 000 d'eBooks, on comprend rapidement que ce secteur était un des premiers à devoir se restructurer face à l'e-commerce. Et la restructuration est loin d'y être terminée. Pensez aux récentes et très nombreuses prises de conscience écologiques qui nous entourent, à la déforestation, aux tonnes de papier que représentent ces ouvrages, l'avenir du livre papier s'avère bien morose.

Ce n'est pas l'e-commerce qui a déclenché les difficultés que connaissent nos librairies depuis une dizaine d'années, mais bien la transformation du monde de l'édition, son automatisation, la possibilité d'imprimer à moindre risque, par plus petites quantités tout en multipliant par 5, par 10 le nombre d'ouvrages. L'e-commerce n'a été qu'un vecteur permettant d'absorber cette évolution.

Nous vivons également d'autres transformations majeures, qui ne sont nullement causées par l'e-commerce mais qui vont également imposer des transformations dans leurs secteurs respectifs. Pensez au monde de la photographie, qui est passé de l'argentique au numérique, entraînant la chute de grands noms comme Kodak ou Ilford. Celui du cinéma, également lié à la transformation numérique, avec des modes de distributions qui disparaissent (anciennes salles de cinéma), et des plates-formes de streaming qui font fureur comme Netflix, Amazon Prime Video, Apple TV+, Disney+, etc.

Une complémentarité qui devient gagnante

Petit à petit, les e-commerçants peuvent mesurer combien il est complémentaire de disposer d'une boutique en ligne et d'un magasin ayant pignon sur rue. Parcourons quelques exemples.

Les produits alimentaires

Combien de fois vous êtes-vous retrouvé(e) dans un magasin d'alimentation, devant des rayons bien achalandés, en vous demandant « que vais-je bien pouvoir préparer comme dîner ? ». Et progressivement, ne sachant que choisir, vous vous énervez, pestez contre vous-même pour ce précieux temps perdu.

Ou peut-être êtes-vous plus organisé(e) avec une « liste de courses » que vous avez rédigée la veille au soir ?

Les grandes enseignes, toujours prêtes à améliorer votre confort d'achat (afin de concurrencer l'enseigne d'en face), proposent de plus en plus l'achat en ligne avec enlèvement aux portes du magasin, sans même devoir y rentrer. Pour ne citer que quelques exemples : Auchan drive, Carrefour drive, Amazon Fresh Pickup, etc.

Pour le client, les avantages sont évidents.

- Vous pouvez tranquillement, tout au long de la semaine, réfléchir à vos menus, préparer votre panier « en ligne » (ou liste de courses), le valider vers la fin de semaine, payer et aller chercher les marchandises à l'heure prévue sans devoir faire la queue aux caisses.
- Les produits alimentaires seront généralement très frais, car ils ne transitent pas par les rayons du magasin et restent souvent en chambre froide.
- Votre marchandise vous sera remise rangée dans des boîtes en carton ou des « box » pliables et réutilisables ou encore dans des sacs en papier. Finie la hantise du rangement rapide dans vos sacs aux caisses du magasin.
- Des places de parking sont généralement réservées pour ces enlèvements.
- Vous ne payez aucun frais de livraison.
- Il y aura un contact entre le client et le personnel pour la remise de la marchandise. Ce court contact permet réellement d'humaniser votre boutique e-commerce, d'y associer une « figure », une personne.

Pour l'enseigne également les avantages sont nombreux.

- Le magasin a accès aux paniers en cours de création et peut donc anticiper la demande pour son stock.
- La marchandise n'a pas besoin d'être mise en rayons.
- Il n'y a pas de nécessité de contrôle (pour vols) car c'est le magasin qui prépare la commande.
- Le temps nécessaire pour récupérer la commande est inférieur au temps moyen passé en caisse pour le même nombre de produits.
- Il y aura un contact entre le client et le personnel pour la remise de la marchandise et cela permet à l'enseigne de créer une réelle proximité avec l'acheteur.

Figure 29–3
Emplacements réservés pour
enlèvement des marchandises
commandées

Vous me direz que ces exemples ne servent qu'aux grandes enseignes. Mais pourquoi ? Pourquoi ne pas copier ce concept et l'instaurer au départ de votre boutique en ligne, pour votre petite surface de produits bio et locaux ?

L'univers du textile et des chaussures

Prenons un autre exemple : la mode, le textile, les chaussures. Comment fonctionne l'acheteur actuellement ? Il se connecte sur un site à grande distribution (par exemple Zalando), choisit plusieurs modèles, plusieurs tailles, commande le tout et attend sa livraison. Une fois les articles livrés, il essaye les différentes pièces et ne garde que celles qu'il apprécie tant au niveau de la taille, que du coloris ou de la matière. Il réexpédie le reste et se fait rembourser la différence. Tout cela coûte très cher à l'enseigne.

Mais si vous relisez le paragraphe précédent, quels sont en réalité les critères décisifs :

- la taille ;
- le coloris (qui n'est jamais le même en réalité que sur un écran) ;
- la matière.

Rêvons un peu. Imaginons cette acheteuse habitant dans votre région. Peut-être passe-t-elle tous les jours devant votre boutique, mais sans avoir le temps d'y entrer, car elle sait que choisir dans un magasin prend du temps (ce n'est pas ma femme qui me contredira). Le soir, elle visite votre site comme un catalogue et y découvre le superbe chemisier dont elle a envie. Mais comme les couleurs à l'écran sont pâles, qu'elle ne peut le « toucher », elle n'achète pas directement. Le jour suivant, elle passe encore devant votre magasin et sait exactement ce qu'elle veut. Il ne lui reste plus qu'à avoir la confirmation que la couleur réelle lui plaît et que le textile est de qualité. Il ne lui faudra que quelques instants pour s'en rendre compte et finaliser sa décision. Soit elle l'achète directement en magasin (mais c'est votre site qui a initié l'achat), soit elle n'a pas le temps ou préfère reporter un peu sa dépense et ajoute cette pièce dans sa liste de favoris (elle l'achètera plus tard), soit elle finalise directement sa commande en ligne.

Dans les deux cas, cette complémentarité fait de vous un gagnant.

> Qu'il s'agisse de l'alimentation, du textile, ou d'autres secteurs d'activité, bien souvent la boutique e-commerce et le magasin physique sont totalement complémentaires et permettent d'augmenter le chiffre d'affaires et de fidéliser ses clients.

Mettre toutes les chances de son côté

Pour que cette symbiose fonctionne, rien ne doit être laissé au hasard. Il ne s'agit pas simplement de permettre le retrait en magasin, il faut aussi s'organiser, se structurer.

Adapter sa boutique en ligne

Vous trouverez très facilement, pour votre boutique en ligne, des modules qui gèrent l'administration du retrait en magasin. De manière générale, cela comprend :

- l'ajout d'un mode de livraison « Retrait en magasin » ;
- la description exacte de votre (ou vos) magasin(s) avec l'adresse, la géolocalisation sur Google Maps, une photo du bâtiment et souvent un texte précisant par exemple la disponibilité de parkings spécifiques pour les retraits ;
- du paramétrage des heures pour ces retraits.

> **Remarque**
>
> Permettre le retrait en magasin, c'est surtout autoriser le client à venir « en dehors de ses heures de travail ». Il est indispensable d'élargir quelque peu vos plages horaires. Ne garder que le 10/18h a peu de chance de favoriser ce mode de retrait.

Décrire ses systèmes de tailles

Si vous êtes dans le textile, nous avons vu que le choix d'un acheteur était généralement lié à trois éléments : la couleur réelle, la matière (le toucher), la taille. Si votre acheteur connaît parfaitement sa taille par rapport à ses marques habituelles, tant mieux. Mais ce n'est pas toujours le cas. Dès lors, pour l'aider à faire son choix, il est hautement conseillé d'ajouter sur votre site, pour chaque marque, les principales dimensions correspondant aux tailles proposées. Par exemple, pour les pantalons de la marque XYZ, les dimensions au niveau de la taille, des hanches, des cuisses, la longueur totale et la longueur de l'entrejambe. Plus vous serez précis, plus le client sera satisfait car il aura toutes les chances de ne pas se tromper.

Aménager son magasin physique

Si vous installez un module de retrait en magasin sur votre e-boutique, vous aurez la possibilité de télécharger des *picking lists* (listes de colisages, de préparation de commandes) par jour et par heure prévue de retrait. Il est impératif qu'un de vos collaborateurs prenne cela en charge afin d'éviter qu'un client ne se déplace et qu'on lui réponde que sa commande n'est pas prête. Il ne vous ferait plus confiance.

La gestion du stock s'avère un peu plus complexe. Vous devez « réserver » les articles commandés (ou dans les paniers) afin qu'ils ne soient pas vendus à d'autres personnes. Au départ, cette mission s'apparente à une mission impossible, mais très vite la structure, les habitudes se mettent en place.

Prévoir au minimum une place de parking réservée pour l'enlèvement des commandes, et l'indiquer clairement tant sur votre site, qu'en signalisation extérieure du magasin physique.

Au minimum un membre du personnel doit être attentif aux clients qui viennent chercher leurs marchandises. Il n'est pas concevable que le client doive faire la queue à la caisse pour signaler sa présence. Il doit être prioritaire et directement pris en charge, qu'il s'agisse d'une entrée séparée, d'une sonnette d'appel, ou de tout autre moyen imaginable.

Vous êtes e-commerçant et disposez également d'un magasin physique, vous avez toutes les chances de créer une synergie entre vos deux canaux, et d'en tirer un réel profit. Vos clients vous en seront reconnaissants et le taux de fidélisation ne pourra qu'augmenter.

30

La digitalisation pour contrer les pandémies

Figure 30–1 L'e-commerce permet une continuité de l'activité économique.

La transformation digitale

Depuis plus d'un an, la « transformation numérique », également appelée « transformation digitale » ou « digitalisation », s'est imposée dans toutes les publications informatiques liées à l'évolution des sociétés. Pour des moyennes ou grandes sociétés, cette transformation numérique peut représenter une charge colossale de travail. Mais au niveau des commerces traditionnels, le passage du commerce « de boutique » à l'e-commerce peut se faire assez rapidement. Les outils existent et il s'agit essentiellement d'une nouvelle organisation de l'activité.

La globalisation et les facilités de déplacements transcontinentaux ont permis à la pandémie qui nous a touchés début 2020 de devenir un fléau mondial en quelques mois. Outre les millions de victimes officiellement dénombrées, le secteur économique fut, dans un premier temps, fortement impacté. Exception faite des sociétés basées exclusivement sur l'e-commerce, comme Amazon. Bien évidemment, tout ne fut pas simple pour elles non plus. Car même si la boutique en ligne ne s'est jamais arrêtée, l'approvisionnement et les livraisons furent des facteurs entraînant des ruptures de stock ou des impossibilités de livraison. Quoi qu'il en soit, Amazon a vu son chiffre d'affaires augmenter de 44 % durant cette première année de pandémie. Une récente étude intitulée « Impact of the Coronavirus on e-commerce », publiée par Ecommerce Europe en janvier 2021, confirme que 79 % des commerces disposant d'une boutique en ligne ont vu leur chiffre d'affaires fortement stimulé durant les périodes de *lockdown*.

Figure 30–2
La mondialisation, principal vecteur
de transmission du virus

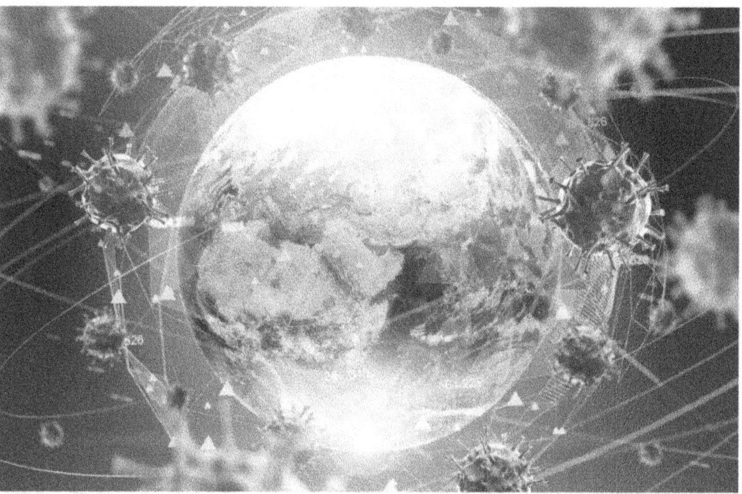

Malheureusement, il y a bien un point pour lequel tous les experts en crises sanitaires s'accordent : dans un avenir proche, d'autres pandémies sont inévitables. Voici deux extraits d'interview et de publication qui nous invitent à prendre cela au sérieux.

Anne Sénéquier, médecin, codirectrice de l'Observatoire de la santé à l'Institut de relations internatio-
nales et stratégiques (Iris) – La Dépêche, mars 2020.
Devra-t-on à l'avenir s'habituer à ce type de catastrophe sanitaire ?
« Malheureusement, oui, c'est voué à se reproduire. 75 % des maladies émergentes ont été transmises à
l'homme par l'animal. Avec la densité urbaine, on repousse l'activité agricole toujours plus loin dans la
forêt, favorisant l'interface hommes-animaux sauvages. »

Docteur Michael Ryan, directeur exécutif chargé du Programme OMS de gestion des situations
d'urgence sanitaire, octobre 2020.
« La prochaine pandémie sera forcément pire...
La pandémie de Covid-19 n'est peut-être qu'un signe avant-coureur de ce qui peut arriver. Nous prenons
trop de risques. »

Ce chapitre recense les principales fonctions des boutiques en ligne qui ont réellement aidé les
clients dans leurs achats, et deviennent ainsi des supports de fidélisation pour l'e-commerçant.

Le click & collect

Nous en avons parlé au chapitre précédent, cette forme de vente « sans entrer dans le
magasin » a réellement cartonné pour les e-commerçants. Essentiellement au niveau local.
Quels ont été les facteurs déterminants de cette adaptation ?

- Pour les habitués de la boutique, la qualité de la marchandise n'était plus à démontrer. Il
  s'agissait uniquement d'un mode de livraison quelque peu différent auquel ils ont très
  rapidement adhéré.

- Pour les habitants de la région, le facteur « proximité » devenait synonyme de « facilité ».
  Pas besoin de se déplacer bien loin, surtout quand les déplacements sont limités à un
  rayon de 10 km.

- Pour le commerçant, outre la boutique en ligne (dont il disposait peut-être déjà),
  l'infrastructure nécessaire pour assumer le click & collect était dérisoire. C'était surtout
  une question d'organisation.

La livraison en point relais

Cette forme de livraison a très fortement progressé durant la pandémie car elle aussi présente
de nombreux avantages tant pour le client que pour l'e-commerçant.

- Les modules e-commerce pour gérer la livraison en point relais sont très nombreux et
  faciles à mettre en œuvre (que ce soit pour Prestashop ou pour d'autres solutions de boutiques en ligne). Notez que pour le click & collect, les modules spécifiques sont également
  très largement disponibles.

- L'e-commerçant peut grouper ses ventes pour les amener au point relais de départ (son
  dépôt d'envoi). Il n'a donc pas à se déplacer de nombreuses fois pour expédier chaque
  commande séparément.

- Au niveau « local », certaines sociétés ont eu l'idée de servir de « point relais de dépôt central » pour plusieurs e-commerçants régionaux. Pas question ici de réexpédier la marchandise, il s'agit simplement d'une plate-forme logistique commune pour que les e-commerçants y déposent les commandes préparées, et que les clients puissent passer les récupérer. Une fois de plus, et paradoxalement, la proximité s'avère un acteur déterminant pour le succès de l'e-commerce local.
- De manière générale, il n'y a aucun frais d'expédition à payer par le client.
- Le point relais (ou plate-forme logistique commune) touche une petite commission sur la vente, laquelle est normalement prise en charge par le vendeur.

La gestion des retours

Dans certains cas, et pour certains produits, le client risque d'hésiter à confirmer son panier de peur que l'article ne convienne pas. Vous pouvez l'aider en proposant une politique claire de retour des marchandises. N'avez-vous jamais été confronté, dans un magasin physique, à l'envie d'acheter un vêtement, un livre, un article de bricolage que vous souhaitez offrir pour l'anniversaire de votre ami(e), de votre fils/fille ? Lors de votre passage en caisse, vous avez certainement demandé « Et s'il ne convient pas, puis-je le ramener et/ou l'échanger ? ». Si la personne à qui vous vous adressez vous répond « Oui, bien évidemment, conservez juste votre ticket de caisse... », bingo, vous achetez l'article que vous avez en main.

Il en va de même pour l'e-commerce. En bas de chaque page, dans ce que l'on appelle le « footer » (« pied de page » en français), ajoutez un lien vers une page explicative comme « Notre politique de retours ». Détaillez-y comment le client doit procéder pour vous retourner l'article s'il ne convient pas. Quelles en sont clairement les conditions, quels sont les frais éventuels (en général, il vaut mieux prendre tous les frais à votre charge). Rassurez-le. Un client rassuré finalisera son achat. Un acheteur dans l'incertitude ira voir ailleurs. C'est dans votre intérêt.

> **Petit rappel sur le droit de rétractation**
>
> Ceci n'est pas une « possibilité » que vous proposez à vos clients, mais bien une obligation légale. En achetant un produit sur une boutique en ligne, le consommateur a droit à un délai de réflexion de 14 jours durant lequel il peut renoncer à son achat. Cela ne s'applique pas à tous les produits et comporte quelques conditions. Néanmoins, il faut se souvenir que c'est une obligation que vous devez respecter.

Le contact humain

Qui, durant cette pandémie, n'a pas souffert du manque de contact des siens, des visites de ses proches, des soirées entre amis ? Le nombre de manifestations n'a fait que croître au fil de cette pandémie, pour demander de rétablir ces contacts qui nous manquent tant.

E-commerce n'est pas synonyme de robotisation, ni d'automatisation à outrance. Il s'agit d'une forme de vente gérée par des humains, aidés par l'informatique. Mais si un humain « client » souhaite nous contacter, nous ne pouvons plus lui laisser comme seule option l'obligation de remplir un formulaire qui engendrera une réponse du type « Nous avons bien reçu votre demande et vous recontacterons dans les meilleurs délais ».

Le support téléphonique n'est plus une option à laquelle nous pourrions penser. Il est devenu une nécessité. Mais, la crise que nous vivons lui a délégué une nouvelle fonction. Initialement, ce support était mis en place pour répondre aux « problèmes » liés à une vente en ligne : retard de livraison, article cassé, mauvaise taille, etc. Aujourd'hui, ce support se positionne également comme un nouveau canal de vente. Les « prospects », comprenez « les habitants de proximité qui ne vous connaissent pas encore et qui voudraient être rassurés sur votre boutique en ligne », vous appellent aussi pour vous demander conseil, savoir si ce qu'ils pensent vous commander répond bien à leurs attentes, entendre le son d'une voix chaleureuse. Et sans aucun effort de marketing, vous faites d'une pierre deux coups. D'une part vous aidez rapidement les clients qui ont un problème avec une commande, et d'autre part vous vous créez de nouveaux clients sans aucun frais de marketing, sans aucune campagne publicitaire. Et croyez-moi, si ce nouveau client est satisfait, il en parlera autour de lui et vous recommandera chaleureusement.

Le support téléphonique n'est pas un investissement important. Il ne demande aucune compétence technique. Juste une bonne connaissance des produits de votre boutique et une serviabilité à toute épreuve.

Le marketing local

Le marketing local n'est pas à adopter uniquement durant ces temps de pandémie. Pour un commerce de proximité, c'est une véritable aubaine car assez facile à mettre en œuvre, et très peu onéreux.

Voici trois exemples de marketing local que vous pourriez tester.

1 Le premier consiste à vous faire référencer auprès de votre commune, de votre ville. En général, ces entités disposent d'un site Internet qui regroupe les commerçants du quartier. On y retrouve souvent leur logo, leur spécificité, les horaires, un lien vers le site/la boutique en ligne. Malheureusement, soyons honnêtes, rares sont les communes ou les villes qui disposent de sites optimisés, mis à jour régulièrement, attrayants. Mais je reste persuadé que cette pandémie va enfin pouvoir créer l'électrochoc nécessaire à ces institutionnels pour qu'ils reviennent vivre dans notre monde, celui de l'Internet, des applications connectées, des réelles aides aux citoyens. N'hésitez pas à les titiller un peu pour qu'ils réagissent plus vite.

2 Le deuxième exemple de marketing local consiste à passer par le plus célèbre des réseaux sociaux, j'ai nommé Facebook. Pour y accéder, c'est assez simple. Sur votre page Facebook (ou celle de votre commerce), cliquez sur l'icône Menu située en haut à droite. Dans les options proposées, vous trouverez « Publicité » qui permet de faire la promotion de votre entreprise, de votre marque ou de votre organisation.

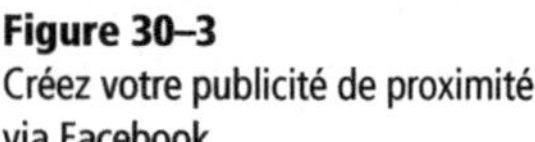

Figure 30–3
Créez votre publicité de proximité
via Facebook

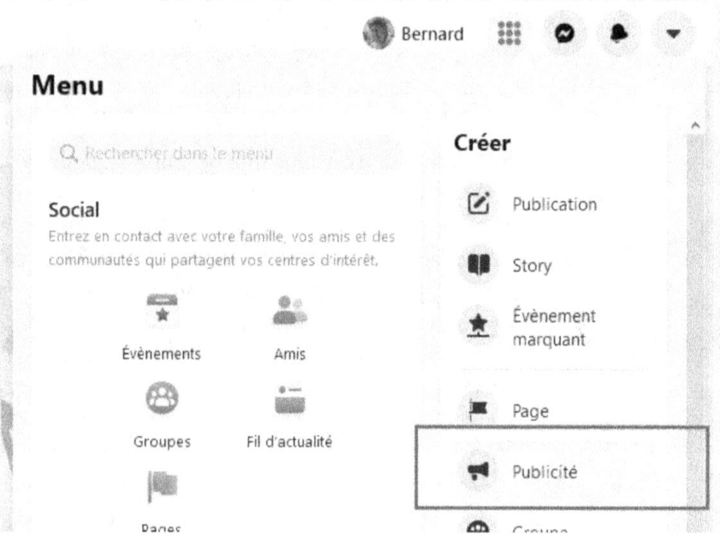

3 Vous trouverez toutes les informations nécessaires pour créer votre publicité dans les pages qui s'afficheront ensuite dans Facebook. Le principe est simple.

1. Vous imaginez votre publication, préparez l'image de support (c'est toujours plus joli avec une image convaincante de votre boutique), la phrase d'accroche et les quelques informations utiles. N'en faites pas trop, il ne sert à rien de vanter tous les avantages de votre magasin. Le but est que les internautes vous remarquent et aient envie d'aller visiter votre e-boutique.

2. Vous la publiez sur votre page.

3. Ensuite, vous la transformez en publicité en sélectionnant l'option « Attirer plus de visiteurs sur votre site web ».

4. Vous pourrez décider d'un budget pour votre campagne Facebook (20 euros suffiront amplement pour votre premier test), et vous devrez décrire la cible visée. Et là, cela devient intéressant car vous pouvez sélectionner des tranches d'âge, mais surtout un rayon de publication au départ de votre adresse (ou de la localisation de votre magasin).

5. Votre campagne sera publiée automatiquement pendant plusieurs jours, parfois plusieurs semaines, en fonction du nombre de fois que votre page est vue. Vous disposerez également d'un tableau de bord vous indiquant les statistiques de vues et interactions.

Remarque

Dans cet ouvrage, je ne détaille pas les manipulations vous permettant de créer cette publicité, et ce pour deux raisons : d'une part l'aide de Facebook est très complète, et d'autre part les manipulations évoluent souvent, et ce qui serait écrit aujourd'hui pourrait déjà s'avérer obsolète lors de la publication de la 4e édition de ce livre.

Figure 30–4
Les statistiques de votre publicité
Facebook

3   Le dernier exemple passe aussi par Facebook. Mais via les « groupes » que vous suivez, ceux dont vous êtes membre. Il y a certainement, dans votre entourage géographique, de nombreux groupes qui parlent de votre ville, d'activités diverses, d'achat/vente, etc. Suivez ces groupes et vous constaterez que bien souvent des membres posent des questions (par exemple, « Quelqu'un peut-il me dire où trouver du bon pain complet dans les environs ? »). N'hésitez pas à y répondre. Pas de manière trop « publicité personnelle », mais plutôt du genre « Chez XYZ, ils ont trois types de pains complets » (XYZ étant le nom de votre magasin). Vous verrez, cela fonctionne étonnamment bien, mais il faut être très rapide à répondre.

Les produits locaux

Après le marketing local, l'une des grandes avancées de cette « ère Covid » fut très certaine-ment le support aux producteurs locaux. Nous sommes là à l'intersection des grands engage-ments de notre siècle :

- l'opposition à la mondialisation ;
- le soutien aux entreprises locales ;
- l'achat responsable, permettant aux producteurs de se rémunérer correctement ;
- le bio (dans l'alimentation).

Ces modifications de nos habitudes d'achats commencent à se ressentir fortement dans les choix que font les clients pour s'orienter plutôt vers telle ou telle boutique. Et ce phénomène touche également de plein fouet les commerces en ligne.

Si vous ne vendez pas (ou pas encore) de produits locaux, il est probablement temps de repenser votre catalogue. Il n'est pas nécessaire de tout révolutionner, mais une part de pro-duits locaux sur votre site incitera certainement les acheteurs potentiels de votre région à choisir votre boutique plutôt qu'une autre.

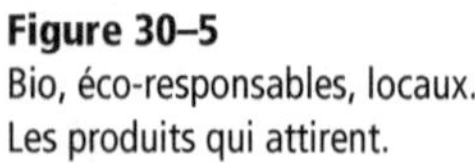

Figure 30–5
Bio, éco-responsables, locaux.
Les produits qui attirent.

Encore faut-il que ce soit bien visible sur votre site. Voici deux idées que vous pourriez facilement mettre en œuvre.

- Sur la page Produits, indiquez toujours d'une manière claire et bien visible si le produit est local, bio ou éco-responsable. Assurez-vous que ces mentions (ou ces icônes spécifiques) soient toujours à la même place dans votre fiche produit, de la même taille et de la même couleur. Par exemple, le bio en vert, le local en orange, etc.

- Si vous disposez d'un module avancé de sélection de produits, ceux qui vous permettent, par exemple, une recherche sur une couleur, une taille, une marque…, pensez à également y ajouter ces « spécificités » (bio, éco-responsable…) comme critères permettant à vos visiteurs de ne sélectionner que les produits qui répondent à ces particularités.

Peut-être pensez-vous que le bio, la production locale ou éco-responsable ne sont là que des phénomènes transitoires, des choix contestataires qui ne dureront que quelques mois. Si c'est votre cas, je vous conseille de faire quelques recherches sur les études réalisées sur ce sujet. Sur les produits éco-responsables, sur les effets de la mention d'origine géographique locale…, vous serez réellement surpris. Nous ne sommes plus dans une « vague hippie », un mouvement de contestation temporaire mais bien dans une refonte réelle et rationnelle de nos habitudes d'achats. Et cela s'applique aussi à l'e-commerce.

Les produits de remplacement

Nous revenons ici dans un contexte plus terre à terre. Durant la pandémie, de nombreux magasins physiques se sont trouvés à court de stock. Nous avons encore tous en tête les images des rayons vides de rouleaux de papier de toilette. Mais ce fut également le cas pour de très nombreux autres produits. Tant en commerce physique qu'en e-commerce.

Proposer un article de remplacement permet souvent (mais pas toujours) de répondre à l'attente du client. Vous n'avez plus de boîtes de lait de 1 l en stock ? Pourquoi ne pas proposer les boîtes d'1/2 l qui sont encore disponibles ? Votre fournisseur ne vous a pas livré les rouleaux de film alimentaire en 15 m, mais il vous reste des rouleaux de 30 m ? Faites-en part à vos clients. Ils s'en contenteront certainement.

Ce type de module, « Article de remplacement », existe pour presque toutes les boutiques en ligne. Il n'est pas nécessaire de tout paramétrer d'avance. Mais dès que vous constatez que vous allez être en rupture de stock pour un article, paramétrez directement votre module pour que le produit de remplacement éventuel soit automatiquement proposé. Encore un client qui restera sur votre boutique. À nouveau, de la fidélisation.

La seconde main

Cette possibilité ne s'applique pas à tous les secteurs. Néanmoins, si vous en avez la possibilité, pourquoi ne pas proposer des articles de seconde main ? Dans ce cas, il est fortement conseillé que cette seconde main soit ciblée sur des articles qui sont susceptibles d'être achetés neufs sur votre boutique. Si vous êtes spécialisé en vêtements, vous n'aurez que peu de chances de vendre des cannes à pêche en seconde main.

Nous connaissions déjà tous les sites spécialisés en seconde main, comme Vinted, LeBon-Coin, 2e main, Depop, etc. Mais de plus en plus, les marques proposent elles-mêmes de la seconde main. Soit directement sur leur site, soit via un site spécifique. Que ce soient des sociétés comme Decathlon ou Ikea qui communiquent beaucoup à ce sujet, d'autres grandes marques se lancent aussi dans l'aventure. Alors pourquoi pas vous, à votre échelle ?

Voici quelques petites astuces qui peuvent vous aider à tenter l'expérience.

- Choisissez des articles dans les gammes habituelles de votre e-commerce.
- Rétribuez valablement les personnes qui vous revendent les articles que vous comptez afficher en seconde main sur votre site. Proposez-leur des bons d'achat (coupons) pour votre boutique, d'une valeur de 50 % supérieure à ce que vous leur auriez donné en liquide. Par exemple, si vous pouvez racheter un ancien pull à 8 euros pour le revendre 15 euros, proposez un coupon de 12 euros à votre vendeur, il sera comblé. De votre côté, vous serez également gagnant car vous récupérerez votre marge normale sur ces 12 euros lorsque cette personne viendra acheter sur votre site.
- Ne proposez que des articles de qualité et en bon état. N'oubliez pas qu'un client mécontent risque de le faire savoir et de dégrader fortement votre e-réputation.

La location

Également réservée à certains secteurs, la location de produits peut non seulement aider vos clients, mais à nouveau augmenter votre visibilité, votre référencement, vos ventes. Si nous abordons cette possibilité en fin de chapitre, c'est qu'elle est moins courante et plus complexe à mettre en œuvre. Néanmoins, si vous avez des produits éligibles à la location, pourquoi ne pas y penser ?

Pour de nombreuses solutions e-commerce (comme Prestashop), il existe des modules spécifiques pour la gestion des locations. Vous y définirez les produits disponibles à la location, le calendrier des disponibilités (qui sera incrémenté à chaque réservation), la personnalisation des prix, la gestion du stock des appareils disponibles (si plus d'un appareil identique est mis en location).

Une fois de plus, votre but sera la fidélisation du client. Et en général, qui pense « location » d'un article, ajoute bien souvent des produits à acheter dans cette même boutique.

En résumé

Durant la pandémie, des magasins physiques non essentiels ont été forcés d'arrêter totalement leur activité et ce du jour au lendemain. Les boutiques en ligne, quant à elles, continuaient de fonctionner, même si dans certains cas elles étaient contraintes de tourner au ralenti en raison de problèmes d'approvisionnement ou de livraison.

Ces problèmes de livraison ont été résolus par la mise en place du click & collect ou la livraison en points relais. La diminution du chiffre d'affaires initiale fut bien souvent sauvée par une orientation plus locale des produits proposés, par du marketing local et par divers services supplémentaires proposés en ligne.

Le secteur de l'e-commerce s'en sort finalement très bien. Les nouvelles possibilités offertes aux clients furent très appréciées et sont définitivement entrées dans nos habitudes d'achats. Les e-commerçants qui ont mis en place ces nouvelles possibilités vont non seulement continuer à en tirer profit, mais seront également prêts dans l'éventualité d'une résurgence de cette pandémie, ou l'apparition d'une nouvelle période difficile.

Conclusion

Figure 1 E-commerce, une symphonie maîtrisée

Au terme de cet ouvrage, vous aurez probablement pris conscience de l'ampleur de la tâche qui vous attend.

Elle est loin d'être insurmontable, bien au contraire. Mais elle vous oblige à vous structurer, à prendre du recul, à ne pas vous lancer dans l'aventure sans vous y préparer sérieusement.

Bien souvent, elle vous aide, vous permet de vous remettre en question. De repenser au rôle que vous devez tenir dans votre commerce, dans votre petite société. À ce qui vous incombe, et à ce que vous devez déléguer. En effet, la charge de travail est énorme, et vous ne pouvez la faire reposer entièrement sur vos épaules. Faites confiance à vos collaborateurs.

Vous aurez également compris que se lancer seul dans cette aventure revient à tenter l'escalade de l'Everest en solo, sans préparation, sans oxygène. Ce n'est pas impossible, mais la victoire est hautement improbable.

Mettre toutes les chances de votre côté, dans une telle ascension, c'est d'abord bien préparer votre travail. Et ensuite constituer une équipe solide, professionnelle, habituée à ce genre de sommet, où chacun a sa place, sait ce qu'il doit faire, et jamais ne marche sur les pieds de son voisin. Enfin, il faut y mettre les moyens.

Mais au retour, une fois votre drapeau planté sur le sommet de votre monde, vous reviendrez heureux. Heureux d'avoir imaginé le projet, heureux d'avoir réuni les meilleurs, d'avoir effectué l'ascension dans de très bonnes conditions, et de pouvoir en parler et en reparler autour de vous. Une expérience fabuleuse, une expérience enrichissante.

Index

Dépôt légal : septembre 2021
Imprimé en Allemagne par BoD